창작자를 위한
옵시디언 마스터북

세계관으로 풀어보는 옵시디언 200% 활용 가이드

창작자를 위한
옵시디언 마스터북
Obsidian master book

조지훈 지음

세계관으로 풀어보는 옵시디언 200% 활용 가이드

서문

안녕하세요. 엘프화가 조지훈입니다.

그동안 스케치업, 클립스튜디오 등 웹툰에 직접적으로 도움이 되는 툴들을 책으로 소개해 드린 바 있습니다.

이번에 소개하는 옵시디언은 약간 엉뚱하게도 무료 메모 앱입니다. 메모를 작성하고, 메모끼리 연결해서 지식을 관리하고, 아이디어를 생성하는 데 도움이 되는 편리한 도구입니다. 개인적으로는 지식부터, 일정, 프로젝트, 웹툰 작업까지 제 삶의 상당 부분을 관리하는 필수템이기도 합니다. 하지만, 웹툰 작가분들께는 바쁜 시간에 이런 것까지 배워야 하나 싶은 생각도 들기 마련입니다.

저에게는 너무나도 편리하고 도움이 되는, 혼자 쓰기 아까운 도구라 다른 작가 분들께 소개시켜 드리고 싶은 마음이 들었습니다. 어떻게 하면 작가분들이 쉽고 편하게, 바로 작업에 적용시켜 가며 배울 수 있을까 고민을 많이 하기도 했습니다. 그러다가 옵시디언을 이용해 '세계관' 구축을 목표로 하는 책을 준비하게 되었습니다.

세계관은 작가에게 매우 중요합니다. 캐릭터가 늘어나고 아이디어가 쏟아질수록, 이 모든 것을 관리하는 일은 점점 복잡해집니다. 옵시디언을 사용하면, 이러한 복잡한 관계망을 한눈에 파악하여 관리할 수 있어, 세계관 구축에 매우 편리합니다.

여러분들은 이 책을 통해, 세계관을 만들어가면서 옵시디언의 기능들을 자연스럽게 익혀갈 것입니다. 그리고 세계관뿐만 아니라, 웹툰 작가에게 필수적인 일정 관리, 수업에서 학생들의 정보 관리 등 필요한 부분에 자유롭게 응용하실 수 있을 것입니다.

저자 소개

- 웹툰 스케치업, 클립스튜디오 마스터, 클립스튜디오 2.0 저자
- 공주대학교 메타버스 수업
- 웹툰 상생 프로젝트 AB프로젝트 참여
- 웹툰 관련 강연 다수 진행

안녕하세요. 엘프화가입니다.
웹툰 스케치업, 클립스튜디오 마스터, 클립스튜디오 2.0의 저자이자
적당히 벌고 아주 잘 살자를 목표로 하고 있는 백수입니다.
저 스스로는 크리에이터이자 아마추어 만화기호학자라고 생각하고 있습니다.
그림, 3D, 프로그래밍, AI 등 웹툰에 관련된 것들을 적당히 다 잘합니다.
labica@gmail.com

추천사

J들이 열광할 만한 작가노트가 등장했습니다. J가 아니더라도 다꾸에 진심인 P들도 빠져들 만한 툴이 분명합니다. 믿고 보는 엘프 작가님의 신간에 영광스럽게도 베타리더로 선정되어 읽기 시작하긴 했는데 "옵시디언? 이건 도대체 무엇인가."라며 생소한 단어에 솔직히 좀 긴장을 하긴 했습니다. 그렇게 무심코 첫 페이지를 열고 찬찬히 읽어 내려갔는데, 어느 순간 책을 훑어보고 있는 게 아니라 다운로드를 받고 하나하나 따라가며 페이지 꾸미기를 하고 있는, 본분을 잊은 나 자신을 발견해 버렸습니다. 엘프 작가님의 꼼꼼함과 배려심은 모든 페이지에서 빛을 발합니다. 따라 하다가 "어? 이게 빠졌나? 뭐가 잘못되었는데?"라고 생각하는 순간이 있다면 바로 반 페이지 전으로 돌아가세요! 책이 아니라 덤벙대고 지나간 나의 잘못임을 금방 알아챌 수 있을 겁니다! 그만큼 세세한 안내가 되어있으니 '혹시 안 되면 어쩌지?' 하는 걱정은 접어두세요. 그만큼 가이드북으로 훌륭합니다. 옆에 친절한 과외 선생님이 계신 것 같은 느낌이 들 정도였으니까요.

이 책은 툴만을 설명하고 있는 실용서가 절대 아닙니다. 작가가 작품을 위해 무엇을 준비해야 하는지, 무엇을 설계하고 무엇을 작성해야 하는지 차근차근 알려주고 있어서 작법서만으로도 훌륭하다 할 수 있습니다. 이 툴이 작가들에게 압도적인 부분은 세계관을 별처럼 엮어 볼 수 있다는 점입니다. 아무리 복잡하고 방대한 세계관이라도 차근차근 정리를 하다 보면 완벽하게 정리되어 있는 관계도를 볼 수 있어서 이야기를 작성할 때 헤매지 않게 됩니다. (게다가 연결된 선들을 보자면 반짝반짝 하늘의 별처럼 예뻐요. 거대한 유니버스를 한 눈으로 목격하고 있는 느낌이랄까요?) 지도를 설정하고 그 위에 사건지도를 만들어 직관적으로 캐릭터들의 이동선을 정할 수 있는 장점도 있으며, 캐릭터 관계도와 타임라인도 정리가 가능합니다. 무한 서랍이라는 옵션까지 사용할 수 있다면 정리는 이걸로 끝날 수 있지 않을까 싶습니다. 좀 복잡하고 따라 하기 어려운 부분도 있을테지만, 따라 하다 보면 어느새 깔끔하게 정리된 내 작품의 세계관을 보고 바로 작품을 시작하고 싶은 생각이 들 것입니다. 당장 이 책을 꺼내 들고 스터디를 시작하기를 권유합니다. 이 툴은 작가뿐 아니라 글을 쓰는 모든 이들에게 필요할 것입니다.

- 김한재

작년 봄이었던 것으로 기억한다. 이 책의 저자 조지훈 작가에게 내가 강의하고 있는 대학에 'AI 특강'을 하나 부탁했었다. 그때 조지훈 작가는 나로서는 처음 보는 메모장(?)을 노트북에 넣어와 특강을 진행했었다. 곧이어 이어지는 학생들의 다양한 질문에도 그는 복잡한 절차 없이 방대한 자료를 금방 불러내어 답변했는데 당시 특강을 구경 왔었던 대학 교강사들은 정작 강의 내용보다는 작가가 쓰는 그 프로그램에 대해 더욱 큰 관심을 가졌던 일을 기억하고 있다. 당시 아주 단순하고 간단한 움직임으로 필요한 내용과 자료를 신속하고 정확하게 불러내어 전개하면서 보여줌으로써 당시 옵시디언의 매력에 크게 매료되었다. 그런데도 옵시디언에 대한 제대로 된 매뉴얼이 없고 대부분 교재나 책들이 어렵게 설명이 되어있는지라 몇 번 만지다가 이내 포기하고 말았다. 최근 조지훈 작가의 책이 새로 나온다는 소리를 들었을 때, 그때 말해준 프로그램이 '옵시디언'이라는 것을 기억해 냈고 옵시디언에 대해 다시금 흥미가 불타올랐다. 정말 이번만큼은 제대로 배워야겠다고 하는 마음이 생겼다.

사실 나는 본업이 작가기도 하지만 대학에서 강의도 한다. 더구나 가끔 연구 논문이라도 한번 쓰려고 하면 자료로 준비한 글들이나 파일이 개인용 컴퓨터에 넘쳐나기 시작한다. 심지어 정작 중요하다고 생각했던 파일들이 나중에 일이 끝난 뒤 발견되는 어처구니없는 일도 발생한다. 더욱이 강의할 때 준비 과정도 너무 길어지고 정리도 너무 힘들다. 또한 평소 작품을 기획했던 자료나 메모를 보며 정리한다는 건 말처럼 쉬운 일이 아니다. 따라서 디지털 메모장으로 고민했던 분들에게도 옵시디언은 새로운 방향을 제시해 줄 것이다.

창작과 강의를 주로 하고 있는 나에게 옵시디언은 매우 절실한 프로그램이자 창작과 창의적 발상에 도움을 주는 데 매우 도움을 준다. 그런데도 옵시디언의 개념을 제대로 설명한 책은 거의 없다.

특히 이 책은 이미 〈클립 스튜디오〉라는 교재로 만화 웹툰 창작자들에게 아주 익숙한 조지훈 작가의 책으로 복잡하고 어려운 메커니즘도 쉽게 설명하는 작가만의 특유의 방법으로 인해 옵시디언만의 매력이 쉽게 읽힌다. 어려운 설명 때문에 쉽게 포기했던 매뉴얼 책을 본 경험이 있는 독자에게 반드시 이 책을 추천한다.

— 최승춘(만화 웹툰 작가/대학 강사)

작년에 엘프화가 작가님을 학교에 초청하여 특강을 진행한 적이 있었다. 강연을 마치고 개인적인 질문이 있어 작가님의 노트북을 엿볼 기회가 있었는데, 작가님이 뭔가 신기한 메모장을 쓰고 있었다. (그때는 몰랐지만) 바로 이 책에서 소개된 옵시디언으로 만든 무한 서랍이었다.

사실 나는 스토리 작업을 위한 메모 작성에 남다른 애착을 갖고 있다. 에버노트가 처음 나왔을 때부터, 노션, 원노트 등을 사용해 보았고, 최근까지는 '베어(Bear)'라는 메모 앱을 사용하고 있었다. 베어를 사용하면서 마크다운 형식의 문서 작성에도 어느 정도 익숙했었다. 그런데 옵시디언은 지금까지 내가 경험하지 못했던 전혀 새로운 유형의 메모장이었다. 파일 이름이나 태그를 통해서 정리하는 것은 물론이고, 다양한 플러그인을 활용해 그 효용성을 극대화할 수 있었다. 특히 "그래프 뷰" 기능을 통해 파일 간의 관계도를 시각적으로 살펴보는 것은 마치 뇌 속을 들여다보는 듯한 희열을 주었다. 이는 단순한 메모가 아니라, 생각과 아이디어의 복잡한 네트워크를 만들어내는 도구로서의 가능성을 보여줬다.

작가들 사이에서는 '설정중독'이란 말이 있다. 자신의 세계관을 구축하고 치밀하게 만드는 과정 자체가 너무 재미있기 때문에 생겨난 말이다. 등장인물의 성장배경, 취향, 관계도 등을 생각하며 일관성을 만드는 작업은 매우 중요하다. 그런데 옵시디안을 활용하면 이 과정을 더욱 정교하고 효과적으로 만들 수 있다. 내 생각과 아이디어를 자유롭게 연결하고 확장해 나갈 수 있는 옵시디안의 독특한 구조는, 스토리텔링의 깊이를 한 차원 더 높이는 데 기여할 것이다. 이 책은 작가들에게 '설정중독'에 더욱 빠져들게끔 만드는 안내서가 될 것이다. 특히, 이야기를 풍부하게 만들고자 하는 작가들에게 꼭 추천하고 싶다.

— 권혁주 (웹툰 작가/공주대학교 만화애니메이션학부 교수)

 **목차**

Part 1. 세계관 구축과 옵시디언 ································ 2

   Chapter 1.1   상상을 이야기로 만드는 직업. 작가 ················· 4
   Chapter 1.2   매력적인 세계관 구축의 필요성 ···················· 5
   Chapter 1.3   좋은 세계관을 만드는 것은 어렵다 ·················· 6
   Chapter 1.4   그런데 옵시디언이 등장하면 어떨까 ················· 8
   Chapter 1.5   이 책의 목표 ·································· 10

Part 2. 옵시디언 기초 ·· 12

   Chapter 2.1   옵시디언이란? ································· 14
   Chapter 2.2   옵시디언 다운로드하기 ·························· 20
   Chapter 2.3   옵시디언 설치하기 ······························ 21
   Chapter 2.4   새 저장소(Vault) 만들기 ························ 24
   Chapter 2.5   옵시디언 인터페이스 살펴보기 ···················· 29
   Chapter 2.6   마크다운 문법 ································· 34
   Chapter 2.7   옵시디언 추가 문법 ···························· 41

Part 3. 세계관 더 깊이 탐험하다 46

- Chapter 3.1 테마 변경하기 48
- Chapter 3.2 CSS 스니펫 사용하기 57
- Chapter 3.3 플러그인 설치하는 방법 67
- Chapter 3.4 폴더 아이콘 예쁘게 변경하기 76
- Chapter 3.5 단축키 설정과 활용 83
- Chapter 3.6 AI로 숨은 이야기 찾기 85
- Chapter 3.7 다양한 포맷으로 세계관 공유하기 92
- Chapter 3.8 모바일로 어디서든 내 세계관 펼치기 101

Part 4. 세계관의 시작 106

- Chapter 4.1 세계관을 구성하는 요소 108
- Chapter 4.2 분류용 폴더 만들고 정리하기 112
- Chapter 4.3 첫 노트 만들기 115
- Chapter 4.4 연결된 노트 만들기 120
-               Tip. 백링크 살펴보기 125
- Chapter 4.5 기존 노트 연결하기 128
- Chapter 4.6 이미지 삽입하기 131
- Chapter 4.7 참고 문헌 정리하기 144
- Chapter 4.8 세계는 선으로 연결된다. 그래프뷰 151
-               Tip. 그래프뷰 더 잘 활용하기 158
-               Tip. 원하는 대로 창 배치하기 165
- Chapter 4.9 원하는 노트 한 방에 찾는 방법 174
- Chapter 4.10 5분 만에 시놉시스 노트 꽉꽉 채우기 179

Part 5. 세계관을 그림으로 그려보다 ······ 196

- Chapter 5.1   Excalidraw 소개 ······ 198
- Chapter 5.2   ExcaliDraw로 사건 지도 만들기 ······ 209
- Chapter 5.3   Canvas를 이용한 캐릭터 관계도 만들기 ······ 236
- Chapter 5.4   타임라인 만들기 ······ 252
- Chapter 5.5   마인드맵을 이용한 신규 캐릭터 검토하기 ······ 264
- Chapter 5.6   프로퍼티를 이용한 캐릭터 정보 입력하기 ······ 276
- Chapter 5.7   Dataview로 캐릭터 표 만들기 ······ 289
- Chapter 5.8   템플릿으로 반복 작업 줄이기 ······ 298

Part 6. 참고 자료 관리 무한 서랍 기법 ······ 310

- Chapter 6.1   무한 서랍이란? ······ 312
- Chapter 6.2   무한 서랍 옵시디언 사용 방법 ······ 317
- Chapter 6.3   무한 서랍의 장점 ······ 322
- Chapter 6.4   무한 서랍에서 찾는 방법 ······ 326
- Chapter 6.5   무한 서랍 참고 자료 ······ 329

세계관 구축과 옵시디언

PART 1

1.1 상상을 이야기로 만드는 직업.작가
1.2 매력적인 세계관 구축의 필요성
1.3 좋은 세계관을 만드는 것은 어렵다
1.4 그런데 옵시디언이 등장하면 어떨까?
1.5 이 책의 목표

CHAPTER 1.1
상상을 이야기로 만드는 직업, 작가

이 책을 집어 든 분들이라면, 아마 작가 지망생이거나 이미 작품을 만들고 있는 작가라고 생각됩니다. 웹툰 작가일 수도, 웹 소설 작가 혹은 드라마나 영화 작가일 수도 있겠네요.

세상에는 여러 종류의 작가가 존재합니다. 그리고 이렇게 작가라고 불리는 사람들의 공통점이 있습니다. 바로 상상하는 힘 그리고 상상을 현실의 이야기로 풀어내는 강력한 능력을 가지고 있다는 것입니다.

상상은 인간 고유의 힘입니다. 하지만 그것을 이야기로 만드는 것은 작가의 힘이죠.

좋은 작품을 구성하는 요소들은 많습니다. 개성 있고 감동적인 캐릭터, 말투와 외모, 사람들에게 감동을 주는 스토리 라인 등등. 하지만 그중에서도 중요한 하나를 꼽아보자면 탄탄한 세계관이 있을 것입니다.

세계관 구축은 작가의 상상력을 구체화하고 이야기로 전환하는 데 중요한 역할을 합니다. 세계의 규칙과 도덕, 장소, 인물들이 서로 관계를 맺는 바탕이 됩니다. 또한 잘 만들어진 세계관은 작품 자체뿐만 아니라, 작품 외에서도 커다란 영향을 미치게 됩니다.

 CHAPTER 1.2
매력적인 세계관 구축의 필요성

책과 출판사를 거쳐야 했던 과거와 달리 사람들은 인터넷을 통해 언제든 글을 쓰고, 사람들에게 보여주려면 보여줄 수 있게 되었습니다. 그 덕분에 문학의 홍수라고 부를 수 있을 만큼 하루에도 엄청난 양의 작품이 쏟아져 나오고 있습니다. 글 읽기를 사랑하는 사람들은 환호할 만합니다. 대중적인 작품부터 나만 사랑할 것 같은 매니악한 아름다운 작품도 많습니다. 하지만 그 수많은 작품 중에서도 많은 사람들에게 오랫동안 사랑받는 작품들은 드뭅니다. 작품이 끝나도 사람들의 입에 오르내리는 작품은 더더욱 손에 꼽습니다. 작품이 끝나도 작품의 세계가 머릿속에서 끝나지 않는 세계, 사람들의 상상을 자극하는 세계. 이는 매력적인 세계관의 힘입니다.

몇 가지 예를 들어볼까요?

■ 톨킨과 중간계, 그리고 반지의 제왕

J.R.R. 톨킨은 일생 동안 '중간계'라는 가상의 세계를 단단하게 구축하였습니다. 중간계의 역사, 문화, 언어, 인종 등을 마치 실재하는 역사처럼 다루었습니다. 이러한 세부 설정들은 세계관 속 영웅들과 이야기의 흐름을 만드는 데 중요한 역할을 합니다. 실제 이 세계관에 매료된 사람들이 많아 톨키니스트라고 부르기도 합니다.

■ 마블 시네마틱 유니버스

'마블 시네마틱 유니버스'는 2008년 아이언맨 영화로 시작하였고 각각의 슈퍼히어로와 그들의 배경이 있는 복잡한 세계를 완벽하게 구축했습니다. 각 히어로의 세계가 서로 교차하며 하나의 큰 이야기를 만들어가는 과정은 관객들에게 엄청난 매력을 선사하였습니다.

■ 눈물을 마시는 새

이영도의 '눈물을 마시는 새' 시리즈는 기존에 없던 동양적인 세계관을 매우 매력적으로 펼칩니다. 독특하면서도 아름다운 4개의 종족들과 그들이 사는 세계, 그리고 그 변화하는 모습을 영웅과 일반인의 눈을 통해 보여주고 있습니다.

현재 그의 이야기는 다양한 언어로 번역되어 해외 수출되고 있으며, 게임화도 진행되고 있습니다.

CHAPTER 1.3
좋은 세계관을 만드는 것은 어렵다

좋은 세계관을 만드는 일은 사람들의 기억에 오랫동안 남는 작품을 만들기 위해 필요한 일입니다. 하지만 세계관을 단단하게 만드는 과정은 결코 쉽지 않습니다.

세계관은 여러 등장인물의 행동, 그들이 활동하는 공간, 역사, 특별한 기술, 그리고 그 세계 특유의 생태계가 함께 조화를 이루는 개념입니다. 이들을 잘 엮어갈수록, 매력적이고 빠져나갈 수 없는 세계가 완성될 것입니다.

반면, 중세 판타지 세계에 뜬금없이 등장한 현대적인 음식들이 등장하고, 세계관의 중력에는 있을 수 없는 생명체가 뜬금없이 전개되어 지금까지 쌓아 놓은 틀을 부수는 스토리 라인은 세계관을 흐트러트리고, 이야기 속에 빠져있던 사람들을 차가운 현실로 돌아오게 만듭니다. 게임으로 치면,

치명적인 버그 같은 느낌입니다.

세계관이 너무 쉽게 부서지지 않도록 작가들은 많은 노력을 기울여야 합니다. 인물과 장소가 담긴 여러 메모를 살펴보고, 그들의 행동이 이 세계관 내에서 정당한지, 이 생물은 주어진 환경에서 이렇게 행동하는 것이 어울리는지, 사용되는 언어가 해당 시기에서 사용되는 것이 과연 맞는지, 어떤 캐릭터가 다른 캐릭터와 어떤 관계를 맺고 있는지, 지금 이야기하는 시점에서 이 캐릭터가 어떤 상황에 처해져 있어야 자연스러울지 매 순간 고민하게 됩니다.

하지만 작가가 다루어야 하는 정보는 세계관이 커질수록 늘어나 점점 미로처럼 복잡해지게 마련입니다. 그리고 서로 관련되어 생각해야 하는 내용도 점점 거미줄처럼 얽혀갑니다. 그저 메모와 머릿속에서 정리해 나가는 것만으로는 한계가 있습니다.

누군가 깔끔하게 복잡한 캐릭터 관계도 정리해 주고, 필요한 인물의 정보도 보고 싶을 때 바로 보여주고, 나도 잊고 있었던 복선을 알려주면 얼마나 좋을까요?

세계관 구축은 시간과 노력이 필요합니다. 너무 힘들어 포기할지도 모릅니다. 하지만, 적절한 툴을 잘 사용한다면 이 시간과 노력을 줄일 수 있습니다. 그러한 툴 중 하나가 바로 지금부터 소개할 옵시디언입니다.

CHAPTER 1.4
그런데 옵시디언이 등장하면 어떨까

■ 옵시디언. 많이들 궁금해 하시더라구요

옵시디언은 지식을 관리하는 사람들에게는 꽤나 유명한 툴입니다. 저 역시 좋아하는 툴이라 저에게 필요한 웹툰과 AI 관련 정보를 모으는 용도로 사용하고 있었습니다. 지금 집필 중인 이 책 역시 옵시디언으로 쓰고 있습니다만 옵시디언에 대한 책을 쓸 생각은 처음에는 없었습니다.

단지, 친한 웹툰 작가들과 대화하다가 필요한 정보를 작가에게 보여준다든가, 특강을 하다가 제가 모은 자료들을 공개하는 과정에서 옵시디언을 보여드리는 정도였습니다.

그랬더니 특강보다 옵시디언에 더 많은 관심을 가지시고, 툴의 이름을 물어보고 가시더라고요. 그리고 써 본 사람들, 특히 작가분들은 모두 감탄하고 만족하였습니다. 그제야 깨달았습니다. 작가분들이 이러한 지식 관리를 하고 싶어 하시지만, 정작 툴이나 방법을 몰라 하기 힘들어하고 계시구나 하고요.

■ 그래서 알려드리려고 합니다.

이미 인사를 드렸지만, 저는 엘프화가입니다. 아시는 분들은 아시겠지만 그동안 스케치업, 클립스튜디오, WEEX 등 웹툰계에 새로운 기술을 전달하는 역할을 담당했었습니다. 이번에는 작가분들의 지식 관리를 도와드리려고 합니다.

■ 어떻게 쓸모 있게 알려드릴까 하다가... 세계관 구축을 해 봅시다?

옵시디언을 바로 써먹으면서 기능을 익힐 수 있는 방법에 대해 이런저런 고민을 했습니다. 그리고 세계관 구축을 주제로 잡았습니다. 세계관 구축은 작가분들에게 매우 중요한 요소이면서도 워낙 복잡해 관리하기 쉽지 않은 영역이어서, 이러한 복잡한 관계를 다룰 수 있는 옵시디언의 방식과도 매우 잘 어울리기 때문입니다.

작가분들에게는 쉽지 않은 세계관을 뚝딱뚝딱 만드는 것을 도와드리고, 겸사겸사 옵시디언이라는 멋진 툴도 익혀서 지식 관리 등 다른 작업에도 잘 쓸 수 있도록 도와드릴 예정입니다.

CHAPTER 1.5
이 책의 목표

이 책은 두 가지를 목표로 하고 있습니다.

첫 번째 목표는 세계관 관리가 어려운 웹툰 작가/웹소설 작가분들에게 '옵시디언'이라는 멋진 툴을 이용해 손쉽게 세계관을 관리할 수 있도록 돕는 것입니다.

두 번째 목표는 이 책을 읽는 여러분들이 차근차근 세계관을 만들어 나가면서, 옵시디언이라는 멋진 툴에 익숙해지는 것입니다.

한번 옵시디언에 익숙해지시고 나면, 세계관뿐만 아니라 스토리 및 콘티 작성, 지식 관리, 원고 관리 등 다양한 분야에서 응용이 가능할 것입니다.

이 책은 어떤 분들이 보면 좋은 책일까요?

- 세계관 관리가 너무 어려운 웹툰 작가, 웹소설 작가
- 옵시디언을 들어보고 쓰는 것도 봤지만, 정작 자신은 어디에 어떻게 써야 할지 알 수 없는 분들
- 좀 더 쉽게 옵시디언을 배우고 싶은 사람들

옵시디언 기초

PART 2

2.1 옵시디언이란?
2.2 옵시디언 다운로드하기
2.3 옵시디언 설치하기
2.4 새 저장소(Vault) 만들기
2.5 옵시디언 인터페이스 살펴보기
2.6 마크다운 문법
2.7 옵시디언 추가 문법

CHAPTER 2.1
옵시디언이란?

> 🪨 **이번 시간에는**
>
> 옵시디언에 대해 알아보도록 합시다. 옵시디언은 일반 텍스트 파일과 폴더 구조를 사용하는 매우 강력한 지식 관리 도구입니다. 그래서 생각을 자유롭게 연결하고 확장할 수 있습니다.

SECTION 1 옵시디언이란?

옵시디언은 흑요석이라는 뜻입니다. 흑요석은 햇빛에 비추면 보라색으로 빛나며, 반질거리는 유리 질감의 돌입니다. 특정 각도로 잘 깨지며, 날카로운 면을 만들기 쉽다는 특징도 있습니다. 우리 선조님들은

이 흑요석을 가공해 도끼나 칼을 만들어 사용하기도 했다고 합니다. 간단한 가공만으로 쉽게 다양한 도구를 만들 수 있어, 선사시대의 맥가이버 칼로 불린다고도 하네요.

지금부터 소개할 디지털 지식 관리 툴인 옵시디언은 이 흑요석처럼 우리의 지식을 자르고 다듬어 도구로 만드는 데 특화되어 있습니다.

옵시디언의 아이콘. 흑요석 도끼처럼 생겼습니다.

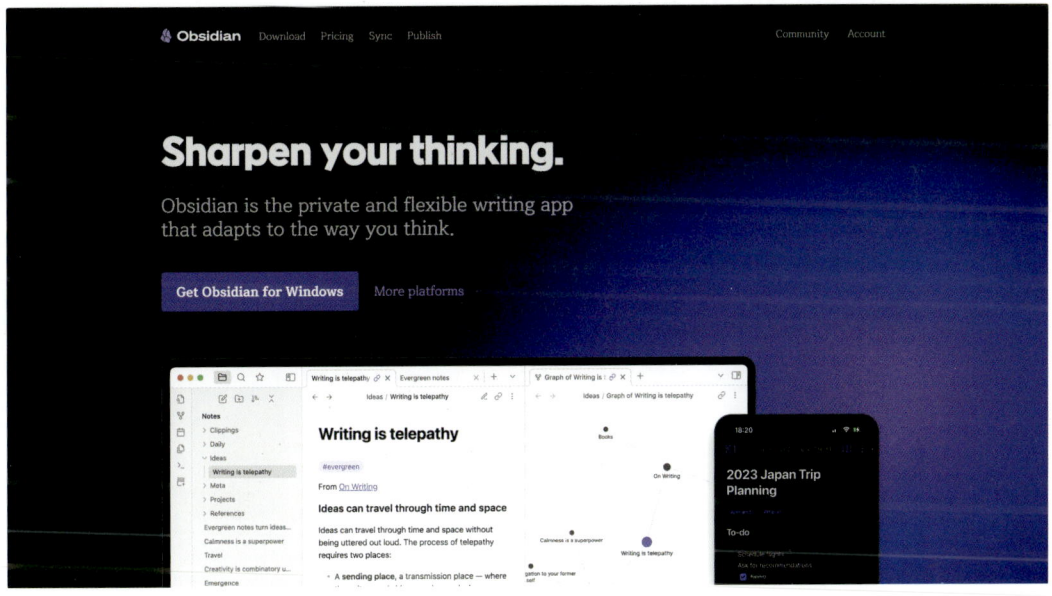

옵시디언 웹 페이지의 모습

SECTION 2 옵시디언의 특징과 장점

■ 무료

지식 관리와 관련해서는 노션 등 뛰어난 툴이 많지만, 대부분 유료 서비스입니다. 옵시디언은 개인 사용자에게 완전히 무료입니다. 프리미엄 버전의 경우 동기화 및 웹 게시 서비스를 제공하지만 대부분의 사용자는 무료 버전으로도 충분히 강력합니다.

■ 빠른 속도

노션 등의 온라인 기반 툴은 처음에 데이터가 적을 때는 빠른 속도를 보여줍니다. 하지만 데이터가 늘어날수록 기하급수적으로 느려집니다. 웹을 통해 많은 데이터를 주고받으며, 외부 서버를 여러 명이서 동시에 사용하기 때문에 벌어지는 일입니다. 하지만 옵시디언은 내 컴퓨터 속 오프라인에서 사용되기 때문에 데이터가 늘어나도 속도가 크게 느려지지 않습니다.

■ 자유로운 레이아웃

옵시디언은 화면을 자유롭게 나누고 각각 다른 노트를 띄워 놓을 수 있습니다. 동시에 여러 노트를 비교하며 볼 수도 있고, 필요한 문서를 항상 띄워 놓고 쓸 수도 있습니다. 사용자의 성향에 따라 완전히 다른 앱처럼 사용이 가능합니다. 저자 역시 세계관과 집필 공간, 프로젝트 관리 등 다양한 용도로 다양하게 나눠서 사용하고 있습니다.

16 창작자를 위한 옵시디언 마스터북

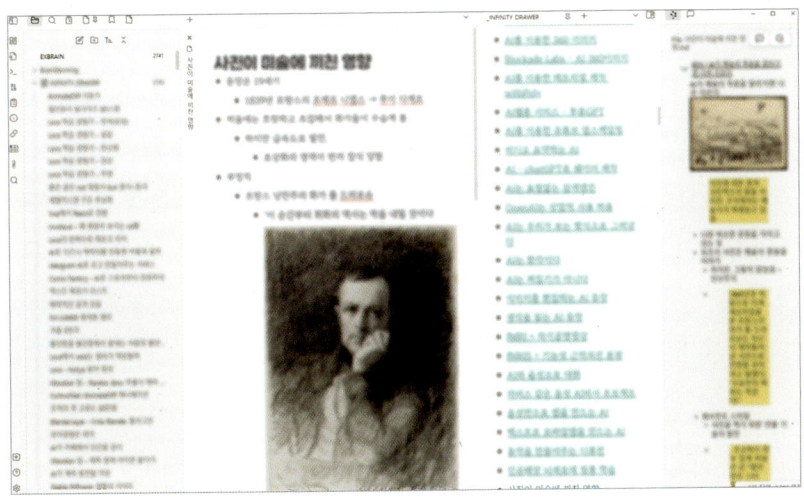

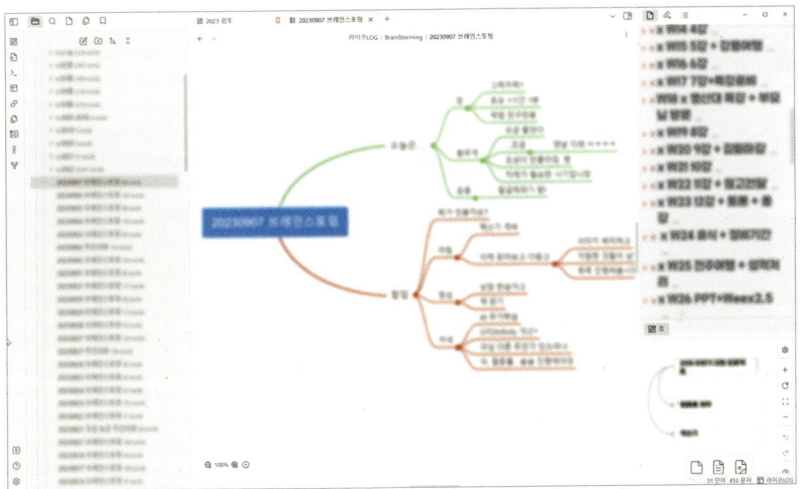

■ 결코 사라지지 않는 자료

우리는 다양한 웹 서비스를 이용해 정보를 관리합니다. 하지만 이러한 서비스가 어느 날 없어진다면? 우리는 우리가 모은 정보를 결코 다시 찾을 수 없게 됩니다. 그런 일이 벌어지지 않을 것 같지만, 의외로 종종 벌어집니다. 저자 역시 결코 사라지지 않을 것 같은 서비스가 사라지는 경험을 자주 하였습니다. 하지만 옵시디언은 서비스가 사라지더라도, 내 컴퓨터 속에 내가 만든 노트들이 그대로 남아있습니다. 텍스트 기반의 md 파일이라 언제든 다시 읽고 사용할 수 있습니다.

■ 안전한 데이터

온라인 서비스는 해당 서버가 해킹을 당할 경우 우리도 모르는 사이, 우리의 소중한 정보를 남들에게 고스란히 넘길 위험도 있습니다. 온라인에 연결되지 않으면 쓸 수 없다는 단점도 있지요. 옵시디언은 로컬 오프라인 앱으로 내 컴퓨터 안의 폴더와 텍스트 파일들을 사용해 정보를 관리합니다. 우리가 만든 정보는 우리 하드 안에 고스란히 보관되며, 외부에서 접근이 불가능합니다. 텍스트 파일이기에 설사 옵시디언이 사라지더라도 우리는 다른 툴을 이용해 손쉽게 파일을 확인하고 사용할 수 있습니다.

이름	수정한 날짜	유형	크기
.obsidian	2023-09-05 오전 9:39	파일 폴더	
.smart-connections	2023-08-22 오후 2:38	파일 폴더	
0.BrainStorming	2023-08-29 오후 6:34	파일 폴더	
1.캐릭터	2023-09-05 오전 9:52	파일 폴더	
2.장소	2023-09-03 오후 4:33	파일 폴더	
3.사건	2023-08-08 오후 1:01	파일 폴더	
4.기술	2023-09-01 오후 6:12	파일 폴더	
98.템플릿	2023-09-05 오전 9:41	파일 폴더	
99.참고자료	2023-09-03 오후 4:38	파일 폴더	
Excalidraw	2023-08-10 오전 10:53	파일 폴더	

옵시디언의 보관소는 우리가 사용하는 하드 폴더의 모습을 하고 있습니다.

■ 풍부한 플러그인 생태계

옵시디언에는 기능을 강화할 수 있는 다양한 플러그인들이 있습니다. 일일노트, 마인드맵부터 노션 같은 데이터베이스 기능까지, 어떤 플러그인을 설치 하느냐에 따라 옵시디언은 마술처럼 매우 다른 모습을 보입니다. 자신의 작업 방식에 맞춰 필요한 플러그인을 설치해 더 편리한 작업을 할 수 있습니다.

매우 많은 플러그인이 있습니다.

SECTION 3 옵시디언의 한계와 주의점

장점이 많은 옵시디언이지만, 그만큼 단점도 명확한 편입니다.

■ 온라인 제한

노션 같은 클라우드 기반 메모 작성 앱과 달리 Obsidian은 로컬 하드 드라이브를 활용하여 오프라인에서 작동합니다. 그래서 노션이나 구글 문서 같은 실시간 동기화나 온라인 공동 작업 기능을 사용할 수 없습니다. 그러나 여러 장치에서 메모를 동기화하려는 경우 자체 동기화 서비스인 Obsidian Sync나 Dropbox 또는 기타 클라우드 저장소를 사용하여 Obsidian 금고를 저장하는 것과 같은 해결 방법이 있습니다.

■ 너무 많은 플러그인으로 인한 학습 난이도

앞서 다양한 플러그인을 장점으로 말씀드렸습니다. 하지만 플러그인을 이것저것 설치하다 보면 그로 인해 배워야 할 것들이 점점 많아지고, 관리할 것들이 늘어나게 됩니다. 자칫하면 세계관을 만드는 원래 목적을 잊고, 플러그인을 관리하다 지쳐 버릴 수도 있습니다. 그렇기에 꼭 필요한 플러그인만 설치하고 사용할 필요가 있습니다.

CHAPTER 2.2
옵시디언 다운로드하기

 옵시디언 사이트

옵시디언을 다운로드하기 위해 사이트로 이동합니다. (옵시디언 사이트: https://obsidian.md)

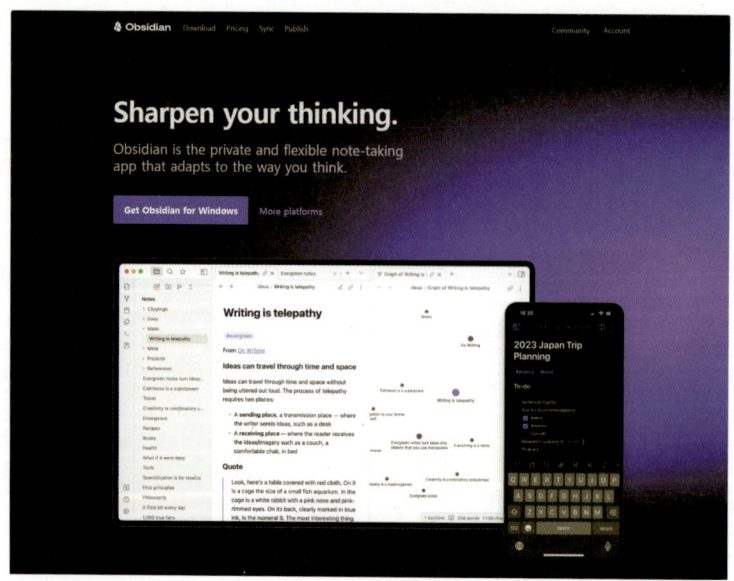

메인 사이트에는 옵시디언 소개와 다운로드 링크가 담겨있습니다.

SECTION 2 옵시디언 다운로드하기

메인 페이지의 다운로드 버튼을 클릭하면 옵시디언 최신 버전을 다운로드받을 수 있습니다. 버튼의 모양은 OS에 따라 달라집니다.

> 💎 **옵시디언을 최신 버전으로 업데이트하고 싶어요.**
>
> 옵시디언은 인터넷에 연결만 되어 있다면 실행될 때마다 최신 버전을 체크해서 스스로 업데이트하므로 업데이트를 신경 쓰지 않아도 되며 언제나 새로운 버전을 사용할 수 있습니다. 업데이트된 후 어떤 내용이 업데이트되었는지 알려주는 페이지도 열리므로 변경 사항을 손쉽게 확인할 수 있습니다.

다운로드받으셨다면, 이제 2.3옵시디언 설치하기로 넘어가 보도록 하겠습니다.

CHAPTER 2.3
옵시디언 설치하기

SECTION 1 옵시디언 설치하기

다운로드받은 파일을 실행하면 빠르게 설치가 진행됩니다.

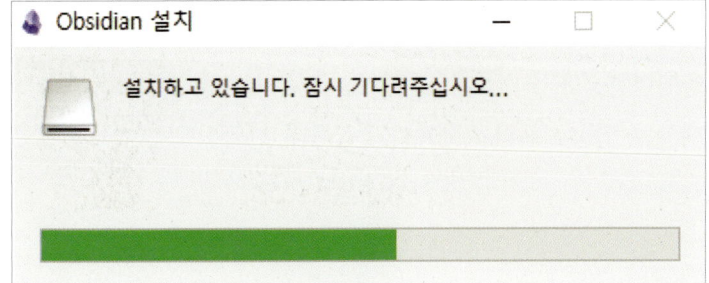

SECTION 2 옵시디언 첫 화면

설치가 완료되면 옵시디언 아이콘이 담긴 새로운 창이 열립니다.

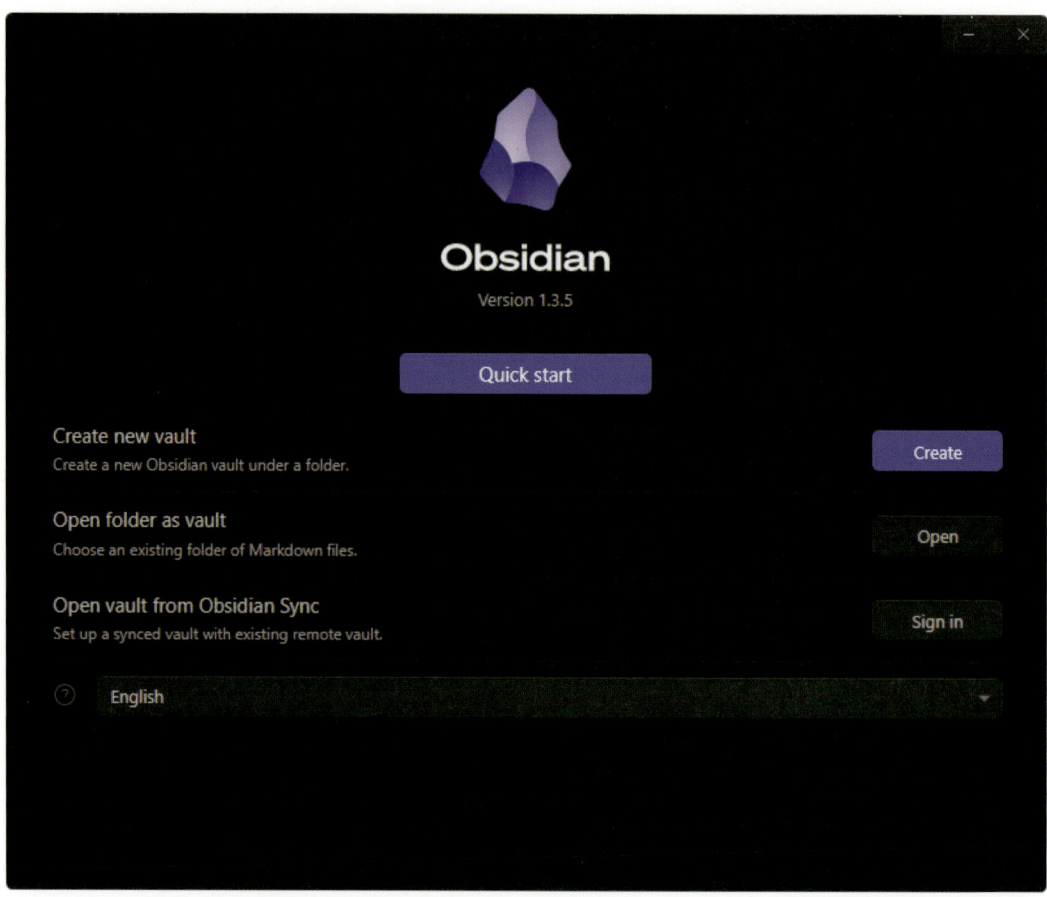

SECTION 3 옵시디언 한글로 변경하기

옵시디언을 처음 실행하면 영어로 적혀 있어 불편합니다. 메뉴 중 English를 클릭하면 언어를 선택할 수 있는 드롭다운 메뉴가 열립니다. 한국어를 선택하면 한글 메뉴로 변경됩니다.

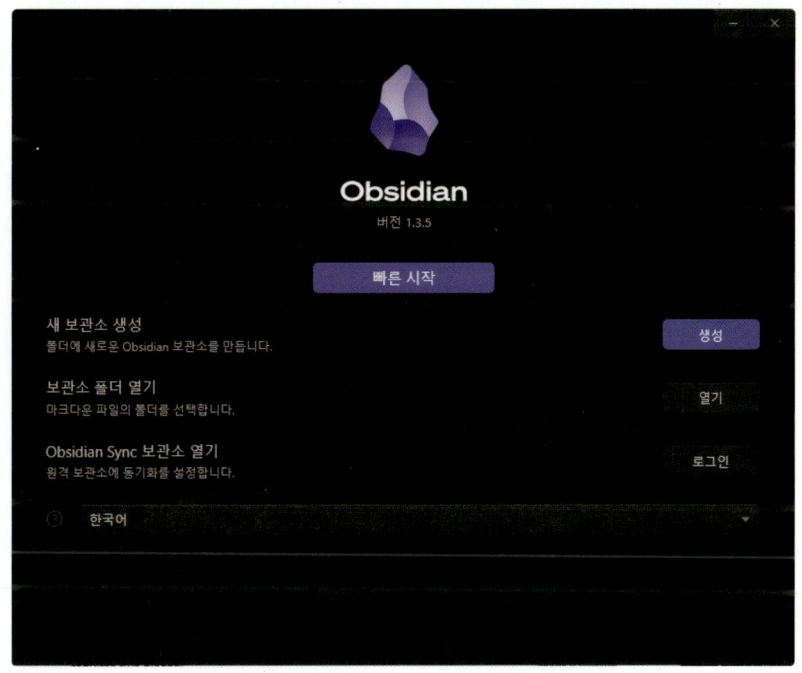

한글 메뉴로 변경된 것을 확인할 수 있습니다.

자세한 내용은 2.4 새 저장소(Vault) 만들기를 통해 살펴보도록 하겠습니다.

CHAPTER 2.4
새 저장소(Vault) 만들기

옵시디언을 사용하기 위해서는 먼저 저장소를 만들어야 합니다.

> 저장소 = Vault란?
>
> 옵시디언은 문서와 자료를 저장하기 위해 하드디스크의 공간을 사용하는데, 옵시디언의 자료를 보관하는 폴더를 저장소라고 부릅니다.

SECTION 1 보관소 관리 창

옵시디언을 처음 설치하면 등장하는 화면이 보관소 관리 창입니다. 여기서 보관소를 생성하고 관리할 수 있습니다.

SECTION 2 보관소 관리 창 메뉴 살펴보기

먼저 각 메뉴를 가볍게 살펴봅시다.

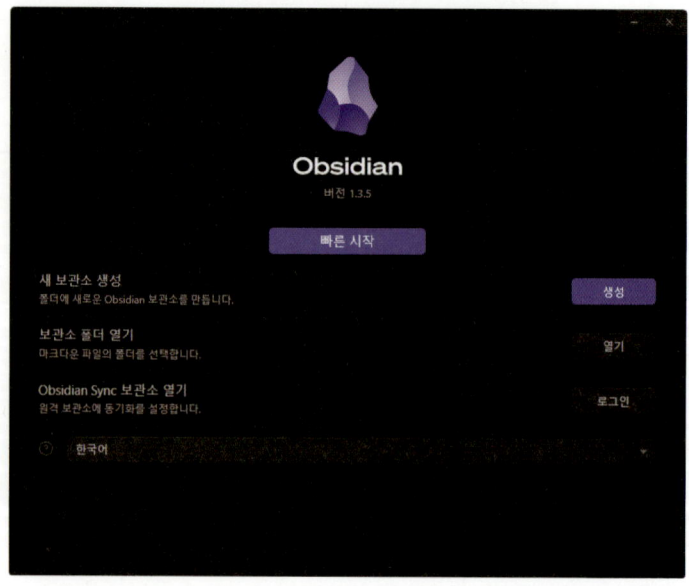

이름	설명
빠른 시작	폴더 설정 없이 새 보관소를 만듭니다. 생성 위치는 내 문서 안입니다.
새 보관소 생성	입력한 이름으로 새 폴더를 만들고 해당 폴더를 보관소로 지정합니다.
보관소 폴더 열기	기존의 폴더를 보관소로 이용합니다.
Obsidian Sync 보관소 열기	유료 동기화 기능인 Obsidian Sync 보관소를 엽니다.

SECTION 3 새 보관소 생성하기

우리의 세계관을 담을 새 보관소를 생성하도록 하겠습니다.

■ 생성 버튼 누르기

새 보관소를 생성하기 위해 생성 버튼을 클릭합니다.

새 보관소의 옵션 창이 등장합니다.

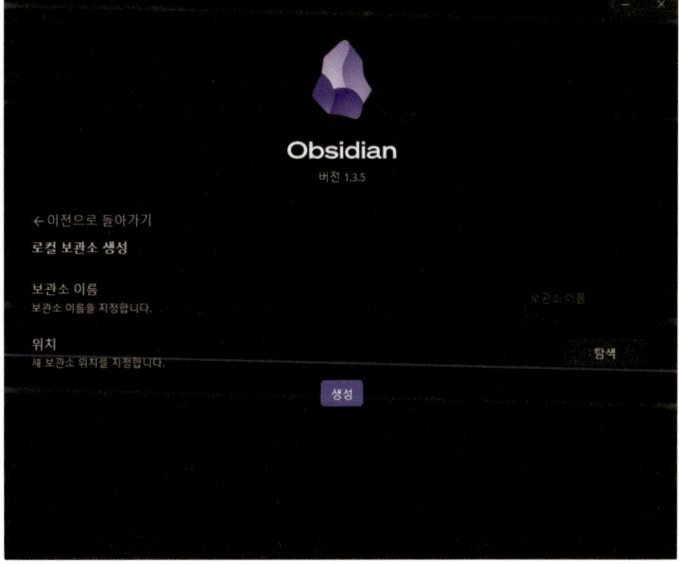

■ 보관소 이름 입력하기

보관소 이름부터 입력해 봅시다.

저는 제가 만든 무당 세계관인 UNIVERSE 巫로 설정하였습니다.

여러분들도 자신의 작품 세계관 이름으로 설정해 주세요.

■ 보관소 위치 지정하기

이제 폴더 위치를 지정해 봅시다. 위치 항목의 '탐색'을 선택하면 폴더를 선택할 수 있는 열기 창이 열립니다. 저장하고 싶은 폴더를 선택합니다. 저는 그냥 C:\로 설정하였습니다.

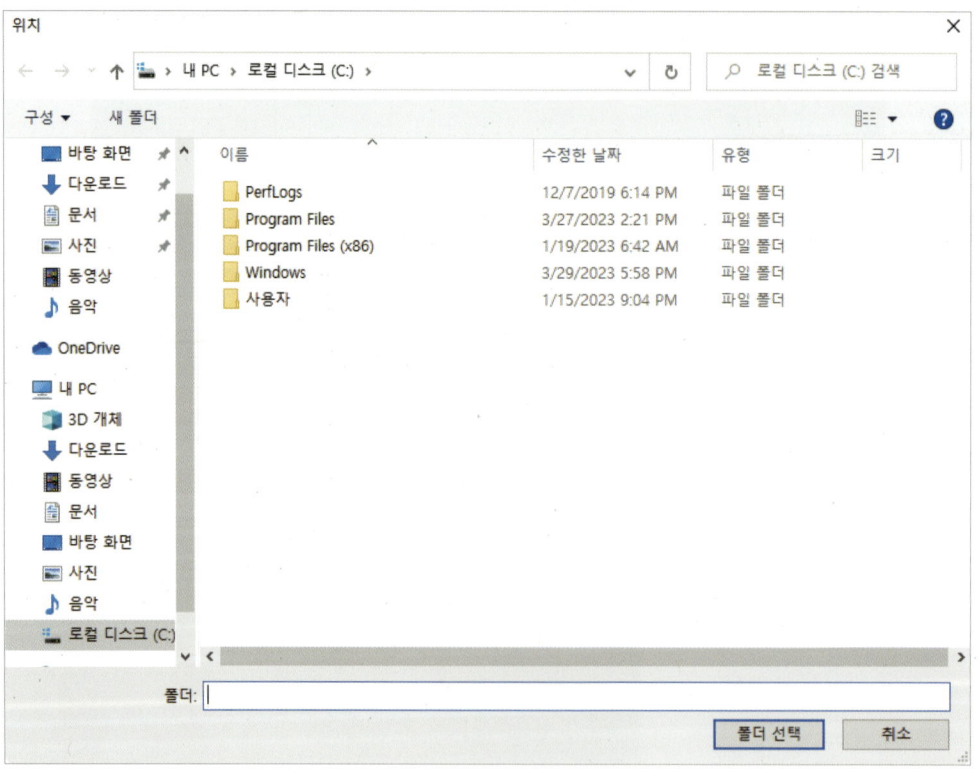

모든 설정이 끝났다면 생성 버튼을 누릅니다.

설정한 위치에 보관소 이름으로 된 새로운 폴더가 생성되며, 옵시디언 보관소 관리 창 왼쪽에는 새로 만든 보관소가 추가됩니다. 그리고 새로운 옵시디언 창이 열리고 왼쪽 패널 상단에 우리가 만든 세계관의 이름이 보입니다. 이제 새로운 세계관을 시작할 준비가 끝났습니다!

> 💎 **빠른 시작 버튼으로 빠르게 만들면 안 되나요?**
>
> 빠른 시작 버튼을 사용하면 손쉽게 생성할 수 있지만, 폴더 위치가 '내 문서'로 설정됩니다. 쉬운 관리를 위해서는 직접 폴더를 설정하는 것이 좋습니다.

 CHAPTER 2.5
옵시디언 인터페이스 살펴보기

첫 저장소를 설정하면 우리가 세계관을 만들어 갈 창이 열립니다.

옵시디언은 3개의 패널로 나누어져 있으며, 각각 필요한 기능을 담당합니다. (처음에는 2개의 패널만 보입니다.) 시간이 지날수록 자신만의 형태로 개선하게 됩니다.

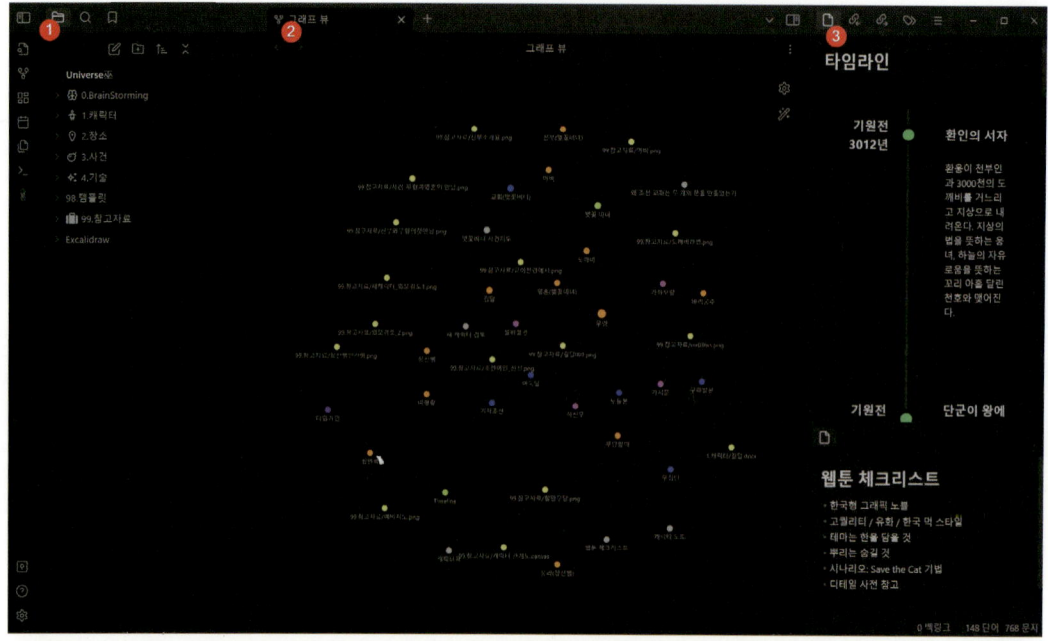

SECTION 1 왼쪽 패널

왼쪽 패널에는 파일을 관리하는 파일 탐색기, 원하는 노트를 검색할 수 있는 검색창, 태그를 관리하는 태그 창, 중요한 문서를 따로 분류하는 별표가 붙은 노트 등이 있습니다.

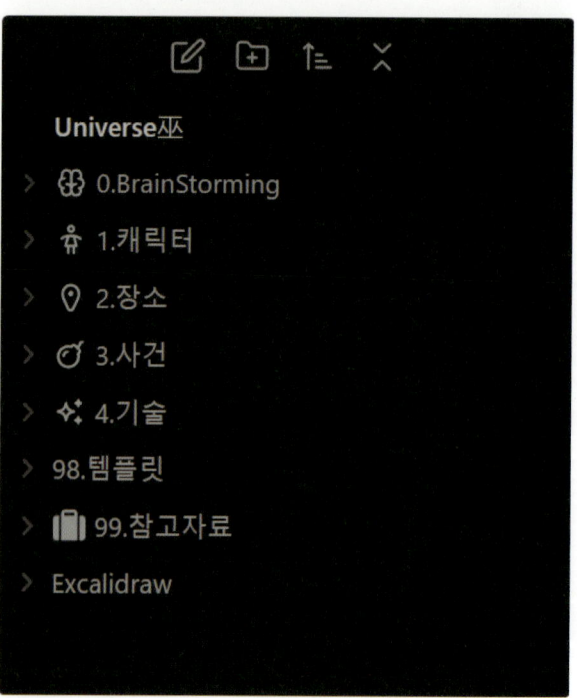

SECTION 2 **중앙 패널**

중앙 화면은 사용자가 문서를 작성하는 페이지입니다. 여러 페이지를 띄우고, 탭으로 전환할 수 있습니다.

SECTION 3 오른쪽 패널

오른쪽 상단 패널 열기 버튼 ▯ 을 클릭해야 열리는 오른쪽 패널에는 지금 작성하는 노트와 관련된 내용이 보이며, 노트 링크와 연관된 노트를 볼 수 있습니다. 직접 노트를 삽입하는 것도 가능합니다.

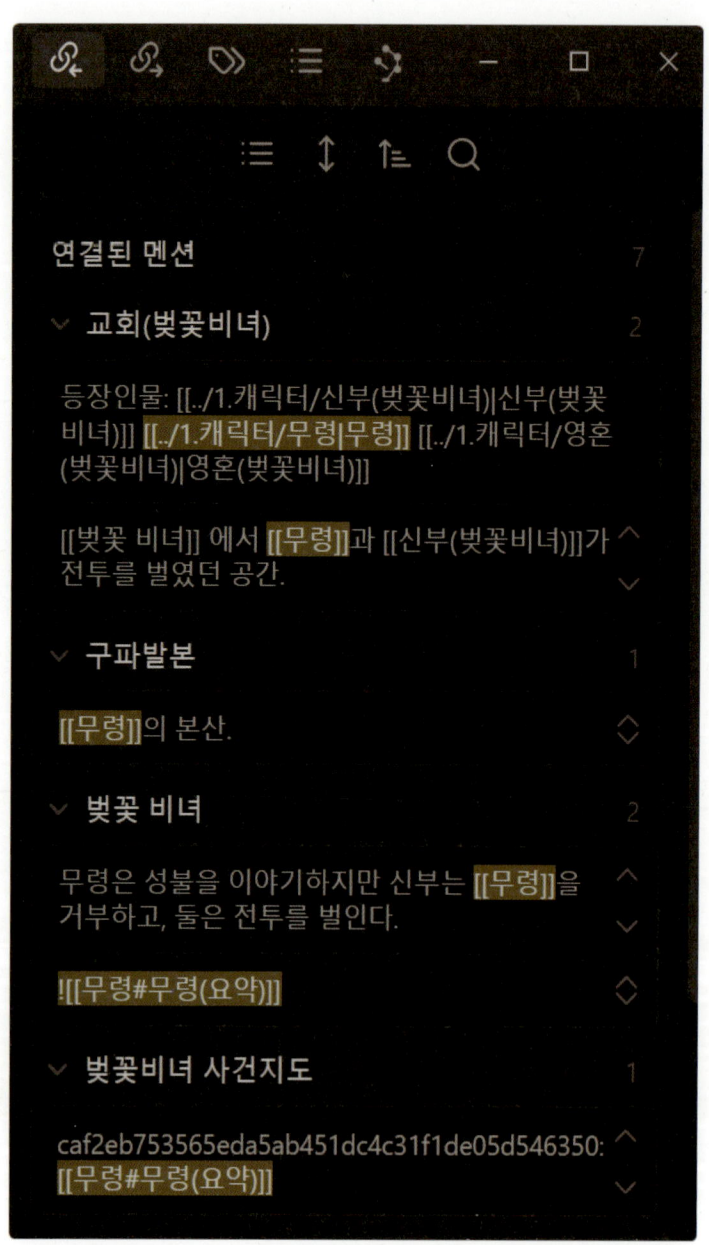

SECTION 4 아이콘 탭

양쪽 패널 위에는 아이콘 탭이 있으며, 탭을 클릭해서 패널을 다른 노트나 기능으로 전환할 수 있습니다. 드래그 & 드롭으로 자유롭게 원하는 노트를 삽입하는 것도 가능합니다.

SECTION 5 사이드 툴바

왼쪽 사이드에는 툴바가 있습니다. 자주 사용하는 기능이 배치되며, 플러그인을 설치하면 새로운 버튼이 추가되기도 합니다.

SECTION 6 옵션과 도움말

왼쪽 하단에는 옵션과 도움말 그리고 다른 저장소를 열 수 있는 저장소 열기 버튼이 있습니다.

각 인터페이스의 자세한 사용 방법은 세계관을 만들어 가며 진행하면서 차근차근 알아보도록 하겠습니다.

CHAPTER 2.6
마크다운 문법

옵시디언에서 작성한 문서는 마크다운 확장자인 md파일로 저장됩니다.
우선 마크다운이 뭔지 알아볼까요??

SECTION 1 마크다운이란?

마크다운(Markdown)은 간결하고 읽기 쉬운 형식을 유지하면서 텍스트를 HTML로 변환할 수 있는 경량 마크업 언어입니다.

마크다운 문서는 .md라는 확장자를 가지고 있는 텍스트 파일입니다. 그래서 옵시디언 등의 툴이 없더라도 윈도 기본 메모장 등으로 열어 수정할 수 있습니다.

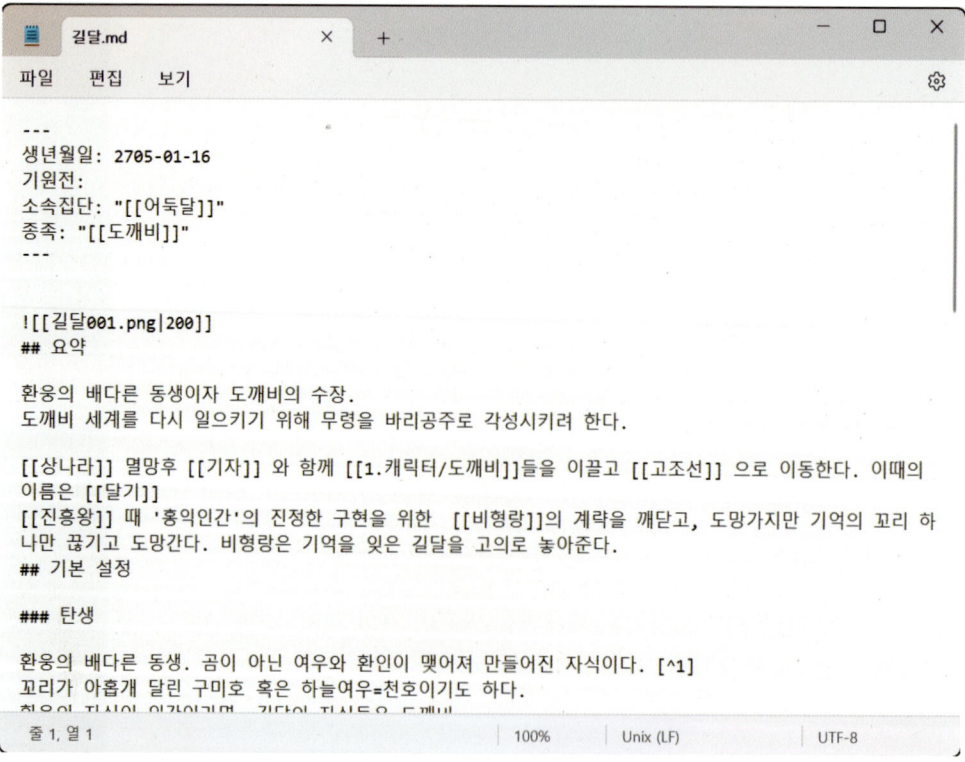

SECTION 2 마크다운 기본 문법

아래는 마크다운의 기본 문법과 실제 보이는 모습입니다.

■ 제목과 소제목

제목과 소제목은 #을 붙여서 표현합니다.

```
# 제목
## 제목2
### 제목3
#### 제목4
##### 제목5
###### 제목6
```

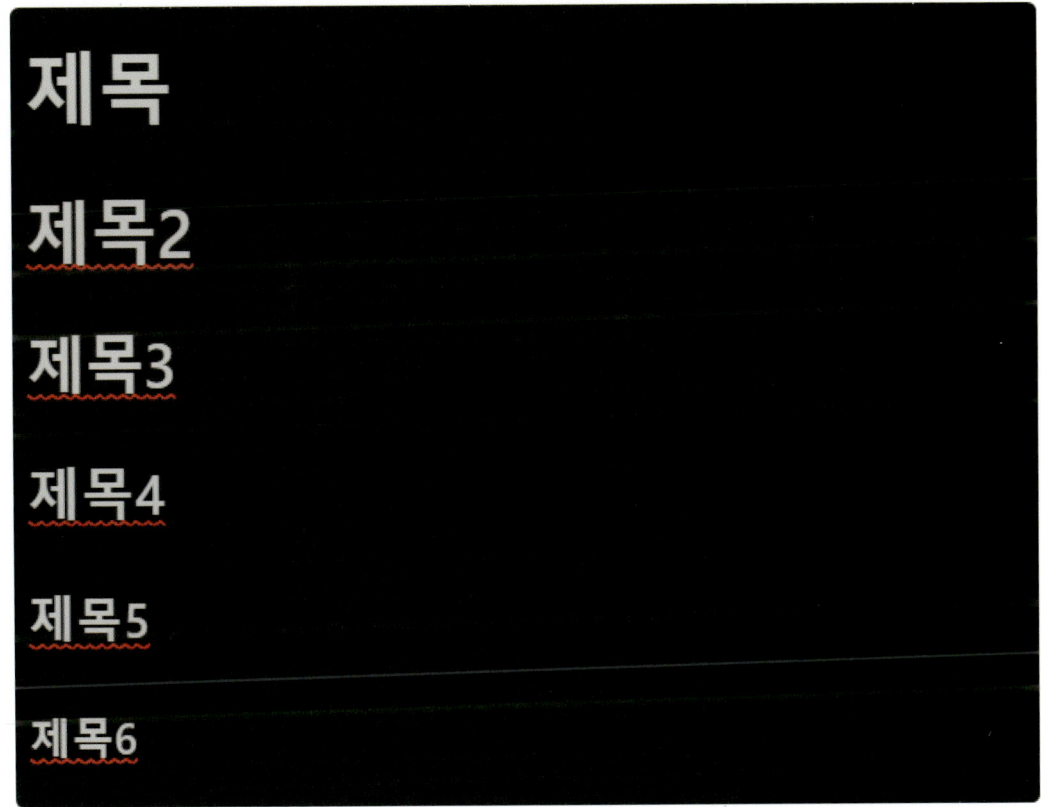

■ 기울기(이탤릭)

마크다운에서 기울기 표시는 `*`를 사용합니다.

이 글자는 *기울어집니다.*

이 글자는 기울어집니다.

■ 굵은 글자(볼드)

마크다운에서 강조 구문 표시는 `**`를 사용합니다.

이 글자는 **굵게** 보입니다.

이 글자는 **굵게** 보입니다.

■ 취소선

마크다운에서 취소선은 `~~`를 사용합니다.

~~이 글자는 취소됩니다~~

~~이 글자는 취소됩니다~~

■ 리스트

마크다운에서 리스트는 `-` 내용을 사용합니다.

```
- 리스트1
- 리스트2
- 리스트3
```

- 리스트1
- 리스트2
- 리스트3

`-` 입력 전에 탭을 입력해서 하위 리스트로 나눌 수도 있습니다.

```
- 리스트1
    - 하위리스트1
    - 하위리스트2
- 리스트2
    - 하위리스트3
```

- 리스트1
    - 하위리스트1
    - 하위리스트2
- 리스트2
    - 하위리스트3

■ 숫자 리스트

숫자 리스트는 1. 내용 을 사용합니다.

1. 숫자리스트1
2. 숫자리스트2
3. 숫자리스트3

■ 가로선

내용을 나누는 가로선은 -- 을 사용합니다. 이때 위 내용과 한 줄 띄워야 합니다.

내용을

나눠봅시다.

■ 체크 표시

체크 표시를 통해 할 일을 관리할 수 있습니다. `-[]`와 `-[x]`를 사용합니다.

```
- [ ] 아직 하지 않은 일입니다.
- [x] 완료한 일입니다.
```

■ 테이블

마크다운으로 표도 만들 수 있습니다. `|`와 `-`를 이용해 표처럼 그립니다.

```
| 제목       | 제목2                    |
|------------|--------------------------|
| 내용       | 세부 내용. 길게 적을 수 있어요 |
| 내용2      | 안녕하세요. 표입니다.         |
```

■ 링크

사이트, 내부 문서 등의 링크를 만듭니다.

[링크이름](링크 주소)

■ 이미지 삽입

이미지를 보여줍니다.

![이미지 설명] (이미지 링크)
![풍선] (https://i.imgur.com/tG765J3.png)

SECTION 3 다양한 마크다운 앱

옵시디언으로 만들어진 파일들은 옵시디언뿐만 아니라, 다른 마크다운 앱으로도 열 수 있습니다. 물론 기본 메모장으로도 열 수 있지만 텍스트로만 보이므로, 마크다운 앱을 사용하시는 쪽이 편리합니다. 맥OS 라면 베어, 윈도는 마크텍스트, 타이포라 등의 앱들이 마크다운을 지원합니다. 스토어 등에서 markdown이라고 검색하면 굉장히 많은 앱들을 보실 수 있습니다.

꼭 알 필요는 없지만, 알면 더 좋은

마크다운 언어는 자주 사용하는 일부분을 빼고는 자주 사용하는 편은 아닙니다. 특히 세계관 설정의 경우, 글자를 꾸미는 것보다는 내용을 채우는 것이 중심이라, 쓸 일은 더 줄어들리라 생각됩니다. 더 취향에 맞는 세계관 작업을 위해서는 가볍게 알아두시는 것을 추천합니다.

CHAPTER 2.7
옵시디언 추가 문법

추가 문법이란?

옵시디언은 마크다운 언어를 사용합니다. 하지만 더 편리한 사용을 위해 옵시디언만의 추가 문법도 지원합니다. 마크다운 문법과 함께 알아두시면 더욱 편리하게 사용할 수 있습니다. 옵시디언은 마크다운 문법에 더 편리하게 쓸 수 있는 확장 문법을 지원합니다.

SECTION 1 내부 문서 삽입하기

![[내부 문서 링크]]를 이용하면, 내부 문서를 그대로 삽입할 수 있습니다. 문서가 변경되면 동시에 반영되며, 링크 아이콘을 클릭하면 문서를 열 수 있습니다.

SECTION 2 이미지 삽입하기

이미지는 2가지 방식으로 삽입할 수 있습니다. ![[내부 문서 링크]] 방식은 옵시디언 내의 이미지를 삽입할 수 있습니다. 마크다운 언어인 방식도 사용할 수 있습니다. 그리고 옵시디언 이를 통해 옵시디언 내 / 외부의 이미지를 삽입할 수 있습니다.

```
![[이미지이름]]
![이미지설명](이미지링크)
```

아래는 이미지를 삽입한 모습입니다.

SECTION 3 유튜브 동영상 삽입하기

[(유튜부 링크)]로 유튜브 영상을 삽입할 수 있습니다.

```
![](https://www.youtube.com/watch?v=-jEmhjZr8RE)
```

아래는 유튜브 영상을 삽입한 모습입니다.

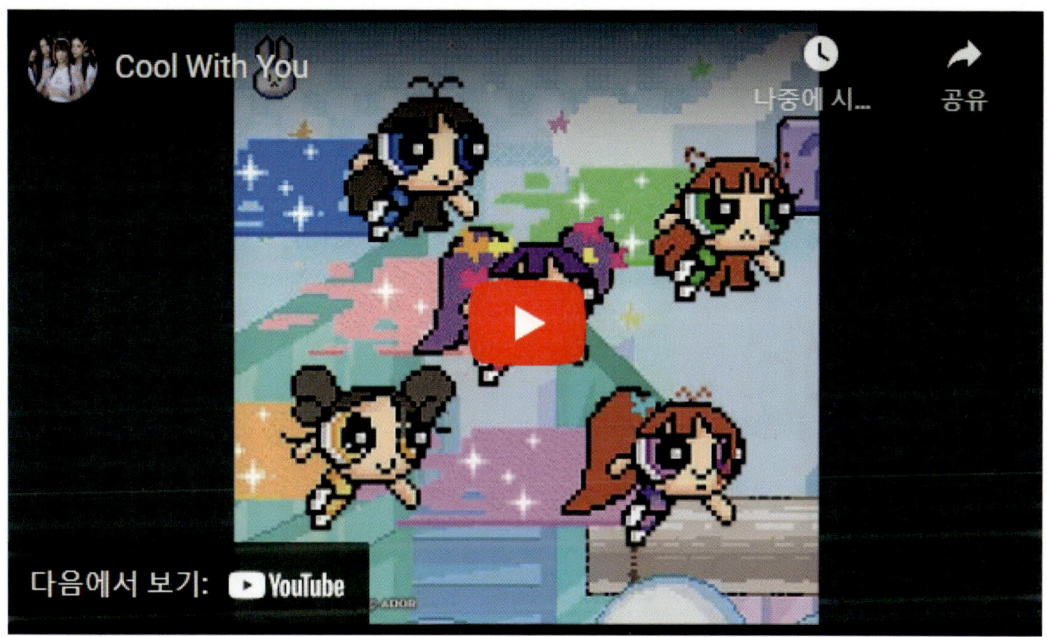

SECTION 4 트윗 삽입하기

!()(트윗 링크)를 이용하면 트위터 트윗을 삽입할 수 있습니다.

```
![](https://twitter.com/Obsidian/status/1667948482949160960?s=20)
```

아래는 트윗을 삽입한 모습입니다.

자세한 내용은 4장 같습니다. 4장 세계관의 시작을 통해 자세히 설명하도록 하겠습니다.

> 🪨 **옵시디언 문법의 단점**
>
> 옵시디언 문법은 다른 마크다운 앱에서는 지원하지 않는 경우가 많으므로 사용 시 주의가 필요합니다.

PART 3

3.1 테마 변경하기

3.2 CSS 스니펫 사용하기

3.3 폴더 아이콘 예쁘게 변경하기

3.4 단축키 설정과 활용

3.5 AI로 숨은 이야기 찾기

3.6 다양한 포맷으로 세계관 공유하기

3.7 모바일로 어디서든 내 세계관 펼치기

테마 변경하기

SECTION 1 더 예쁜 옵시디언 만들기

옵시디언의 기본 테마는 깔끔하다고 하면 깔끔하지만, 꼭 마음에 들어 하는 사람은 많지 않을 것 같습니다. 다행히 옵시디언은 자유롭게 변경할 수 있는 수많은 테마가 존재하며, 클릭 한 번으로 다운로드받아 적용할 수 있습니다.

이번 시간에는 테마를 살펴보고 사용하는 방법에 대해 알아보도록 하겠습니다.

SECTION 2 옵션 속 테마 탭 열기

테마 기능은 옵션 창의 테마 탭에서 찾을 수 있습니다. 왼쪽 사이드바 아래쪽 옵션 버튼 :obsgear: 을 눌러 옵션 창을 엽니다.

왼쪽 탭 리스트 중 테마 탭을 선택하면 테마 기능이 나타납니다.

SECTION 3 기본 테마 변경하기

테마 탭에서는 테마와 관련된 다양한 기능을 조정할 수 있습니다.

옵시디언에서 기본 테마는 어두운 배경의 '다크', 밝은 배경의 '라이트'를 고를 수 있습니다.
기본 테마 항목을 보면 현재 '다크'라고 적혀있습니다. 라이트로 변경해 봅시다.

전체 창의 색상이 변경되었습니다.

밝은 색상을 좋아하시는 분들은 이쪽을 선호하실 것 같습니다.

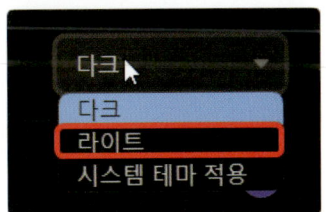

옵션 창을 껐을 때 보이는 노트 역시 밝은색으로 바뀌어 있습니다.

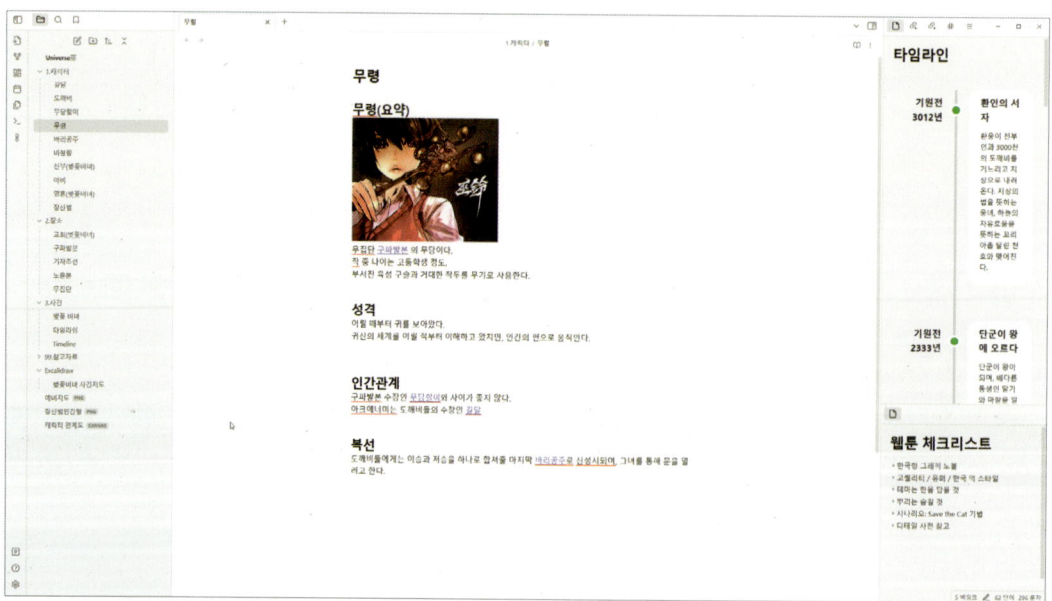

강조 색상에서는 링크 등의 포인트 색상을 변경할 수 있습니다.
그럼 이제 강조 색상을 바꿔볼까요?

강조 색상의 원형 부분을 클릭하면 컬러를 선택할 수 있는 컬러 피커가 열립니다. 원하는 색상을 골라보세요. 저는 열정의 붉은 색을 골라보았습니다.

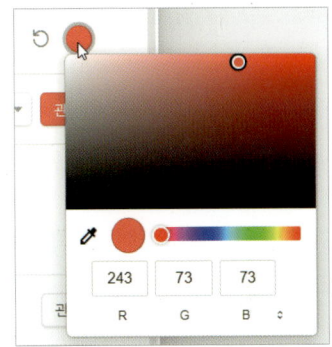

노트로 돌아가 보면, 노트의 링크 색상이 붉은색으로 변경된 것을 볼 수 있습니다.

SECTION 4 새로운 테마 다운로드하기

옵시디언은 기본 테마 이외에도 다양한 테마를 다운받아 사용할 수 있습니다.

테마 항목의 '관리' 버튼을 눌러보세요.

테마를 고를 수 있는 창이 열립니다.

현재 186개의 테마가 있습니다. 2일에 하나씩 테스트해도 1년은 걸리는 넉넉한 양이군요.

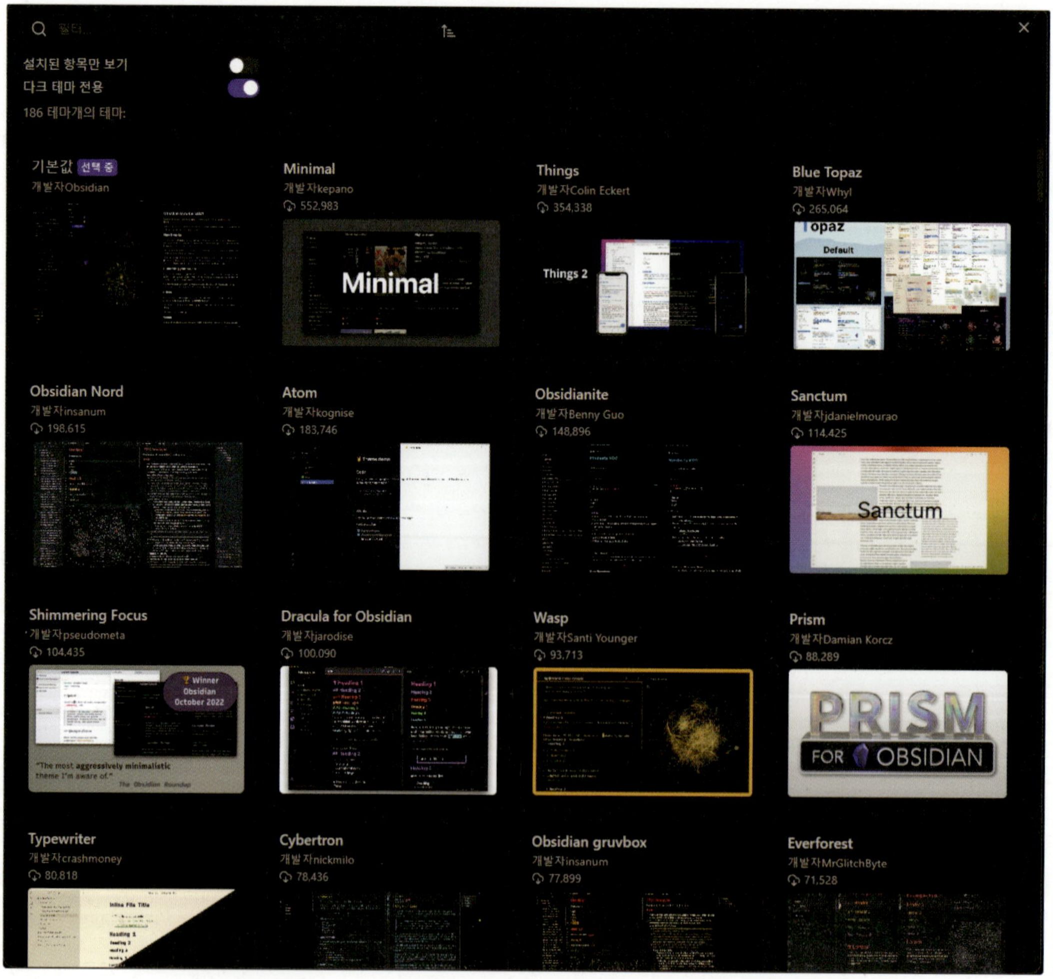

상위로 갈수록 인기 있는 테마이며, 더 예쁘고 쓰기 편한 기능을 많이 가지고 있습니다. 상위 테마 중 하나인 Obsidian Nord를 선택해 봅시다..

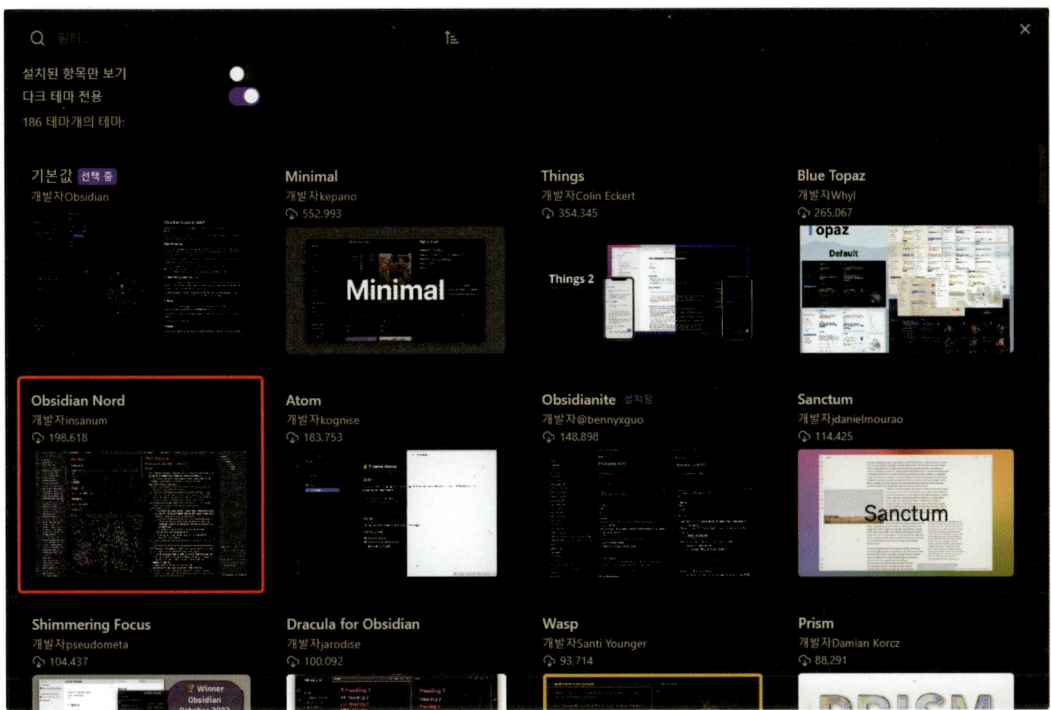

선택하면, 테마 설명과 함께 설치 및 사용 버튼이 보입니다. 설명을 한 번 읽어보신 뒤, 설치 및 사용 버튼을 눌러 적용합니다.

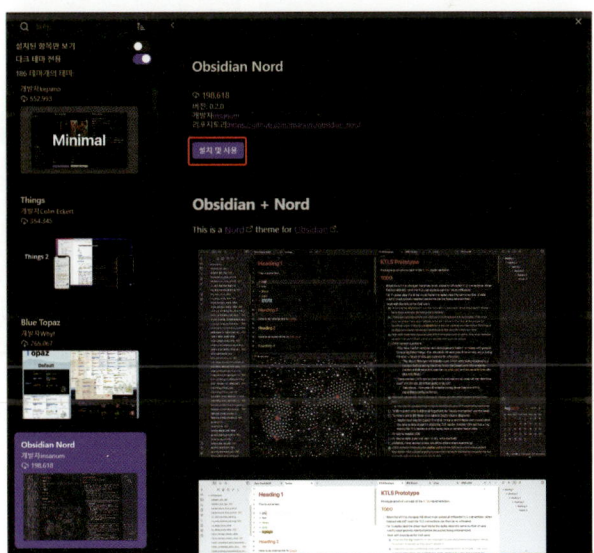

3장. 세계관 더 깊이 탐험하다　53

노트로 돌아가면 테마가 적용되며 소제목, 글자 크기, 색상 등이 좀 더 화려하게 변경된 것을 확인할 수 있습니다.

그 외에도 다양한 테마가 많으니 하나씩 선택해 설치해 보세요. 아래는 일부 예시입니다.

SECTION 5 설치된 테마 다시 선택하기

설치한 테마는 테마 항목에 리스트로 포함되며 언제든지 다시 선택할 수 있습니다.

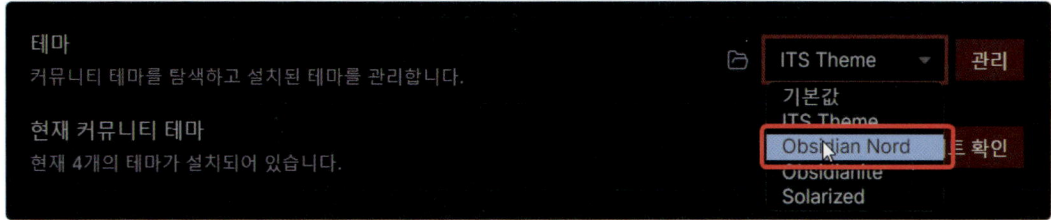

SECTION 6 설치된 테마 확인 & 제거하기

다운받은 테마는 테마 관리 창 → 설치한 테마를 선택해서 제거할 수 있습니다. 테마 관리를 클릭해, 테마 창을 연 다음 설치된 항목만 보기를 선택합니다.

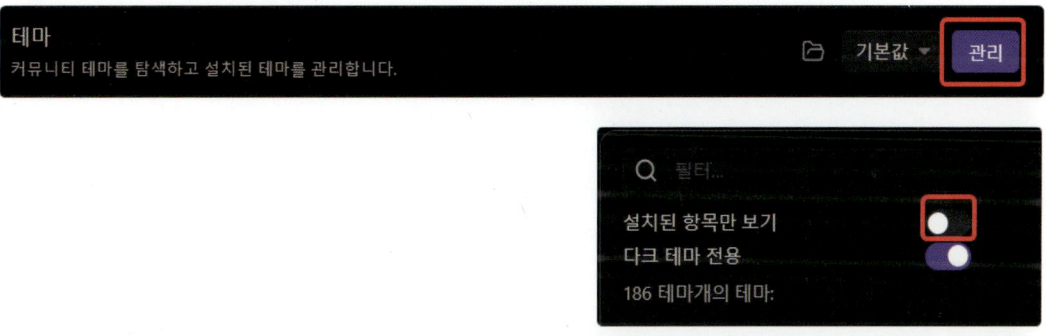

현재 설치된 테마만 보이게 바뀝니다.

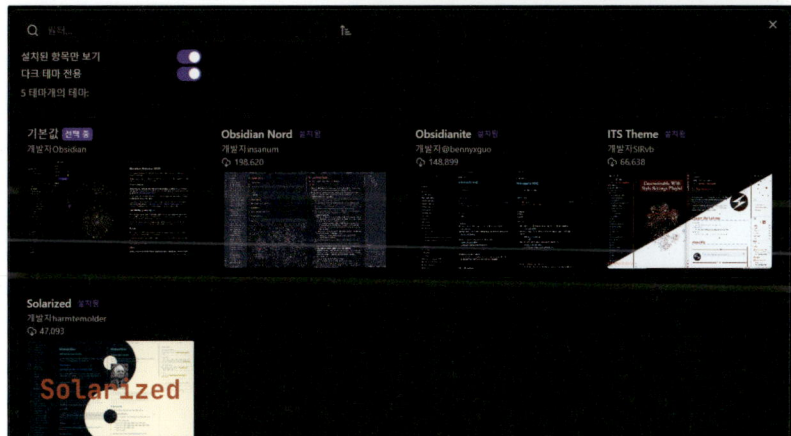

제거를 원하는 테마를 선택한 다음 제거 버튼을 클릭하면 제거됩니다.

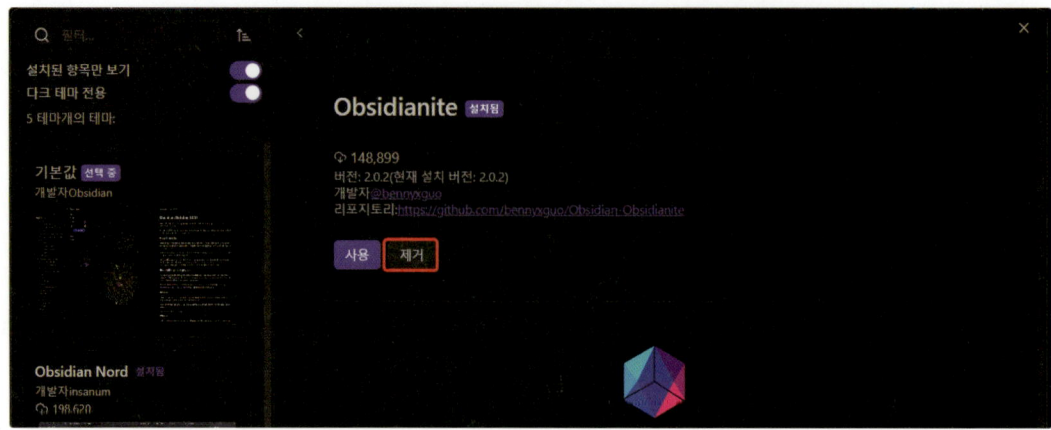

테마 목록에서 사라진 것을 볼 수 있습니다.

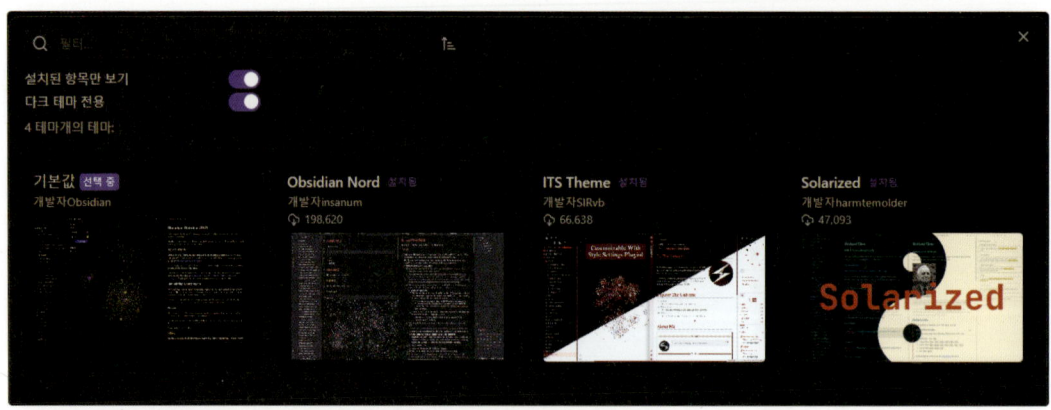

이처럼 옵시디언은 테마를 변경하면, 다양한 느낌으로 작업할 수 있습니다. 기분에 따라 바꿔보는 것도 추천해 드립니다.

테마를 변경하다 보면 취향에 맞게 세세하게 바꾸고 싶다는 생각이 들 수 있습니다. 필요한 부분만 바꾸기 위해서는 CSS Snippet을 사용합니다.

이어서 3.2 CSS 스니펫 사용하기를 살펴보도록 하겠습니다.

CHAPTER 3.2
CSS 스니펫 사용하기

SECTION 1 CSS 스니펫(snippet)이란?

옵시디언은 CSS 파일을 이용해 자신에게 맞게 디자인을 변경할 수 있습니다. 이를 CSS 스니펫(Snippet)이라고 부릅니다. 용도에 맞는 여러 CSS 파일을 만들어 사용하고, 관리할 수 있습니다.

> 🔹 **CSS란?**
>
> CSS는 "Cascading Style Sheets"의 약자로, 웹 페이지의 디자인과 레이아웃을 제어하는 데 사용되는 스타일시트 언어입니다. HTML은 웹 페이지의 구조와 내용을 정의하는 데 사용되는 반면, CSS는 이러한 구조와 내용을 어떻게 보여줄지를 정의합니다.

SECTION 2 CSS Snippet 살펴보기

CSS Snippet 설정은 테마에서 확인할 수 있습니다.

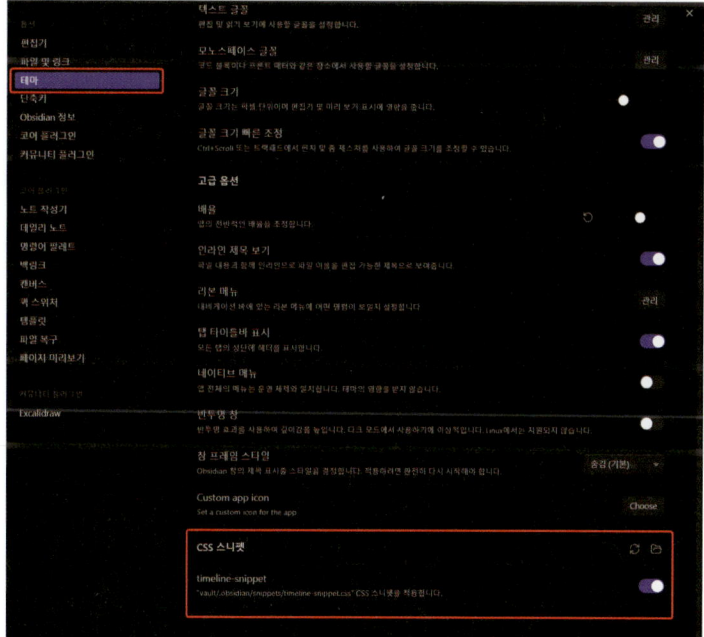

SECTION 3 **CSS 폴더 열기**

CSS 스니펫은 CSS 스니펫 폴더에서 관리합니다. CSS 스니펫 오른쪽에 폴더 아이콘을 클릭하면, CSS 스니펫 폴더가 열립니다.

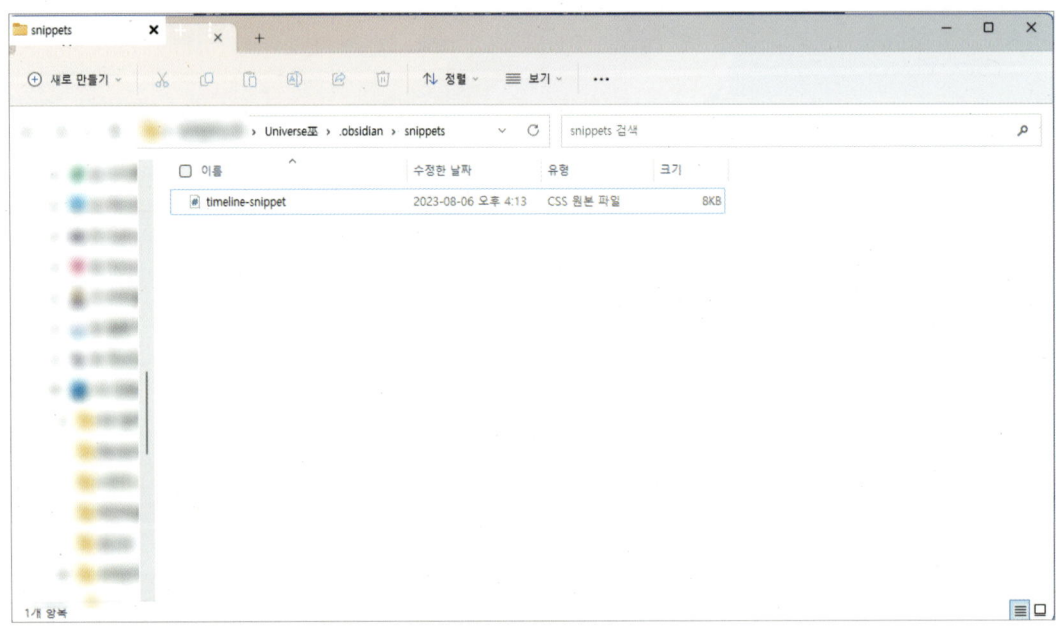

이제 새 CSS 파일을 만들 준비가 다 되었습니다. 어떤 부분을 바꿔볼까요?

SECTION 4 **소제목 폰트 변경하기**

옵시디언의 소제목은 다른 글자들과 동일한 폰트를 이용합니다. 소제목에 어울리는 폰트를 따로 적용해 블로그나 책처럼 보이게 할 수 있습니다. 소제목 폰트를 바꾸어 봅시다.

SECTION 5 새 CSS 파일 만들기

먼저 CSS 확장자 파일을 만들어야 합니다. 우선, 탐색기에서 확장자가 보이도록 설정합시다.

탐색기 창 보기 → 표시 → 파일 확장명을 선택해서 확장자를 보이게 합니다.

확장자가 보이는 것을 확인할 수 있습니다.

이제 새로운 CSS 파일을 만들어봅시다.

마우스 우클릭 → 새로 만들기 → 텍스트 문서를 선택해 새 텍스트 파일을 만듭니다.

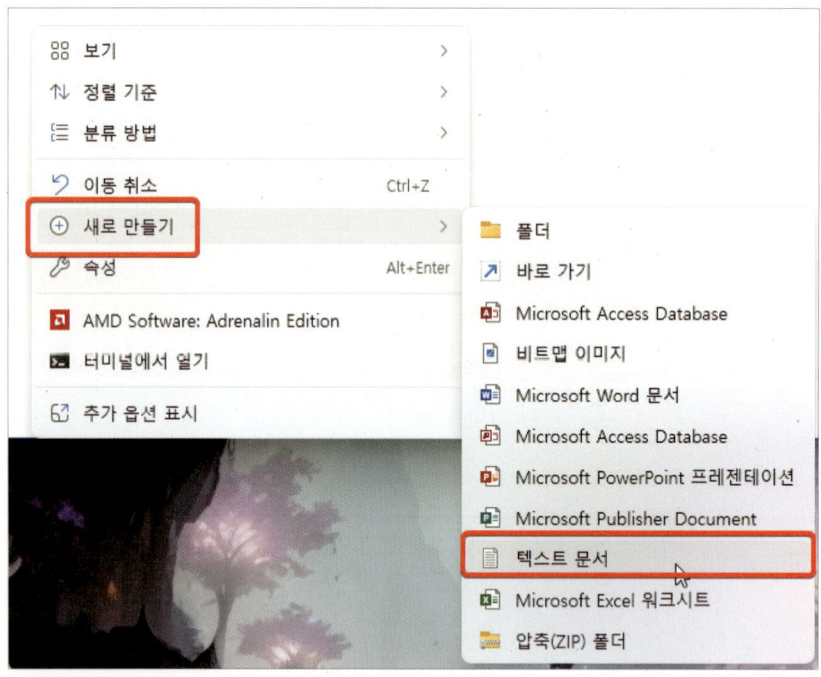

이름을 customfont.css로 변경합니다. 확장자도 함께 변경해 주세요.

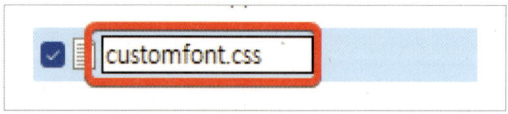

확장자가 바뀌면 사용할 수 없다는 경고창이 뜹니다. 예 를 누릅니다. customfont.css 를 더블클릭해 실행합니다.

사용하는 편집기가 따로 없다면 메모장을 선택합니다.

아직, 아무것도 입력되지 않은 빈 파일이 열립니다.

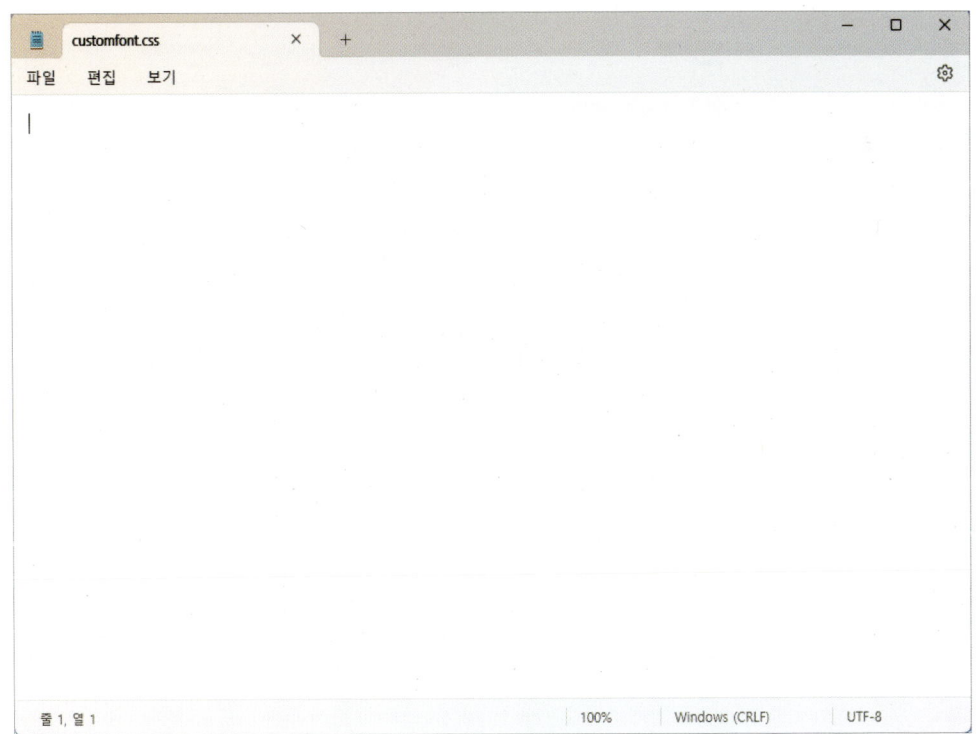

SECTION 6 제목에 쓸 웹폰트 구하기

별개의 폰트를 쓰려면 따로 설치하지 않아도 되는 웹폰트를 사용하면 편리합니다. 폰트 사이트 눈누는 웹폰트를 제공해 주어서 편리합니다. 웹 브라우저를 열고 눈누(https://noonnu.cc)로 이동합니다.

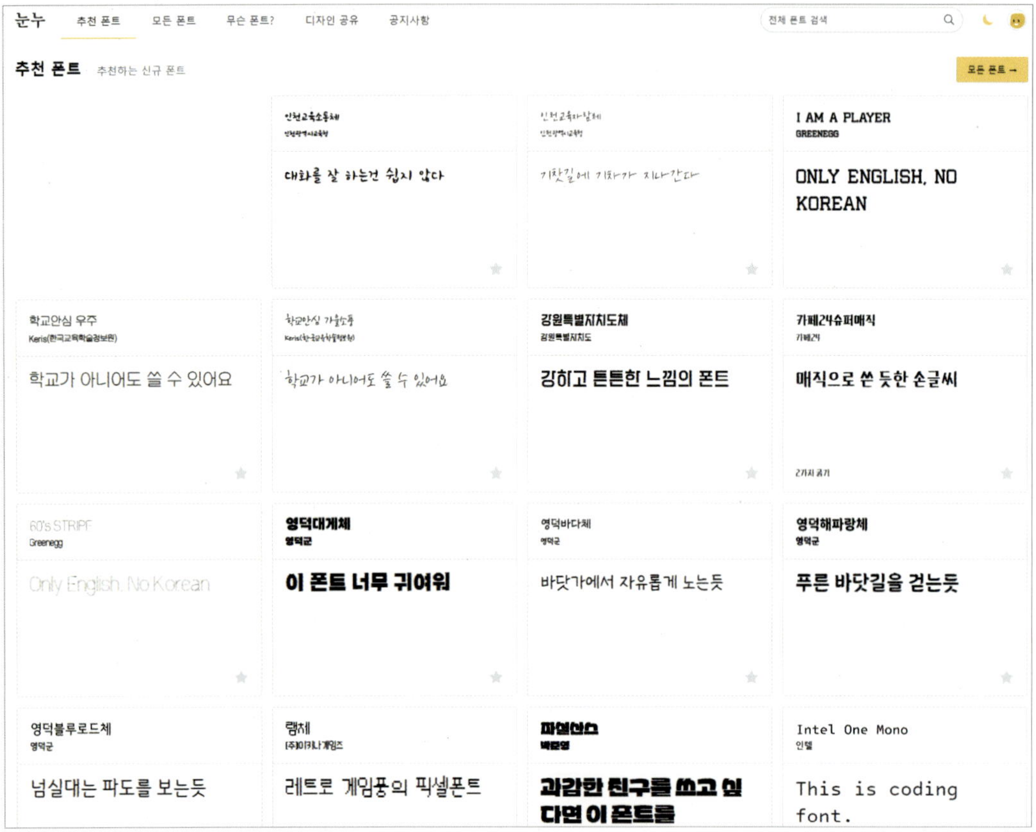

소제목으로 어울리는 폰트를 찾아봅시다. 저는 제가 좋아하는 강원교육튼튼체를 사용해 보겠습니다. 눈누의 검색창에서 강원교육튼튼체를 검색해서 선택합니다.

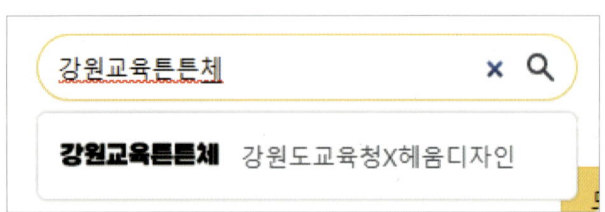

강원교육튼튼체 페이지가 보입니다. 우리에게 필요한 부분은 우측 웹폰트로 사용 부분입니다.

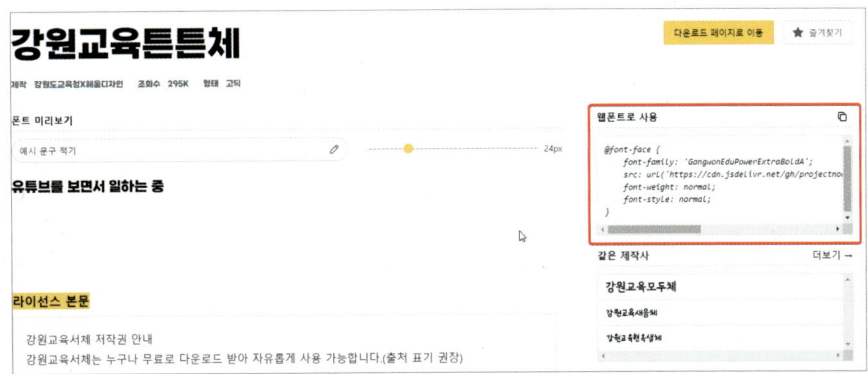

웹폰트로 사용의 오른쪽 복사 버튼을 클릭해 내용을 복사합니다. 복사한 내용을 메모장에 붙여 넣습니다.

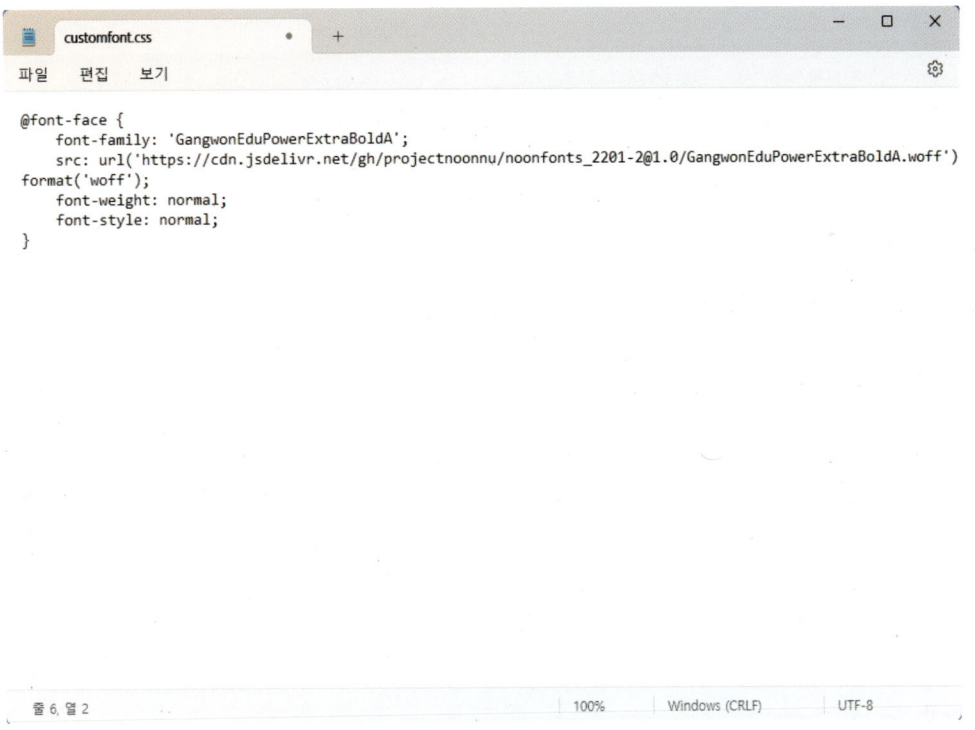

강원교육튼튼체를 사용할 준비가 되었습니다. 이제 이걸 소제목에 적용해 보겠습니다.

SECTION 7 소제목에 폰트 적용하기

소제목 모두가 아니라 3단계만 설정하겠습니다. 앞서 입력한 부분을 아래와 같이 입력하세요.

```css
/* 뷰어 적용 */
h1,h2,h3 {
    font-family: '강원교육튼튼'!important;
}
/* 에디터 적용 */
.cm-header-1,.cm-header-2,.cm-header-3,.inline-title {
    font-family: '강원교육튼튼'!important;
}
```

입력한 내용을 간단히 설명합니다.

내용	설명
font-family:'강원교육튼튼'	적용할 폰트 이름입니다
h1,h2,h3	뷰어 모드의 소제목1,2,3에 적용하는 부분입니다
.cm-header-1	편집 모드의 소제목 항목
.inline-title	편집 모드의 제목 항목
!important	기존에 있던 항목들을 덮어쓸 것

제대로 입력하면 아래와 같습니다. 확인 후 CSS 파일을 저장합니다.

```
@font-face {
    font-family: 'GangwonEduPowerExtraBoldA';
    src: url('https://cdn.jsdelivr.net/gh/projectnoonnu/noonfonts_2201-2@1.0/GangwonEduPowerExtraBoldA.woff') format('woff');
    font-weight: normal;
    font-style: normal;
}

/* 뷰어 적용 */
h1,h2,h3 {
    font-family: '강원교육튼튼'!important;
}

/* 에디터 적용 */
.cm-header-1,.cm-header-2,.cm-header-3,.inline-title {
    font-family: '강원교육튼튼'!important;
}
```

SECTION 8 CSS 스니펫 적용하기

다시 옵션 창으로 돌아오면, 새로 입력한 customfont.css가 보입니다. 보이지 않는다면 리로드 버튼을 클릭해서 리스트를 다시 불러오세요.

customfont의 체크 박스를 클릭해 customfont를 활성화하세요.

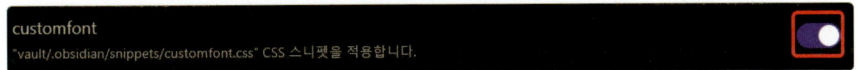

노트로 돌아오면 소제목의 폰트가 '강원교육튼튼'체로 변경된 것을 볼 수 있습니다. 좀 더 책을 쓰는 느낌이 되었습니다.

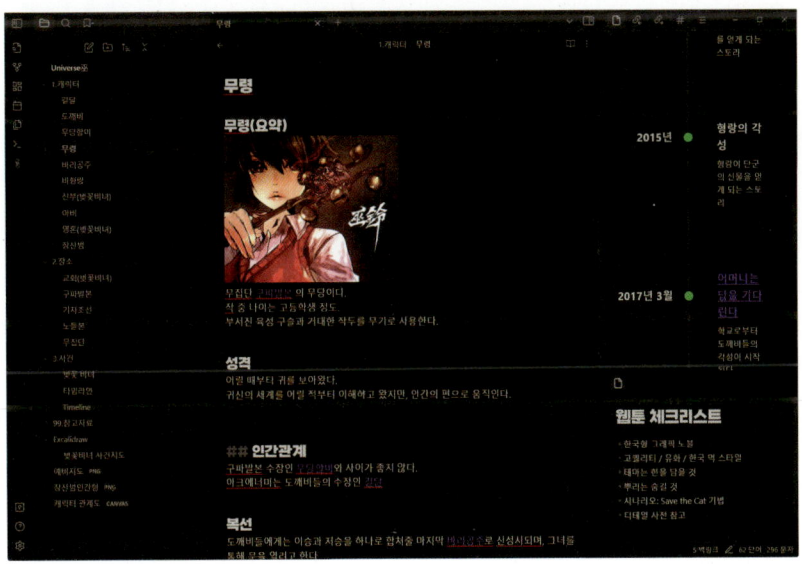

3장. 세계관 더 깊이 탐험하다   65

테마를 변경해도 우리가 적용한 CSS 스니펫은 그대로 적용됩니다. 아래는 Obsidian Nords 테마로 변경해 본 모습입니다. 소제목 색상은 바뀌었지만 우리가 적용한 강원교육튼튼체는 그대로 남아있는 것을 볼 수 있습니다.

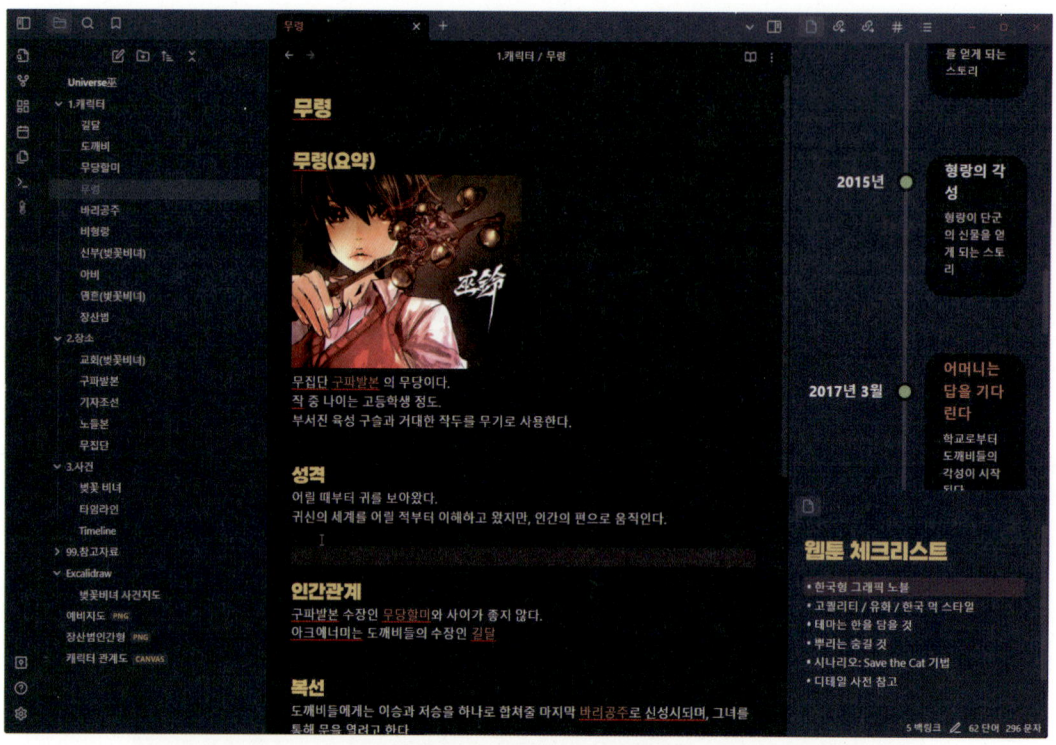

> 🪨 **CSS 입력이 어려워요.**
>
> CSS를 처음 다루시는 분들에게는 어려운 일일 수 있을 것 같습니다.
>
> 제가 별책 부록 항목에 customfont.css 를 넣어두었습니다. 복사해서 사용해 보세요.

플러그인 설치하는 방법

지금까지 옵시디언의 기본 기능을 이용해, 세계관을 글로 적고 확장하였습니다. 하지만 앞서 2.1 옵시디언이란에서 이야기했듯, 옵시디언은 플러그인을 이용한 확장성이라는 강력한 능력을 가지고 있습니다. 옵시디언 안에서 그림과 마인드맵을 그리고, 강력한 기능을 추가하고, 자료를 재조합하는 등 다양한 기능을 사용할 수 있습니다. 이번 챕터에서는 다양한 플러그인들을 이용해 세계관을 풍성하게 만드는 방법에 대해 이야기할 예정입니다

그러기 위해서는 우선, 플러그인 설치 방법을 먼저 알아야겠죠?

SECTION 1 플러그인 설정 창 열기

플러그인 설치를 위해서는 설정 메뉴로 들어가야 합니다.

왼쪽 아래에 3개의 아이콘이 나란히 있습니다.

간단히 살펴보겠습니다.

아이콘	기능
🗝	다른 저장소(Vault)를 여는 버튼입니다. 여러 보관소를 사용할 때 편리합니다.
❓	도움말 페이지를 여는 버튼입니다.
⚙	세팅창을 여는 버튼입니다.

:lucsettings: 버튼을 클릭하면 설정 메뉴가 열립니다.

68 창작자를 위한 옵시디언 마스터북

설정 창 왼쪽에는 카테고리 탭이, 오른쪽에는 다양한 설정을 할 수 있는 메뉴가 보입니다. 각각의 탭을 선택해서 카테고리별 설정을 할 수 있습니다.

우리는 외부 플러그인을 사용해야 합니다. '커뮤니티 플러그인' 탭을 클릭해서 커뮤니티 플러그인 창을 엽니다.

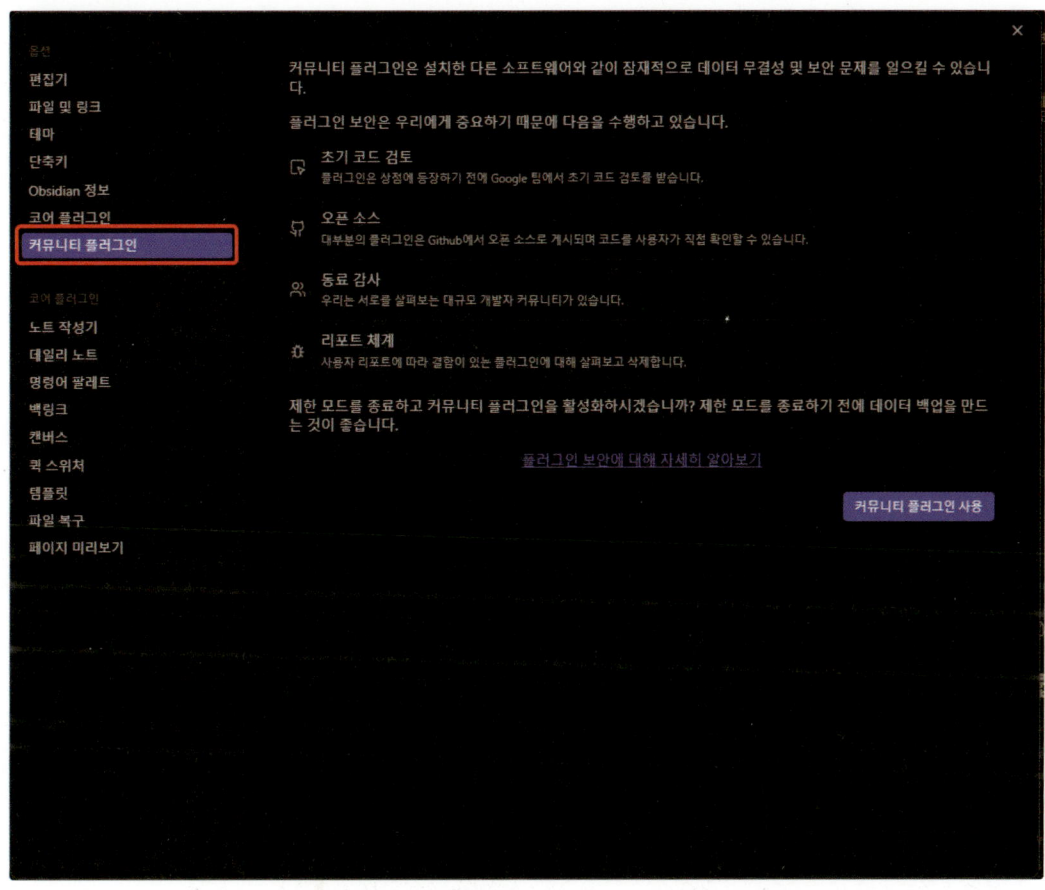

SECTION 2 플러그인 사용 버튼 클릭하기

앞서 보신 것처럼 커뮤니티 플러그인을 처음 사용하게 되면, 경고 페이지가 먼저 열립니다. 내용을 숙지하신 다음 '커뮤니티 플러그인 사용' 버튼을 눌러 플러그인 사용을 활성화합니다.

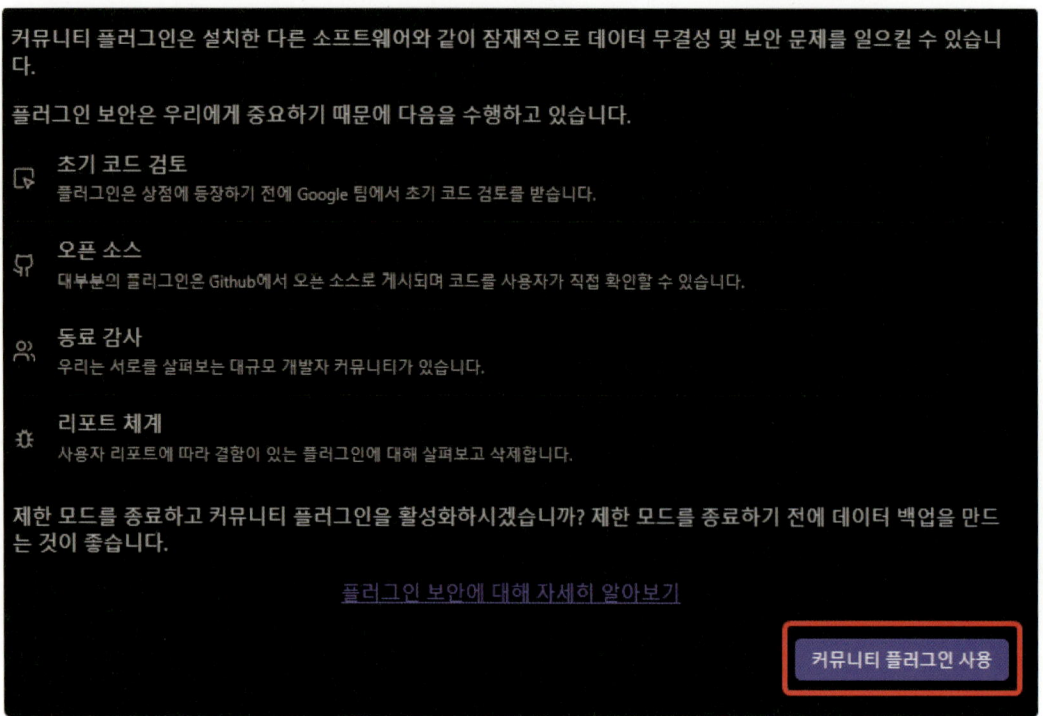

커뮤니티 플러그인이 활성화된 모습입니다.

이제 '탐색' 버튼을 눌러 원하는 플러그인을 찾아 설치할 수 있습니다.

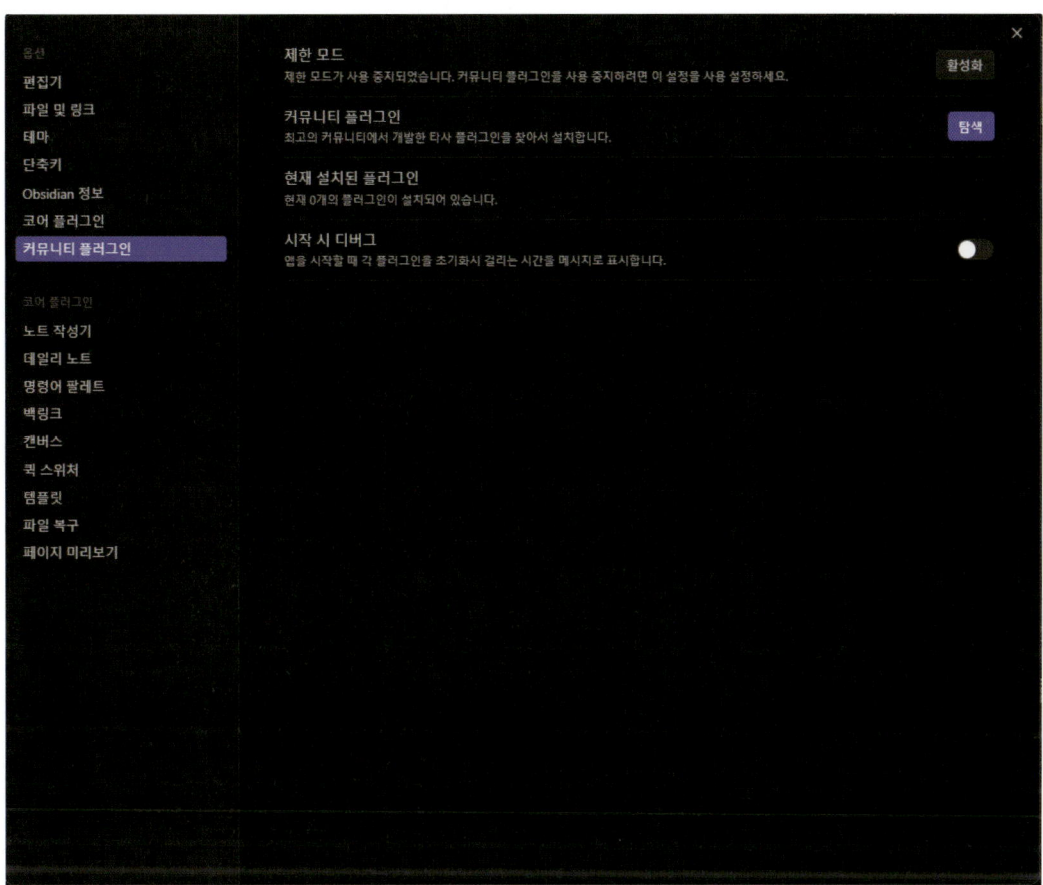

💎 경고창이라니! 커뮤니티 플러그인이 위험한가요?

처음 열리는 경고창 때문인지, 커뮤니티 플러그인을 설치하면 위험한 것이 아닌가 우려하시는 분들도 꽤 있습니다. 하지만 옵시디언 측에서 코드를 검토하고 문제 시 피드백도 받고 있어 사실상 큰 위험은 없습니다. 다만, 여러 플러그인을 과도하게 설치할 경우, 플러그인끼리 예상치 못한 충돌이 있을 수는 있으니 주의하세요. 이럴 경우는 보통 문제가 생기는 플러그인을 비활성화하면 문제가 사라집니다.

SECTION 3 플러그인 검색하기

탐색 버튼을 누르면, 사용할 수 있는 플러그인 리스트가 나오는데, 사람들이 많이 사용하고 있는 인기 플러그인 순서대로 정렬됩니다. 또한 상단의 검색창을 통해 원하는 플러그인을 찾을 수도 있습니다.

플러그인 제목을 선택하면 플러그인에 대한 설명과 설치 버튼 등이 보입니다.

SECTION 4 플러그인 설치

설치 버튼을 누르면 플러그인이 설치됩니다. 설치 버튼 역시 '활성화'와 '제거' 버튼으로 변경됩니다.

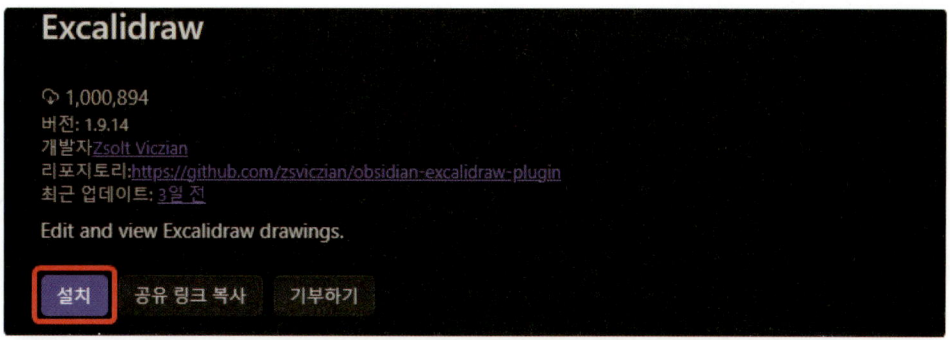

옵시디언 플러그인이 처음 설치되면 '비활성화' 상태가 됩니다. '비활성화' 상태는 플러그인을 설치하되 사용하지 않는 상태입니다. 활성화 버튼을 눌러 활성화합니다. 사용하지 않을 때는 언제든 비활성화할 수 있습니다.

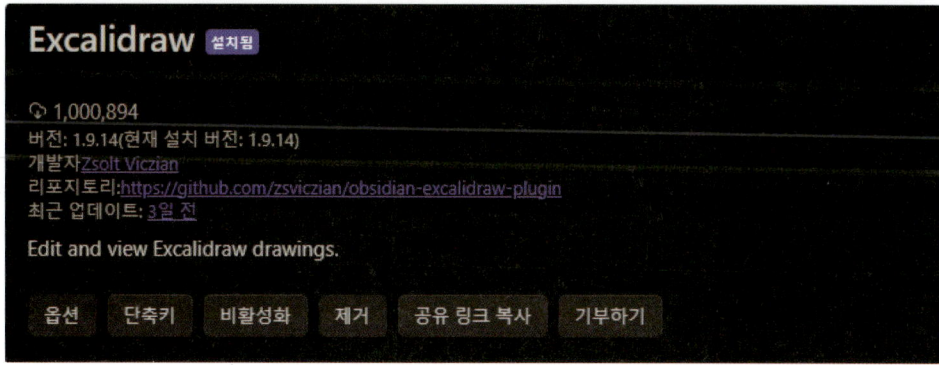

SECTION 5 설치된 플러그인 살펴보기

설치된 플러그인은 커뮤니티 플러그인 창 하단에서 확인할 수 있습니다. 비활성화나 단축키 작성 등의 기능도 제공하고 있습니다.

SECTION 6 플러그인에 추가 옵션이 있는 경우

플러그인에 따라 세부 설정을 위해 별도의 옵션이 있는 경우가 있습니다. 옵션이 있는 플러그인의 경우 설정 창의 왼쪽 탭 리스트에서 해당 플러그인 이름을 볼 수 있습니다. 클릭하면 해당 플러그인 설정 창으로 이동하며, 세세한 설정이 가능합니다.

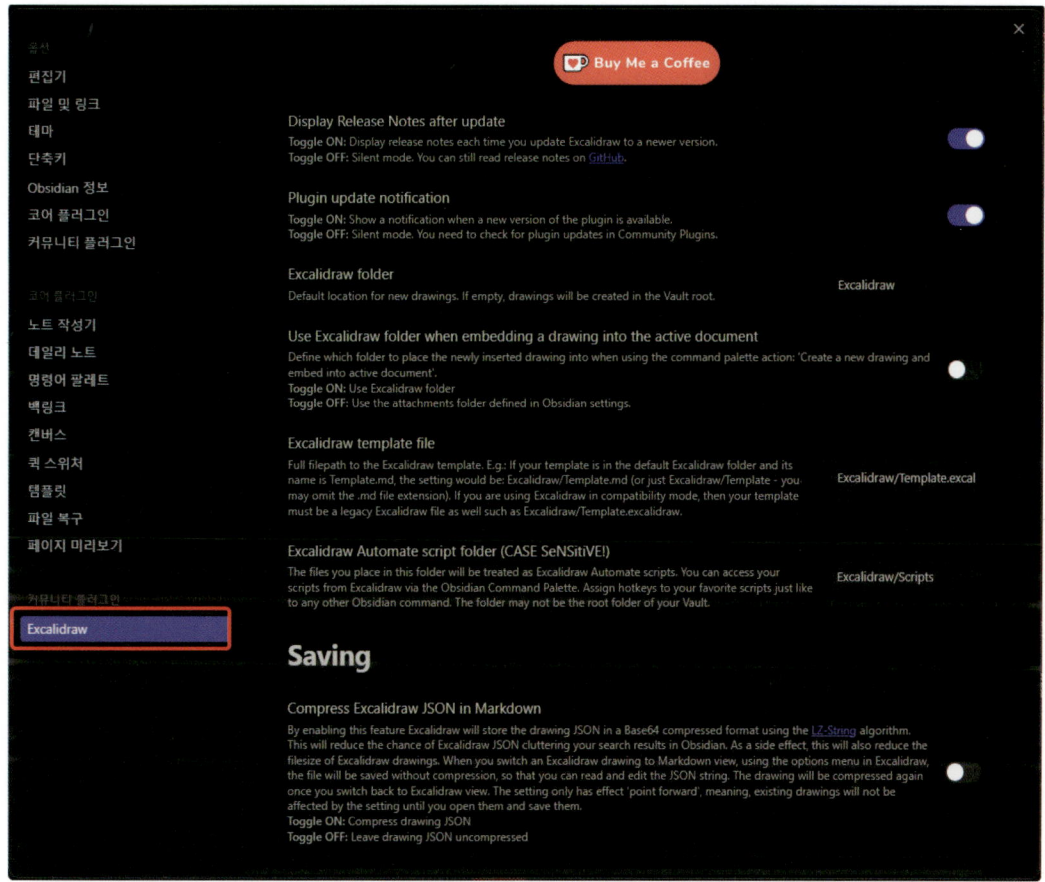

이후 과정은 Excalidraw 플러그인을 설치하고, 세계지도를 만드는 것인데 5.1 Excalidraw 소개와 5.2 Excalidraw로 사건 지도 만들기에서 알아보도록 하겠습니다.

CHAPTER 3.4
폴더 아이콘 예쁘게 변경하기

옵시디언의 파일 탐색기는 편리하다는 장점이 있지만, 아쉽게도 그다지 예쁜 편은 아닙니다. 노션 등 최근 노트 앱들은 폴더마다 아이콘을 적용할 수 있어, 인지도를 높여주는 데 비해 옵시디언의 파일 탐색기는 심플한 편입니다. 하지만 옵시디언은 플러그인이 다양하다는 장점이 있죠. 옵시디언에는 폴더 탐색기에 아이콘을 적용할 수 있는 편리한 플러그인이 있습니다.

SECTION 1 | Icon Folder 플러그인 설치하기

Icon Folder 역시 플러그인 검색창에서 찾을 수 있습니다. Icon Folder를 검색해 설치합니다. 설치 방법은 3.3 플러그인 설치하는 방법을 참고하세요.

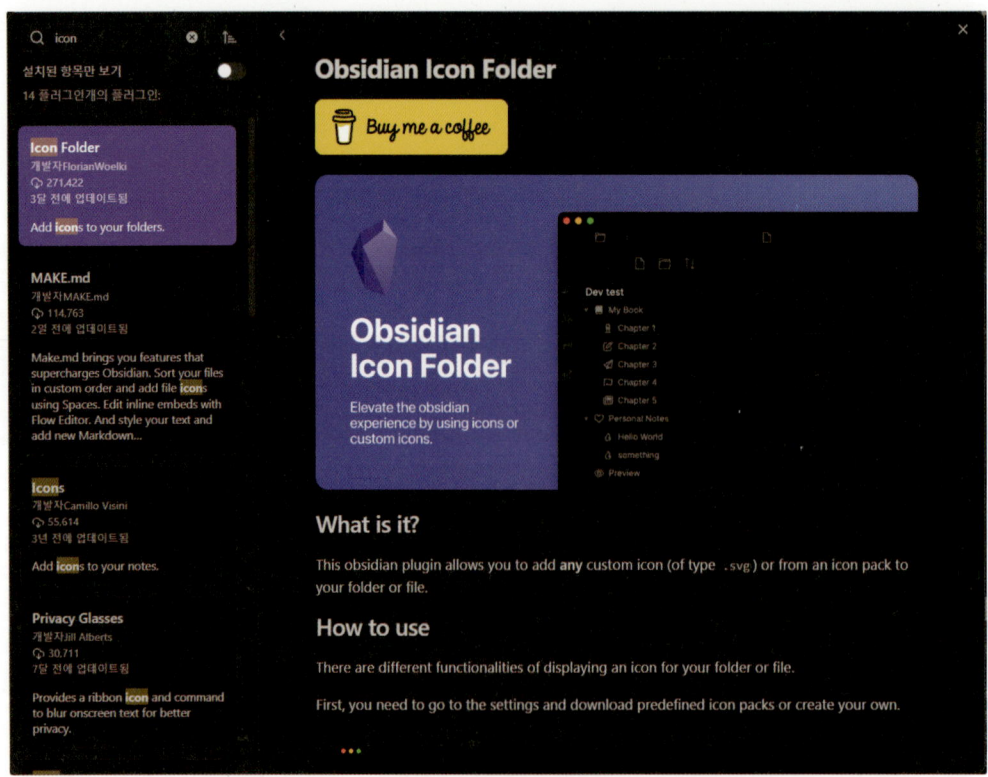

SECTION 2 사용할 아이콘 팩 설치하기

설치가 끝나면, 옵션 창 하단에 Icon Folder 항목이 추가된 것을 확인할 수 있습니다. 클릭해서 Icon Folder 옵션으로 이동합니다.

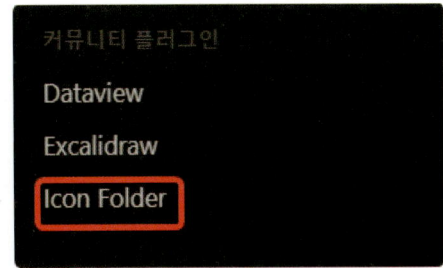

새로운 아이콘을 설치하기 위해서는 Icon Packs 항목의 Add predefined icon pack을 선택해야 합니다. Browse icon packs 아이콘을 클릭하세요.

클릭하면 설치할 수 있는 아이콘 팩 리스트가 보이고 이를 선택하면 설치할 수 있습니다. 이왕이면 모두 선택해서 설치합시다.

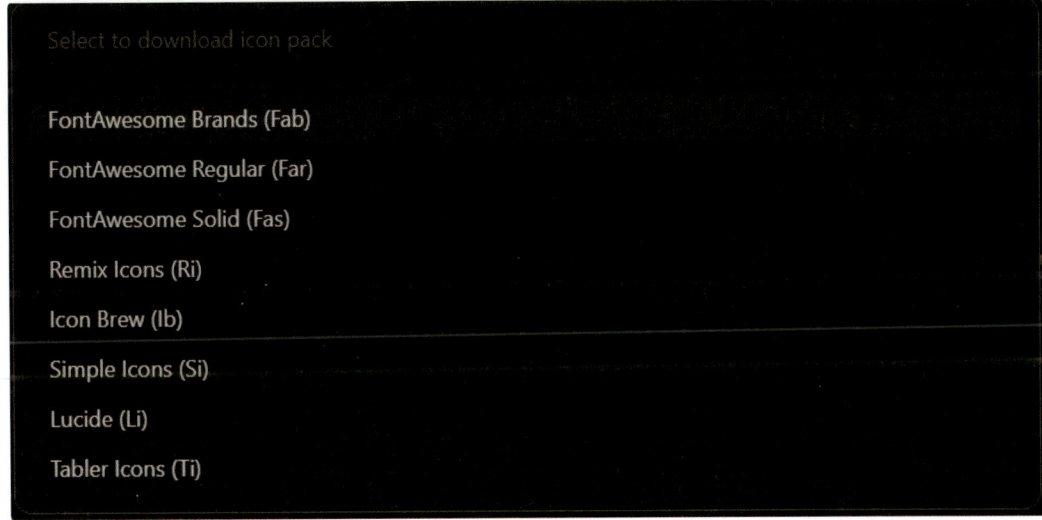

3장. 세계관 더 깊이 탐험하다 77

설치하면 Icon Packs 항목 아래에 설치한 아이콘 팩 리스트가 보입니다. 여기서 불필요한 아이콘 팩은 언제든지 제거할 수 있습니다.

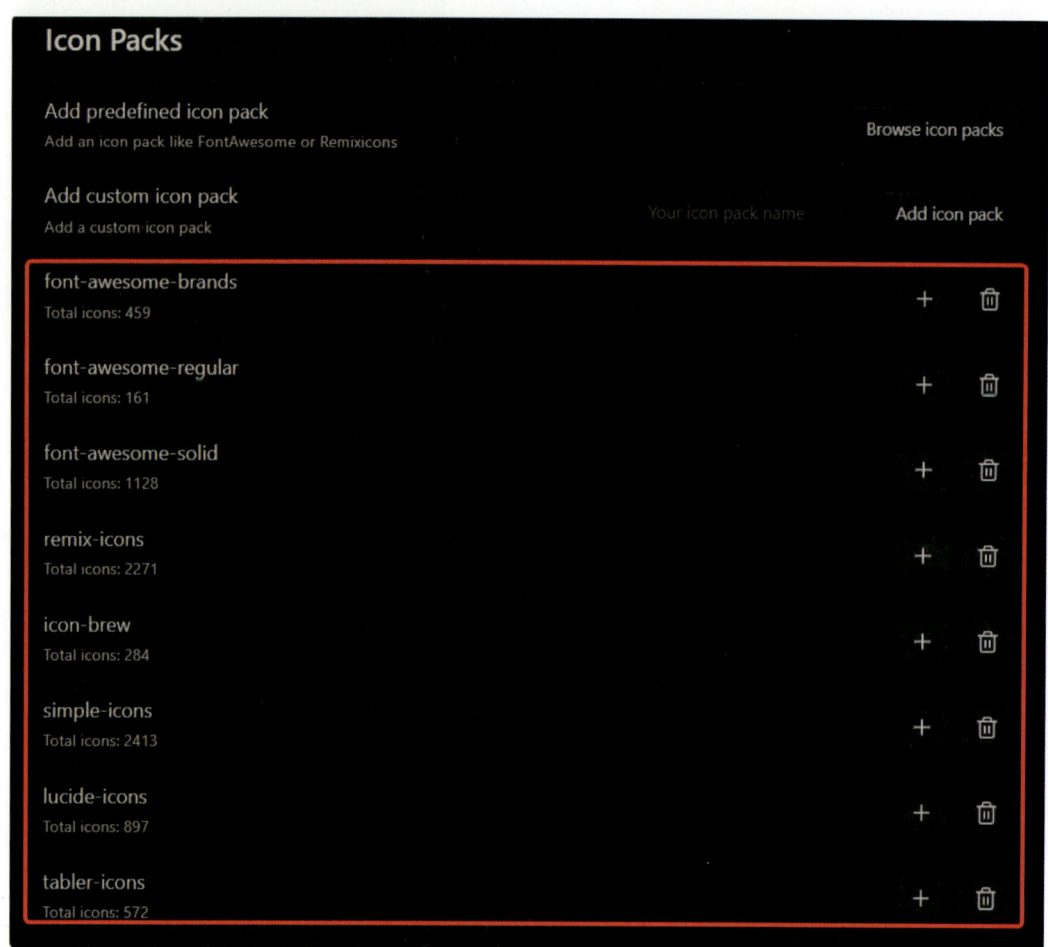

아이콘 팩을 설치하고, 메인 창으로 돌아옵시다.

SECTION 3 Icon Folder로 캐릭터용 폴더 아이콘 추가하기

파일 탐색기에서 1. 캐릭터 폴더에 마우스를 우클릭해 메뉴를 열어봅시다. 메뉴 아래에 Change icon을 클릭합니다.

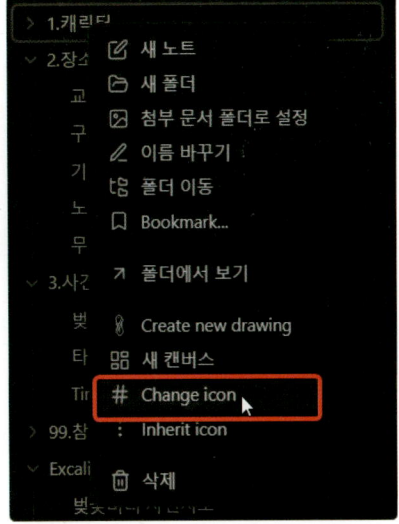

아이콘을 선택할 수 있는 창이 열립니다. 상당히 많은 아이콘이 보입니다. 스크롤해서 원하는 아이콘을 선택하거나, 검색창에서 검색해 선택할 수 있습니다.

3장. 세계관 더 깊이 탐험하다

저는 woman을 검색한 다음 아이콘을 적용하였습니다.

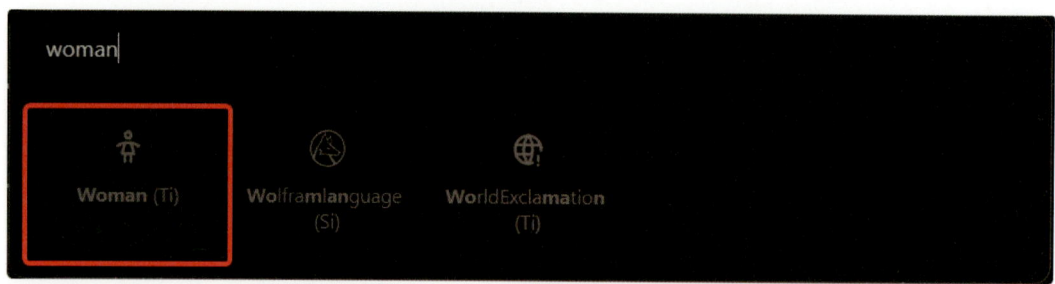

아이콘이 적용되었습니다. 훨씬 알아보기 쉽군요.

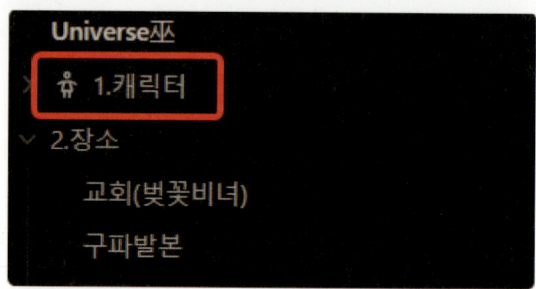

같은 방식으로 다른 폴더에도 아이콘을 적용해 봅시다. 각자 취향에 맞는 아이콘을 찾아보세요.

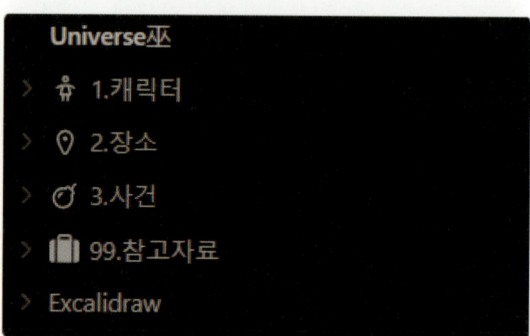

적용한 아이콘은 마우스 우클릭 → Remove icon으로 언제든지 제거할 수 있습니다.

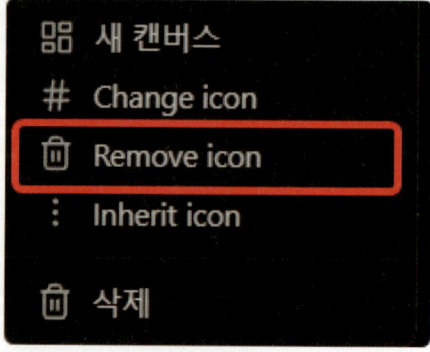

📄 파일에도 아이콘을 넣어보자.

앞서 폴더를 예시로 들긴 했지만, 파일에도 적용이 가능합니다. 중요한 파일들을 아이콘으로 표시해 두면 많은 파일 중 원하는 것을 찾기 더 쉬워집니다.

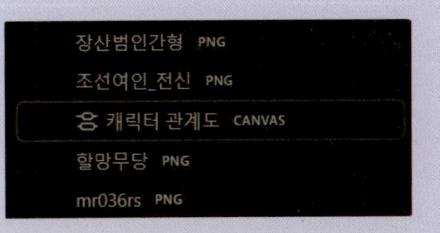

SECTION 4 벚꽃 비녀에는 꽃 아이콘

매번 아이콘을 일일이 변경하기 번거롭거나, 특정 규칙에 따라 아이콘으로 구별하고 싶다면 Custom Icon Rules 항목을 이용하면 편리합니다. 제 세계관에는 '벚꽃 비녀'라는 시나리오가 있는데, 이 시나리오에 등장하는 장소와 인물에 꽃 아이콘을 달아봅시다.

Icon Folder 옵션 창 → Custom Icon Rules 항목을 봅시다. 아이콘 규칙을 입력할 수 있는 창이 있습니다.

'벚꽃 비녀'라고 입력하고 Choose icon을 클릭해 꽃 아이콘을 선택합니다.

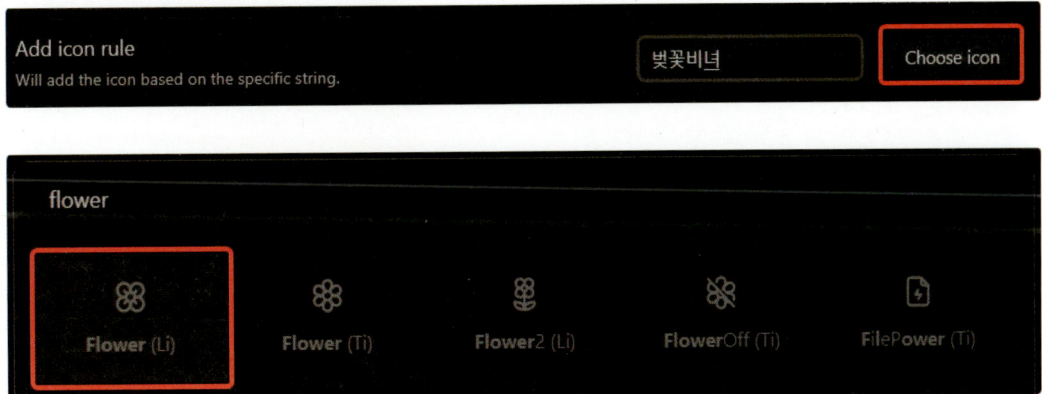

아이콘을 선택하면, 아래처럼 새로운 룰이 추가됩니다.

벚꽃비녀라는 단어가 들어간 파일은 모두 꽃 아이콘이 표시되는 것을 알 수 있습니다.

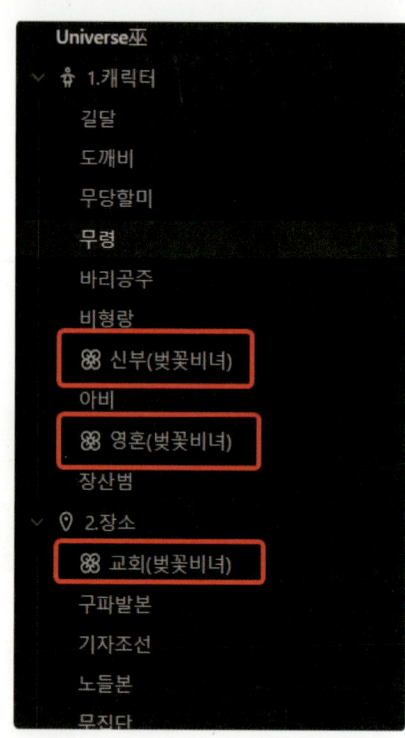

규칙은 일반 단어뿐만 아니라 regex 룰도 사용할 수 있어 더욱 편리합니다.

> 💎 **regex란?**
>
> "regex"는 "regular expression"의 약자입니다. 정규 표현식은 문자열의 패턴을 나타내는 방식으로, 특정 문자열을 찾거나 대체하거나 추출하는 데 사용됩니다. 배우기 쉽지는 않지만, 익숙해지면 매우 강력한 위력을 발휘합니다.

CHAPTER 3.5
단축키 설정과 활용

SECTION 1 옵시디언의 단축키

매번 메뉴를 찾아 사용하는 것보다 단축키를 사용하면 훨씬 생산성이 올라갑니다. 옵시디언은 다양한 단축키를 지원할 뿐만 아니라, 자유롭게 원하는 단축키를 설정할 수도 있습니다.

이번 시간에는 옵시디언의 단축키를 설정하는 방법에 대해 알아보도록 하겠습니다.

SECTION 2 단축키 설정 창 열기

단축키는 옵션 창 → 단축키 탭에서 설정이 가능합니다.

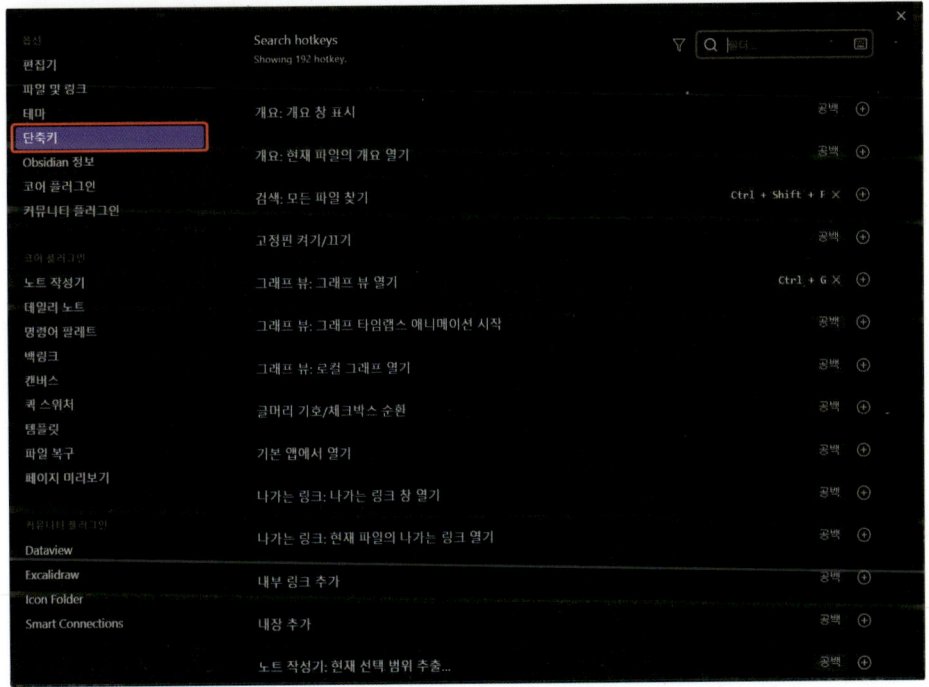

이미 설정되어 있는 많은 단축키들이 보입니다.

SECTION 3 단축키 설정하기

각 항목의 옆에는 ⊕ 버튼이 있습니다. ⊕ 버튼을 누르고, 원하는 키를 입력하면 새 단축키를 설정할 수 있습니다. 이 중 공백으로 표시된 항목은 단축키가 없는 항목입니다.

이미 단축키가 있는 기능은 사용할 키가 보이게 되며, 옆의 x 버튼을 눌러 제거할 수도 있습니다.

검색을 통해 원하는 단축키를 빠르게 찾을 수 있습니다.

SECTION 4 추천 단축키 모음

제가 옵시디언에 항상 세팅하는 단축키들입니다.

■ 아래줄 / 윗줄과 바꾸기

노트를 작업하다 보면, 위와 아래의 내용을 바꾸어야 할 경우가 종종 생깁니다. 매번 잘라 붙이기를 할 수도 있지만, 위아래 이동을 단축키로 설정하면 편리하게 바꿀 수 있습니다.

추천하는 단축키는 Shift + Alt + ↓ / Shift + Alt + ↑ 키입니다.

- 뒤로 / 앞으로

옵시디언은 링크를 클릭하며 노트를 이동하는데 종종 지나간 노트로 돌아가고 싶을 때가 있습니다. 이럴 때 '뒤로'와 '앞으로' 기능을 반영하면 편리합니다. 추천하는 키는 Ctrl + → / Ctrl + ← 입니다.

앞으로   Ctrl + →

뒤로   Ctrl + ←

- markmind 모드 전환

Markmind의 장점은 일단 마크다운 문서를 마인드맵으로 바꿀 수 있다는 점입니다. 하지만 사용하다 보면, 마인드맵을 마크다운 형태로 보고 싶을 때가 있습니다. 이럴 때 alt+Q로 설정해 두면 편리합니다. kanban 등 동일하게 마크다운을 다른 형태로 보여주는 플러그인에 겹침 등록해서도 편리합니다.

obsidian markmind: Toggle markdown/mindmap mode   Alt + Q

CHAPTER 3.6
AI로 숨은 이야기 찾기

관련 있는 노트끼리 연결하고, 크기를 키워 나갈수록 세계관은 점점 커져 나갑니다. 하지만 세계가 점점 커져 나갈수록 우리가 놓친, 하지만 관련성 있는 노트들이 늘어나기 마련입니다. 이런 모든 노트들을 우리가 일일이 추적하고 연결하기는 불가능합니다. 하지만 AI를 이용하면 우리가 모르는 연결까지 찾아서 확인할 수 있습니다.

옵시디언에는 수많은 AI 관련 플러그인이 존재하며, 문서를 학습해서 대화를 할 수 있는 등, 다양한 기능을 자랑합니다. 제가 이번에 소개해 드릴 플러그인은 Smart Connection이라는 플러그인으로 AI를 이용해 관련된 메모를 찾아주는 기능을 가지고 있어, 세계관 관리에 편리하게 사용할 수 있습니다.

> 🔶 **주의할 점!**
>
> Smart Connection은 OpenAI API를 이용하며, 사용량에 따라 비용이 발생됩니다. chatGPT 유료 서비스와 별개로 비용이 청구되는 부분이므로 사용에 유의가 필요합니다. 다행히 큰 비용을 청구하는 편은 아닙니다.

SECTION 1 Smart Connection 설치하기

플러그인 검색창에서 Smart Connection을 검색해 설치합니다.

1. Obsidian을 열고, 설정(Settings)에 들어갑니다.
2. '커뮤니티 플러그인' 섹션을 클릭합니다.
3. '탐색'을 클릭하고, '검색'에 'Smart Connection'을 입력합니다.
4. 나타나는 결과에서 'Smart Connection'을 찾아 '설치' 버튼을 클릭합니다.
5. 설치가 완료되면, '활성화' 토글을 클릭하여 활성화합니다.

검색 & 설치 방법은 3.3 플러그인 설치하는 방법을 참고하세요.

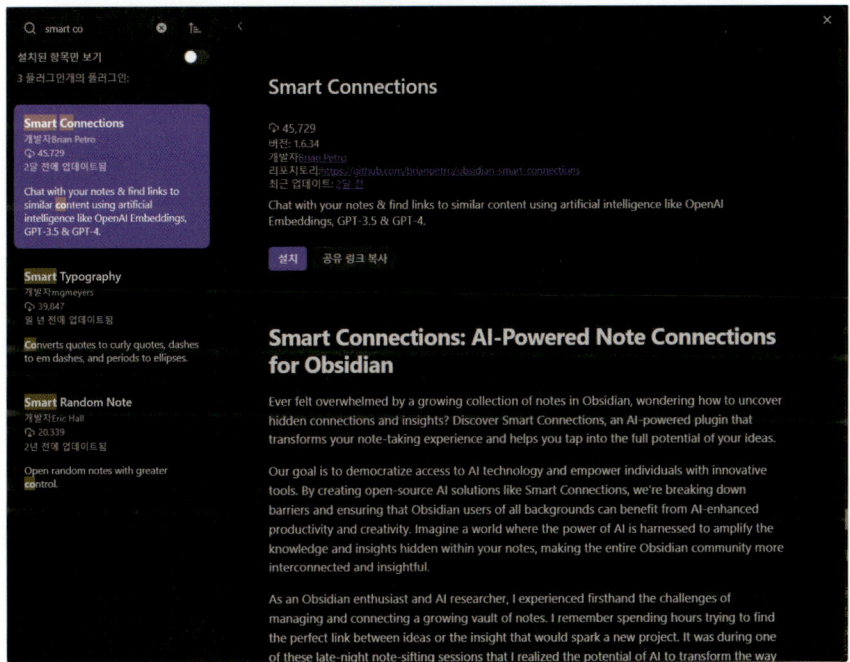

설치하면 옵션 창 아래에 Smart Connections 옵션 탭이 추가됩니다. 클릭해서 옵션 창으로 이동합니다.

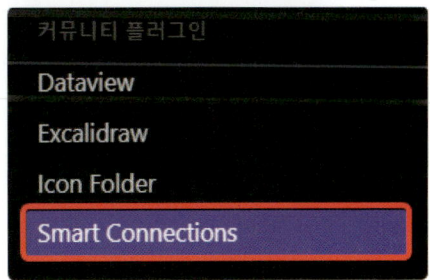

3장. 세계관 더 깊이 탐험하다

SECTION 2 Smart Connections 설정하기

Smart Connection을 이용하려면, 먼저 OpenAI의 API값이 필요합니다. OpenAI에 가입한 다음, API Key를 받을 수 있습니다.

옵션 창의 OpenAI API Key를 입력합니다. 아래 Test API Key를 클릭하면, 정상적으로 연결되었는지 알 수 있습니다.

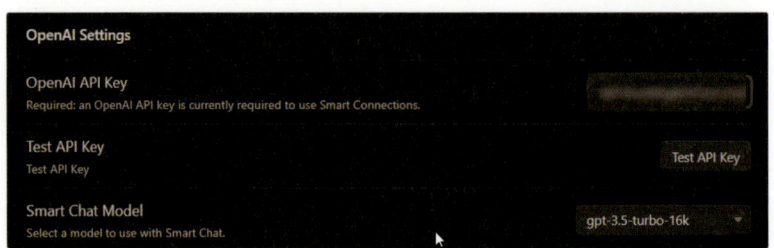

입력한 뒤, 메인 창으로 돌아옵니다. 메인 창 오른쪽 사이드바를 보면, 새로운 아이콘 탭이 추가되어 있는 것을 확인할 수 있습니다. Smart Connections를 사용할 수 있는 탭입니다.

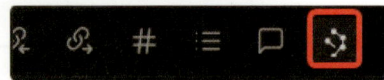

탭 아이콘을 클릭하면, Smart Connections 탭이 보입니다.

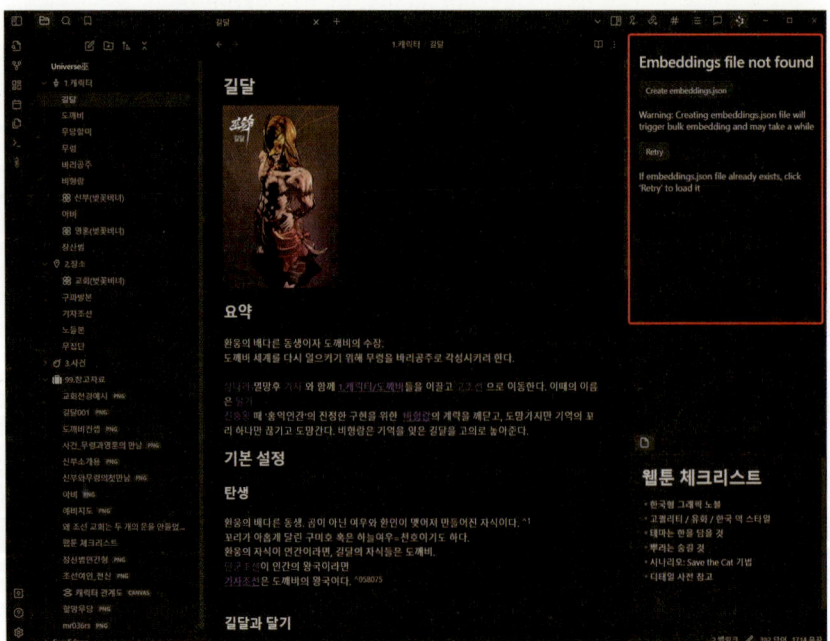

처음 실행하면 아래처럼 임베딩 파일이 없다는 메시지가 나옵니다. 임베딩은 우리가 가진 노트의 관계를 먼저 정리하는 부분입니다. Create embeddings. json을 클릭해 관련 파일을 생성합니다. 클릭하면 임베딩 파일을 생성한 뒤, 현재 열려 있는 파일로 화면이 바뀝니다. 이제 사용해 봅시다.

SECTION 3 Smart Connections 기능 살펴보기

이 상태에서 다른 노트로 이동해 봅시다. AI가 관련되어 있다고 판단한 내용이 사이드바에 보입니다. 고개를 갸웃거릴 만한 노트도 있지만, 의외로 연결 가능성이 높거나 새롭게 아이디어를 얻을 수 있는 내용도 보입니다.

이를 통해 미처 생각하지 못한 두 캐릭터의 관련성을 발견하거나, 아이디어를 만들 수 있습니다. 세계관의 규모가 커질수록 더 많은 아이디어를 얻을 수 있어 편리합니다.

SECTION 4 Smart Connection 채팅

Smart Connections 탭 위쪽의 말풍선 아이콘을 클릭하면 대화창으로 변경됩니다.

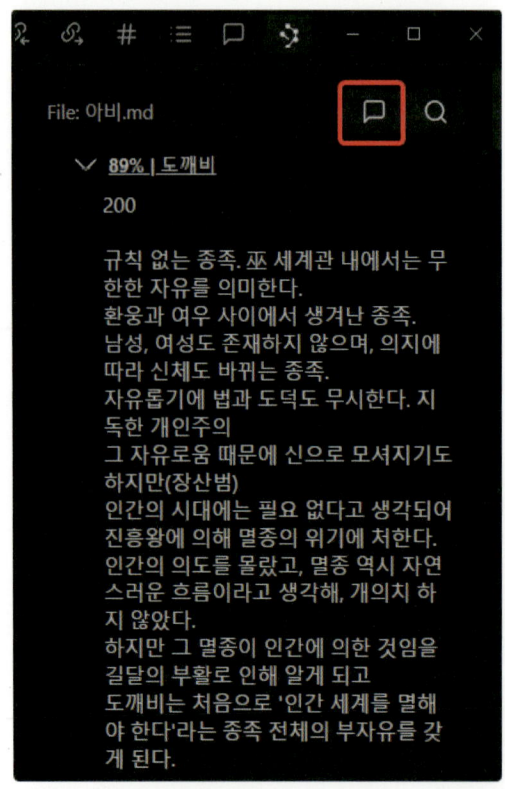 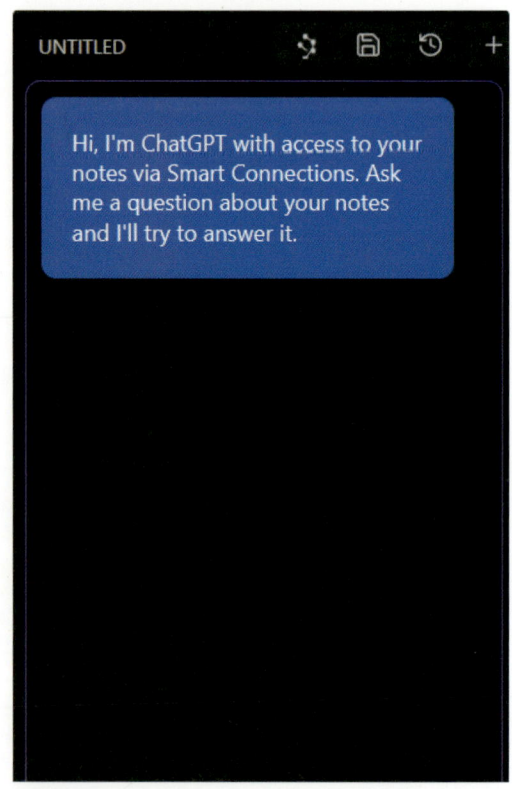

여기서 대화를 통해 노트를 요약하거나 노트를 기반으로 이야기를 할 수 있습니다. 다만, 영어로 된 문서만 인식하는지 딱히 좋은 답변은 나오지 않는 게 아쉽습니다.

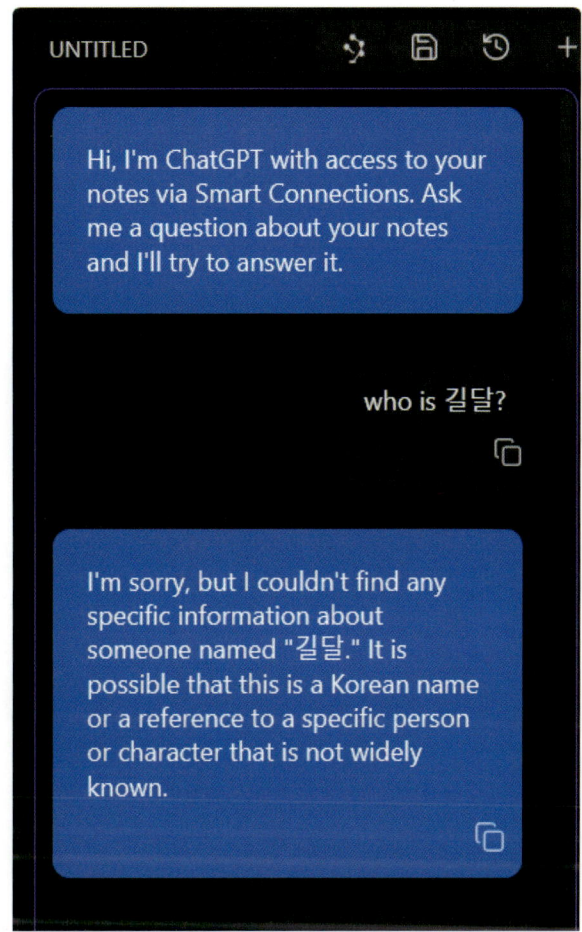

캐릭터 이름을 인식하지 못하네요.

🪨 아쉬운 채팅 기능

채팅 기능은 아직 AI 성능 때문인지 퀄리티가 높은 편은 아닙니다. 또한 질문할 때마다 GPT에서 비용이 추가되므로 적절하게 사용하시기 바랍니다.

 CHAPTER 3.7
다양한 포맷으로 세계관 공유하기

세계관이 점점 커지다 보면 다른 사람들과 세계관을 공유하게 되는 시점이 오게 됩니다. 그것은 같이 작업을 하는 동료 작가일 수도, 내 작품을 연재할 플랫폼일 수도 있을 것 같습니다.

하지만 옵시디언 안의 노트들은 내 컴퓨터 안의 마크다운 파일입니다. 이걸 그대로 상대방에게 준다면 다른 사람들은 보기 힘듭니다. 그렇기에 다른 사람들이 볼 수 있는 방식으로 출력할 필요가 있습니다. 다행히 옵시디언은 PDF 파일로 내보낼 수 있는 기본 기능을 가지고 있습니다.

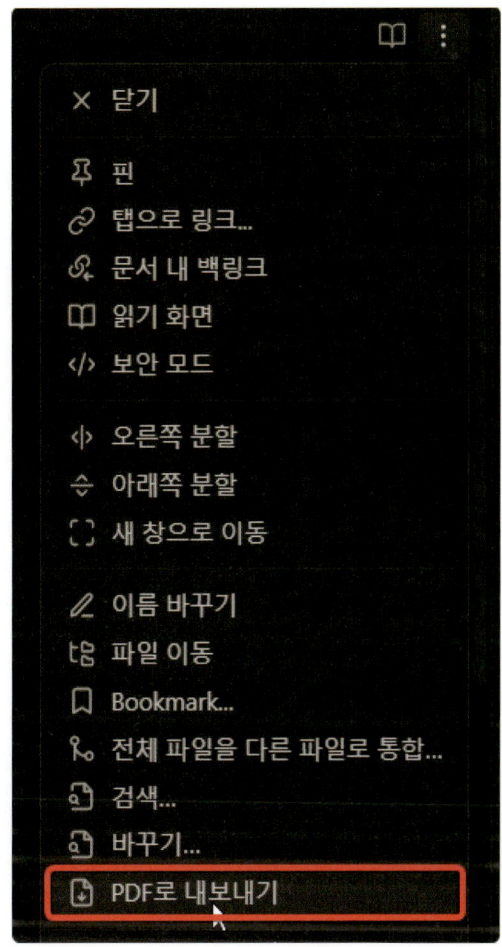

SECTION 1 PDF만으로는 부족하다

하지만 사람이 밥만 먹고 살 수 없듯, 늘 PDF 포맷으로 공유할 수는 없습니다. 특히 다른 사람이 편집해 사용할 수 있게 하려면 docx 등의 다른 포맷을 이용해야 합니다. Pandoc 플러그인을 이용하면, 손쉽게 docx · pptx · odt · epub 등 다양한 포맷으로 출력할 수 있습니다.

SECTION 2 Pandoc이란?

Pandoc은 Markdown을 포함한 다양한 문서를 다른 포맷으로 바꾸어 주는 편리한 변환기입니다. 옵시디언은 Markdown을 기반으로 하므로, Pandoc을 이용해 다양한 형태로 변환하는 것이 가능합니다.

SECTION 3 Pandoc 설치하기

옵시디언용 Pandoc 플러그인을 사용하기 위해서는 우선 Pandoc을 설치해야 합니다. Pandoc 공식사이트(https://pandoc.org)로 이동한 다음, Installing 페이지에서 컴퓨터 OS에 맞는 최신 버전을 다운로드받습니다. 윈도 OS의 경우 .msi 파일을 다운로드하시면 됩니다.

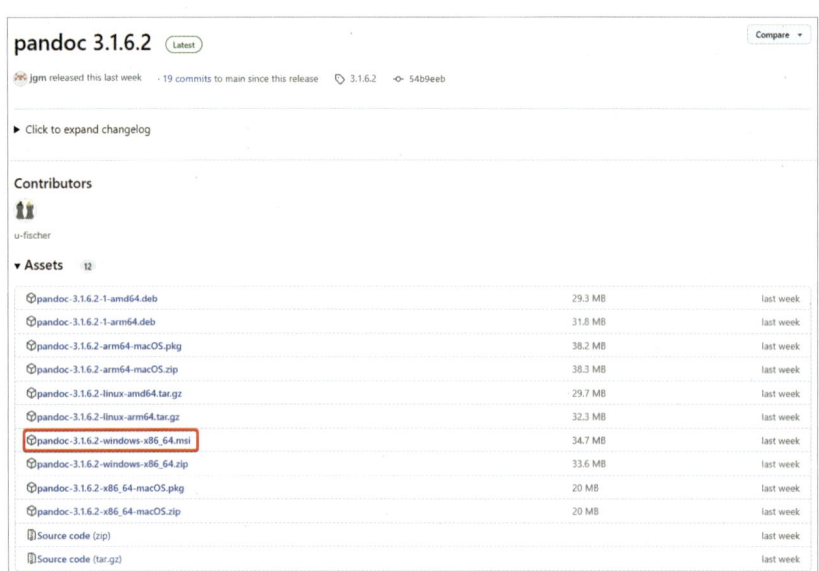

설치하실 때는 Install for all users of this machine(전체 사용자 설치) 체크하세요.

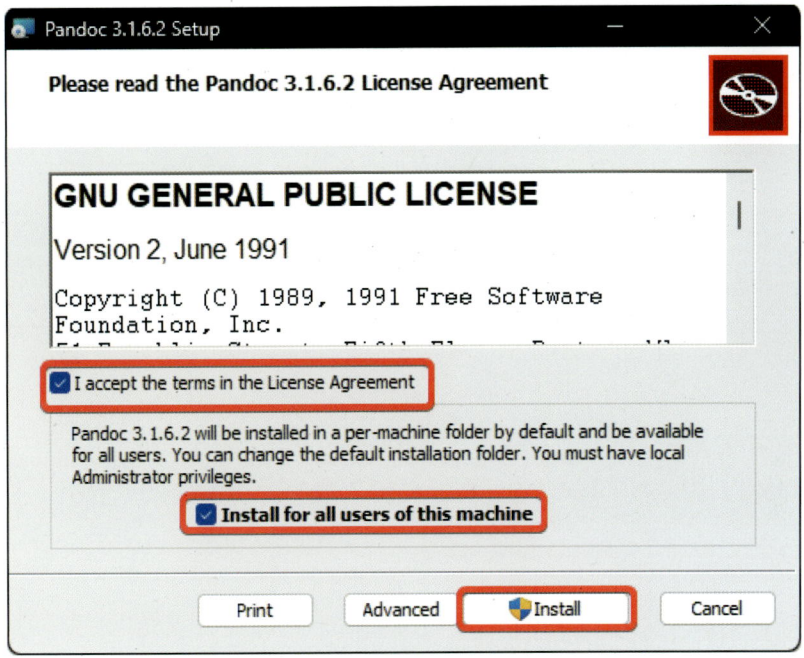

SECTION 4 Pandoc 플러그인 설치하기

Pandoc 설치가 끝났다면, 이제 옵시디언용 Pandoc 플러그인을 설치할 차례입니다.

1. Obsidian을 열고, 설정(Settings)에 들어갑니다.
2. '커뮤니티 플러그인' 섹션을 클릭합니다.
3. '탐색'을 클릭하고, '검색'에 'Pandoc'을 입력합니다.
4. 나타나는 결과에서 'Pandoc'을 찾아 '설치' 버튼을 클릭합니다.
5. 설치가 완료되면, '활성화' 토글을 클릭하여 활성화합니다.

3.3 플러그인 설치하는 방법을 참고해서 Pandoc 플러그인을 검색해 설치합니다.

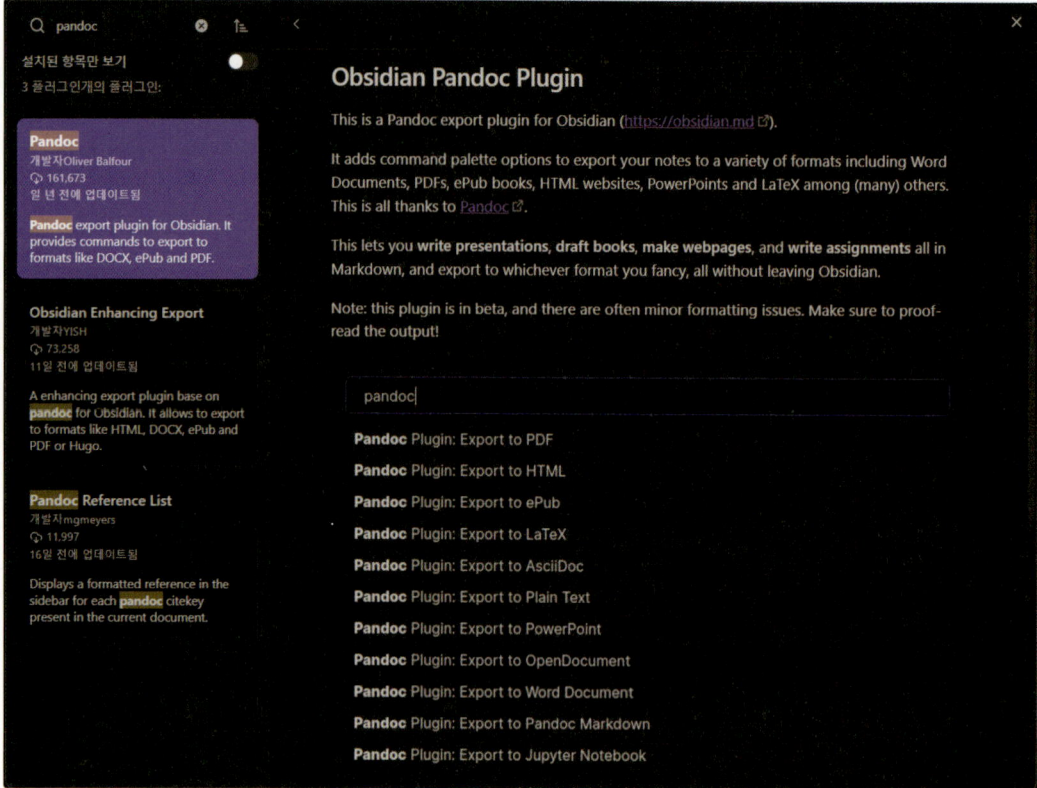

SECTION 5 원하는 포맷으로 출력하기

Pandoc 출력은 메뉴에 포함되지 않으며, 명령 입력창을 이용해야 합니다..

단축키 `Ctrl+P` 를 눌러 명령 창을 엽니다.

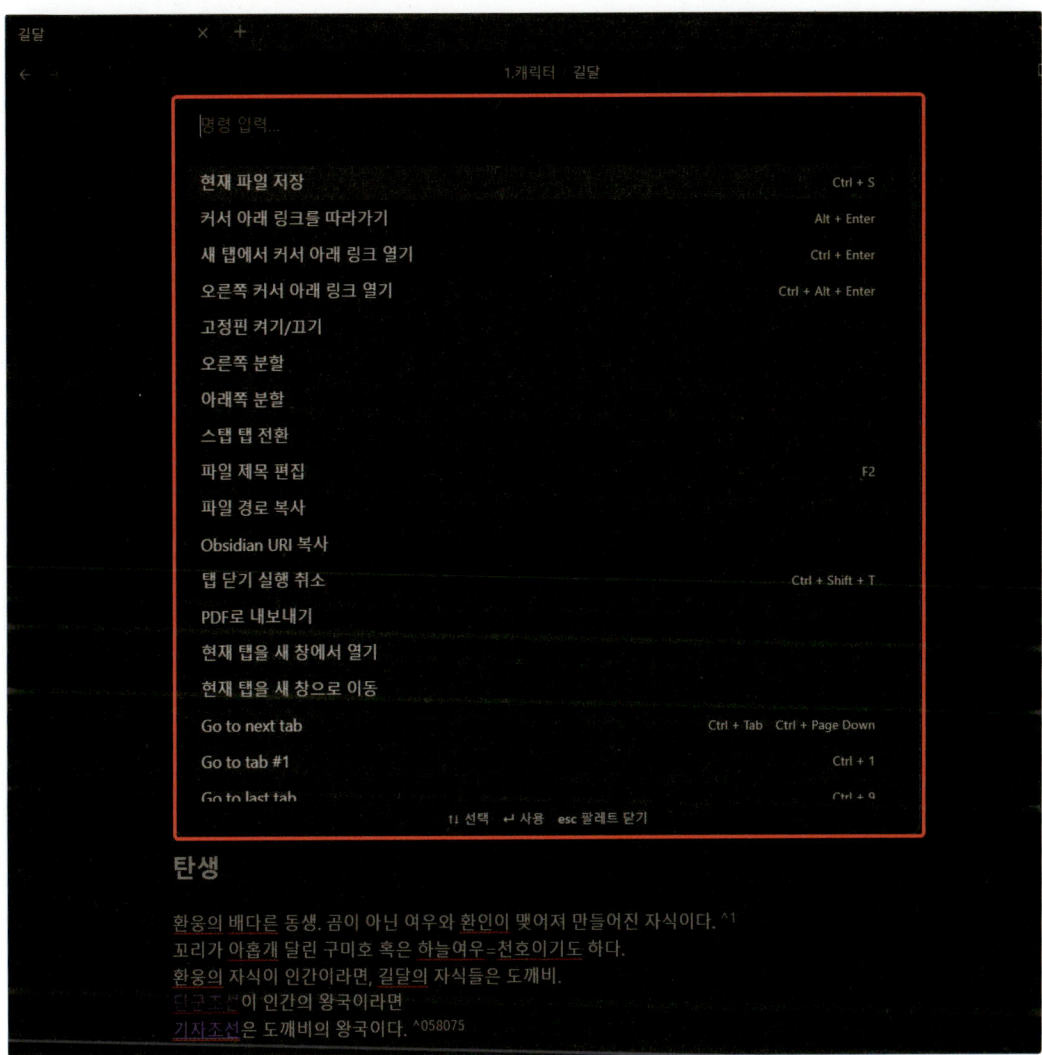

Pandoc을 입력해 명령을 필터링하면 관련된 추출 기능들이 보입니다.

```
pandoc

Pandoc Plugin: Export as ePub
Pandoc Plugin: Export as LaTeX
Pandoc Plugin: Export as DokuWiki
Pandoc Plugin: Export as MediaWiki
Pandoc Plugin: Export as Beamer Slides
Pandoc Plugin: Export as AsciiDoc (adoc)
Pandoc Plugin: Export as Pandoc Markdown
Pandoc Plugin: Export as Reveal.js Slides
Pandoc Plugin: Export as PowerPoint (pptx)
Pandoc Plugin: Export as OpenDocument (odt)
Pandoc Plugin: Export as Word Document (docx)
Pandoc Plugin: Export as HTML (without Pandoc)
Pandoc Plugin: Export as reStructured Text (RST)
obsidian markmind: Expand to second node level
Smart Connections: Open: Random Note from Smart Connections
Excalidraw: Create new drawing - IN A POPOUT WINDOW - and embed into active document

↑↓ 선택    ↵ 사용    esc 팔레트 닫기
```

원하는 추출 방식을 선택해 추출합니다.

오른쪽에 팝업창이 보일 것입니다. 잘 되었을 경우와 잘못되었을 경우를 모두 표시하므로, 확인할 수 있습니다.

■ 팁 – 출력이 제대로 안 되는 경우

Pandoc 플러그인으로 추출했을 때 출력이 제대로 안 되는 경우는 2가지입니다.

■ a) Pandoc 경로가 등록되지 않았을 경우

Pandoc 설치 시 Install for all users of this machine에 체크하지 않았을 경우, 경로가 제대로 등록되지 않았을 수 있습니다. 이럴 때는 Pandoc 플러그인 설정에서 경로를 등록해 주면 됩니다.

윈도 OS의 경우 보통 C:₩Program Files₩Pandoc에 설치됩니다.

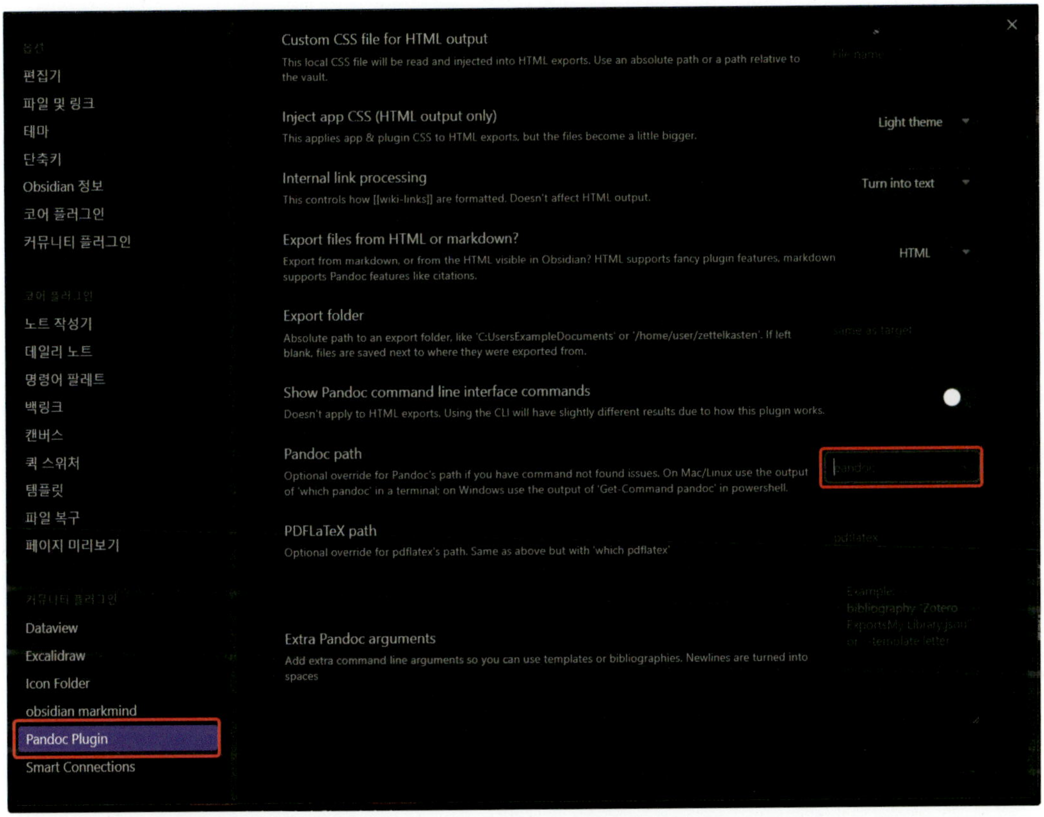

■ b) 이미지 경로가 잘못되었을 경우

Pandoc은 이미지 경로가 노트와 다른 곳에 있을 경우, 이미지를 찾지 못하고 오류 메시지를 출력합니다.

이럴 경우, 이미지 경로를 상대 경로로 수정해 주시면 됩니다.

![[99.참고자료/길달001.png|200]]

만약 Pandoc으로 출력할 경우가 많을 때는 옵션 창 → 파일 및 링크 → 새로 만드는 링크 형식을 파일에 대한 상대 경로로 설정하시면 오류 없이 출력이 가능합니다.

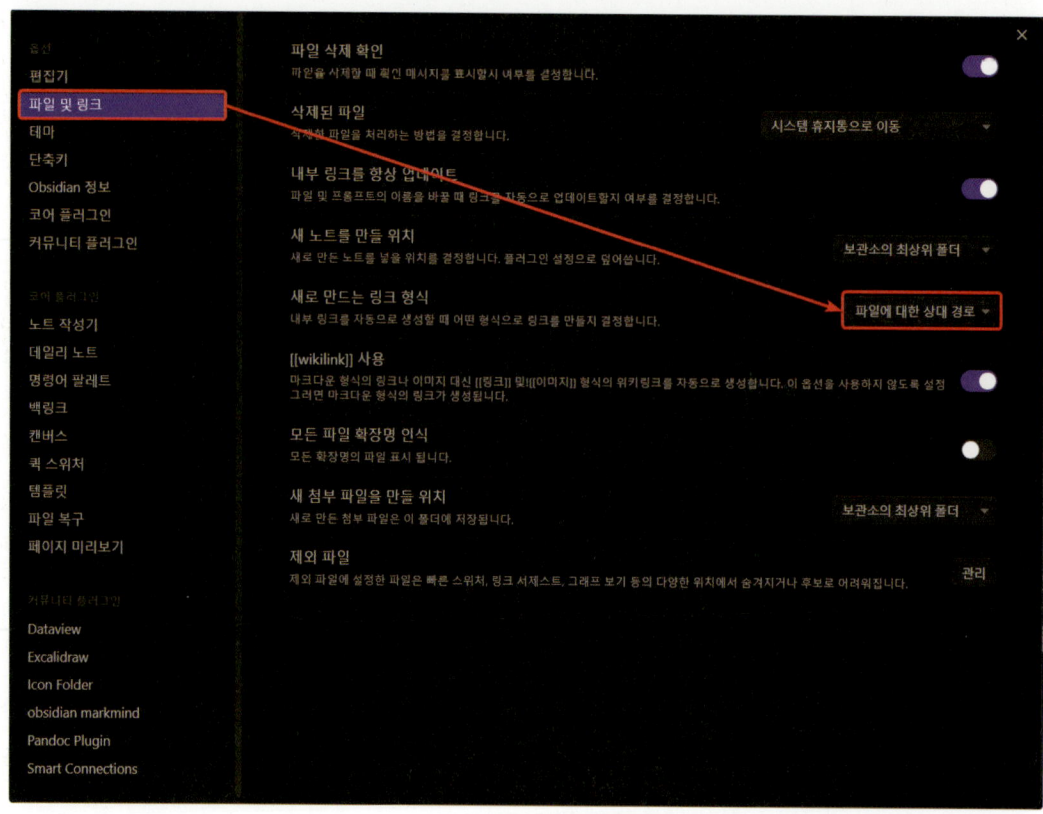

CHAPTER 3.8
모바일로 어디서든 내 세계관 펼치기

SECTION 1 **휴대폰에서 옵시디언을? Obsidian Mobile**

옵시디언은 PC용뿐만 아니라 모바일용도 있습니다. 아이폰이나 갤럭시 노트, 탭 등에서도 사용이 가능합니다.

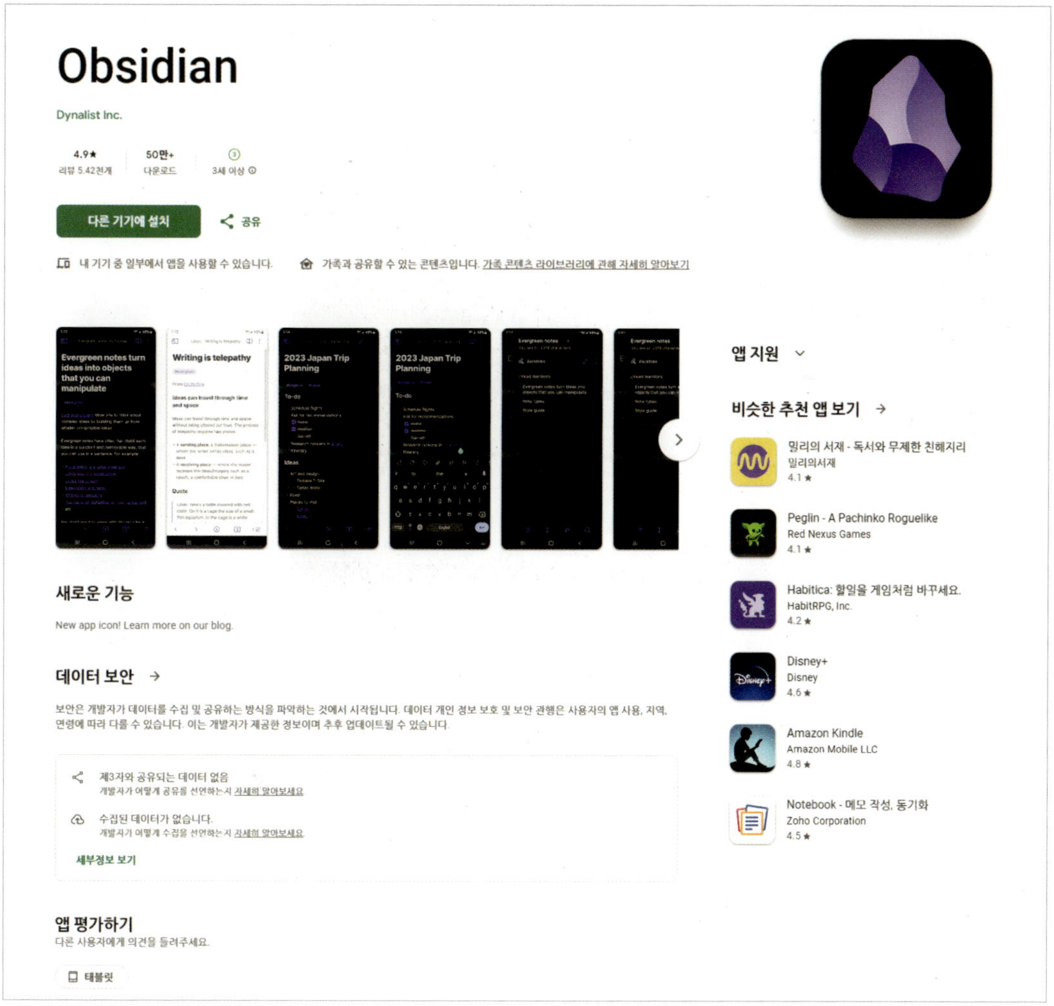

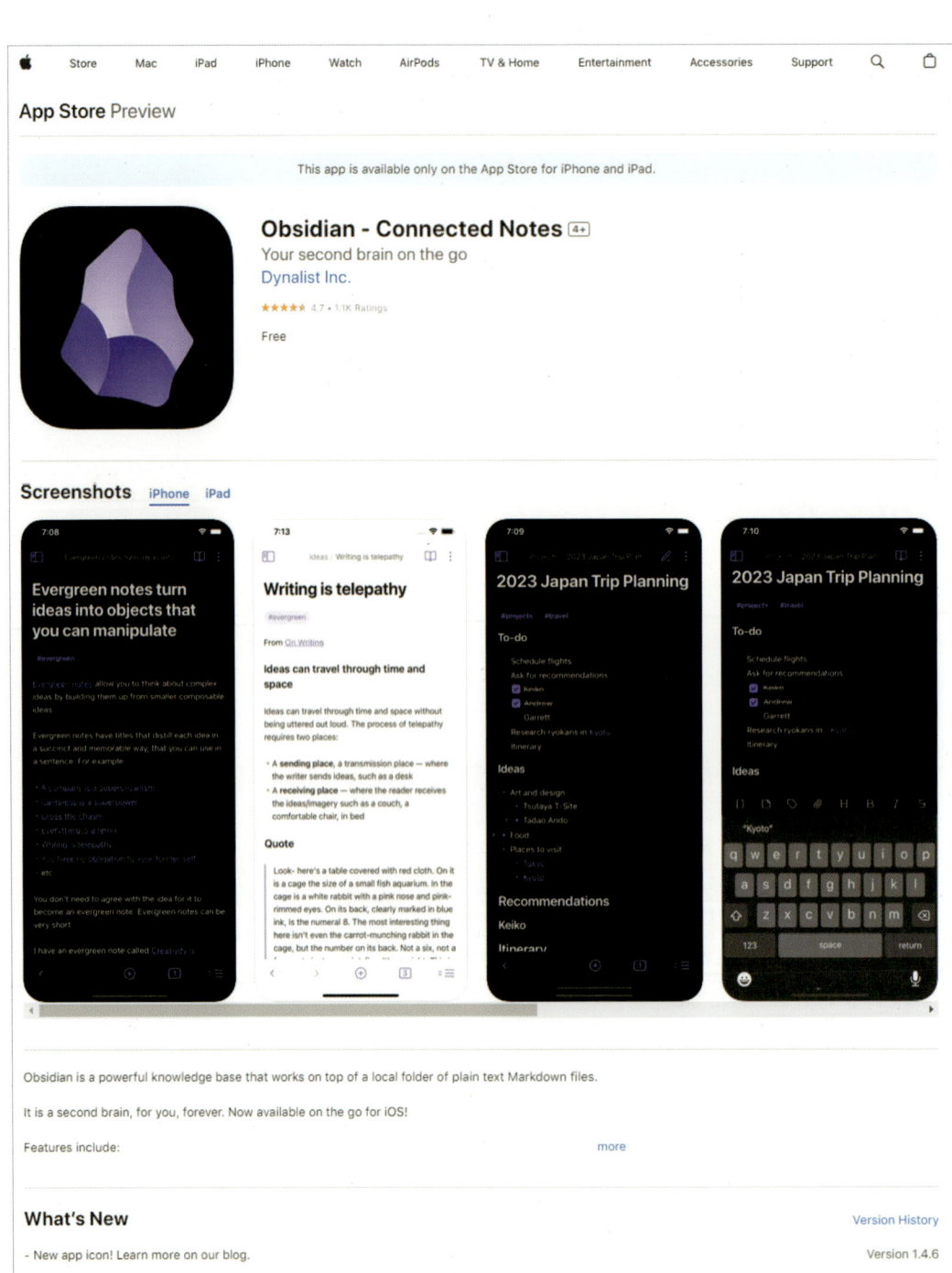

모바일용 옵시디언이 있긴 하지만, 모바일용 옵시디언의 자료는 휴대폰 내의 보관소에 파일로 만들어집니다. 이게 뭐가 문제인가 싶기도 하지만, 이렇게 되면 휴대폰에서 만든 세계관 따로 컴퓨터에서 만든 세계관 따로 존재하게 됩니다. 노션처럼 외부에 서버가 없어서 벌어지는 일입니다. 이러한 문제를 막기 위해 휴대폰과 컴퓨터를 동기화해 주는 기능이 필요합니다.

이를 해결하기 위한 몇 가지 방법이 있습니다.

SECTION 2 공식 동기화 서비스 Obsidian Sync

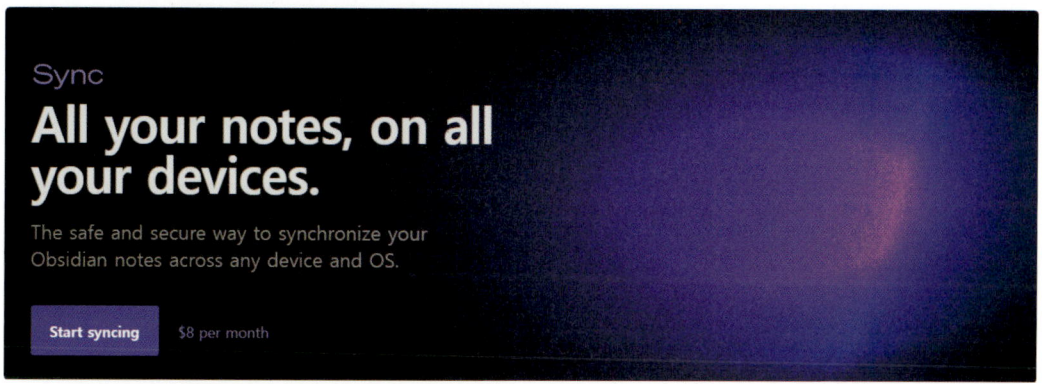

사이트: https://obsidian.md/sync

Obsidian에서는 Obsidian Sync라는 공식 동기화 서비스를 제공합니다.

장점은 공식 동기화 서비스라 믿을 수 있다는 점. 반면 단점은 월 8달러라는 꽤나 부담되는 가격입니다.

SECTION 3 비공식적인 동기화 방법

기존에 동기화 서비스를 유료로 사용하고 있는 사람이라면, 추가 비용을 내는 것보다 기존 클라우드 서비스를 이용하는 것이 유리합니다. 다행히 옵시디언 저장소 폴더만 공유하면 되므로, 기존의 휴대폰 동기화 툴을 사용하면 큰 문제 없이 동기화가 가능합니다. 옵시디언 커뮤니티에서 특히 선호하는 두 가지 툴을 소개합니다.

■ a) AutoSync

갤럭시, 노트 등 안드로이드 OS를 사용하는 사람에게 유용한 동기화 프로그램 Autosync입니다. 구글 드라이브, 드롭박스 등을 지원하며, 기존에 구글 드라이브 등의 유료 클라우드 서비스를 사용하는 사람에게는 매우 유용합니다. 장점은 유료이긴 하나 한 번 결제로 쭉 사용할 수 있고, 여러 기종에 사용할 수 있어 추가적인 부담이 적다는 점입니다. 단점은 구글 드라이브 등 외부 클라우드를 이용하므로, 관련 계정이 있어야 한다는 점입니다.

저자는 개인적으로 구글 드라이브를 사용하고 그 안에서 데이터를 관리하는 방법을 선호하기에 사용하는 툴이기도 합니다.

사이트: https://play.google.com/store/apps/details?id=com.ttxapps.autosync&hl=ko&gl=US

■ b) Syncthing

사이트: https://syncthing.net

최근 옵시디언용 동기화 툴로 인기를 끌고 있는 Syncthing입니다. 이 툴의 장점은 완벽한 무료 툴이라는 점입니다. 다른 서버를 거치지 않고 기기에서 기기로 연동이 되므로, 안전하기도 합니다. 반면 단점은 기기끼리 통신을 하는 방식이므로 항상 1대의 기기는 실행되어 있어야 한다는 점입니다. 다만 휴대폰의 경우 늘 켜져 있는 경우가 많으므로 이 점은 큰 단점은 아닐 듯합니다.

PART 4

4.1 세계관을 구성하는 요소
4.2 분류용 폴더 만들고 정리하기
4.3 첫 노트 만들기
4.4 연결된 노트 만들기
　　팁 - 백링크 살펴보기
4.5 기존 노트 연결하기
4.6 이미지 삽입하기
4.7 참고 문헌 정리하기
4.8 세계는 선으로 연결된다.그래프뷰
　　팁 - 그래프뷰 더 잘 활용하기
　　팁 - 원하는 대로 창 배치하기
4.9 원하는 노트 한 방에 찾는 방법
4.10 5분만에 시놉시스 노트 꽉꽉 채우기

 CHAPTER 4.1
세계관을 구성하는 요소

> 🪨 소설의 설정은 나무의 뿌리와 같아서 방대하고 탄탄할 필요는 있지만 드러내어 밝히면 나무는 말라죽게 된다. - 이영도

독자에게 보이는 이야기가 줄기라면, 세계관은 뿌리입니다. 세계관은 독자에게 드러날 수도 있지만, 작가만 알고 있는 부분이 대부분일 것입니다. 자, 우리가 만들 세계관에 꼭 필요한 요소들을 상상해 봅시다.

SECTION 1 캐릭터

스토리 전체를 통과하는 주인공의 모습이 떠오릅니다. 주인공의 친구와 강력한 적도 떠오릅니다. 스토리 상에서는 풀지 않은 과거의 사건들과 소소한 이야기들도 떠오릅니다.

당신의 세계관에는 어떤 캐릭터가 있나요?

SECTION 2 장소

주인공과 적이 대적하는 곳은 거대한 숲일 수도 낡은 교회나 성당일 수도 우주 공간일 수도 있을 것입니다. 그곳은 우리가 사는 현실 세계와 흡사할 수도 있고, 전혀 다른 물리 공간과 에너지가 흐르는 판타지나 SF 세계일 수 있습니다. 작은 섬 안에서 일어나는 사건일 수도 전 세계를 아우르는 거대한 이야기일 수도 있습니다. 작가는 세계관 속 다양하고 독특한 장소들을 잘 파악하고, 적절한 상황에서 묘사하고 그려내야 합니다.

여러분의 세계는 어떤 모습인가요?

SECTION 3 사건

주인공과 적, 친구들이 만나 다양한 사건이 일어납니다. 슬픈 이야기일 수도 있고, 행복한 이야기일 수도 있습니다. 그 수많은 사건 중 일부분만 독자에게 보입니다. 하지만 글을 만드는 작가는 모든 사건을 조망하고 아울러야 합니다.

SECTION 4 역사 & 문화

현실을 다루는 다큐멘터리가 아니라면, 대부분의 스토리는 가상의 역사와 문화를 다룹니다. 자신이 만든 역사와 문화를 잘 이해하고, 그 안에서 일어나는 사람들의 심리 변화와 군중의 행동들과 역사를 통해 구현된 캐릭터의 개성 등을 대사에 반영할수록, 세계관 속 이야기는 독자에게 더 현실적으로 다가옵니다.

당신의 세계관 속에는 무엇이 존재했나요?

SECTION 5 참고 자료

세계관은 상상만으로 이루어지지 않습니다. 상상을 뒷받침하는 다양한 자료가 필요합니다.

다른 사람이 그린 마법진, 실제 무당의 복식이나 무가(巫歌), 캐릭터나 검의 디자인 자료, 실제 물리 법칙, 더 그럴듯한 생물을 상상하기 위한 생물학 등 다양한 현실적인 요소를 접목할수록 더 단단한 세계관이 만들어질 수 있습니다.

외부에서 필요한 이러한 자료들을 모아두고, 필요할 때마다 참고한다면 세계관 만들기에 더욱 도움이 될 것입니다.

박물관은 참고 자료를 모으기 좋은 곳입니다.

SECTION 6 세계관의 요소들을 관리해 봅시다.

캐릭터 · 장소 · 역사 · 참고 자료 등 다양한 요소들은 세계관이 커질수록 미로처럼 얽혀서 원하는 자료를 찾기 힘들어집니다. 이러한 자료는 찾기 편하도록 분리해서 관리하는 것이 좋을 것 같습니다.

옵시디언에서 기본 분류 및 관리는 폴더와 태그를 사용하게 되며, 저는 폴더를 주로 사용하는 편입니다.

4.2 분류용 폴더 만들고 정리하기를 통해 관리를 위한 폴더를 만들어 보도록 하겠습니다.

분류용 폴더 만들고 정리하기

CHAPTER 4.2

옵시디언에서 폴더를 만드는 방법을 알아봅시다.

SECTION 1 폴더 만들기

폴더를 만들려면, 왼쪽 패널의 파일 탐색기 탭을 사용합니다.

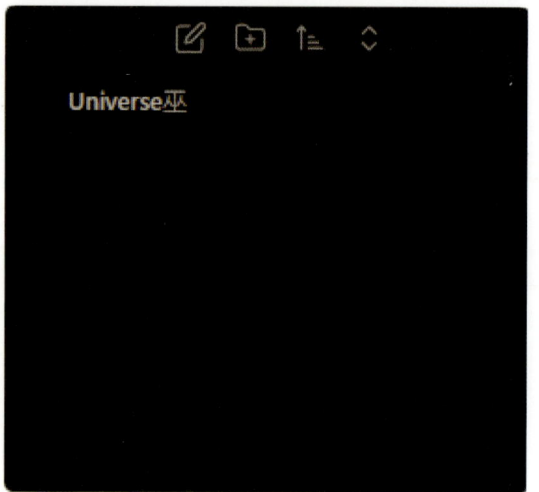

> 🪨 **파일 탐색기 패널이 보이지 않아요!**
>
> 처음 시작하면, 파일 탐색기 패널이 기본으로 보이게 됩니다. 그런데 만약 다른 패널이 보일 경우에는 파일 탐색기 패널 아이콘 을 클릭해 파일 탐색기 패널을 여시면 됩니다.

새 폴더 아이콘 을 클릭하면 '무제 폴더'라는 새 폴더가 만들어지며, 이름을 수정할 수 있도록 바뀌게 됩니다.

캐릭터라고 입력해 캐릭터 노트가 들어갈 폴더를 만들어봅시다.

같은 방법으로 장소, 사건, 참고 자료 폴더를 만들어봅시다.

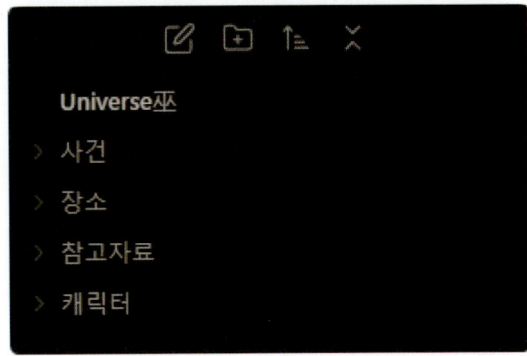

SECTION 2 폴더 이름 변경하기

옵시디언에서 폴더는 가나다 순서로 배열됩니다.

내가 원하는 순서대로 바꾸고 싶을 때는 앞에 1.캐릭터처럼 숫자를 넣어주면 됩니다. 한번 바꿔봅시다.

캐릭터 폴더에 마우스를 우클릭하면, 메뉴가 나옵니다.
메뉴에서 '이름 바꾸기'를 선택하면 이름을 바꿀 수 있습니다.

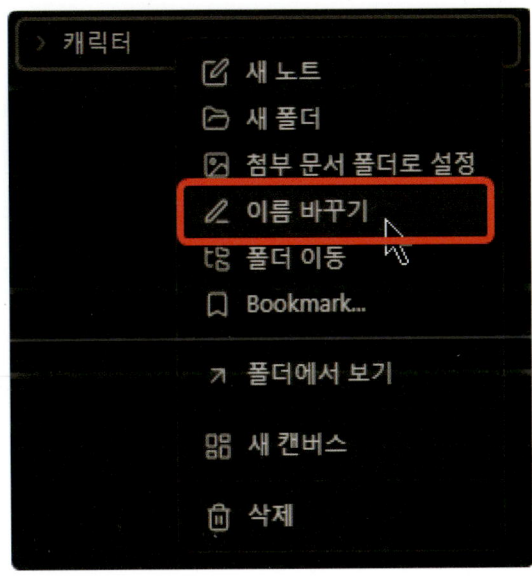

원하는 순서대로 이름을 바꾸어 봅시다. 참고 자료는 다른 분류가 추가될 경우를 위해 숫자를 99로 설정하였습니다. 이러면 중간에 다른 분류가 추가되더라도 참고 자료가 가장 아래에 놓이기 때문에 관리가 편합니다.

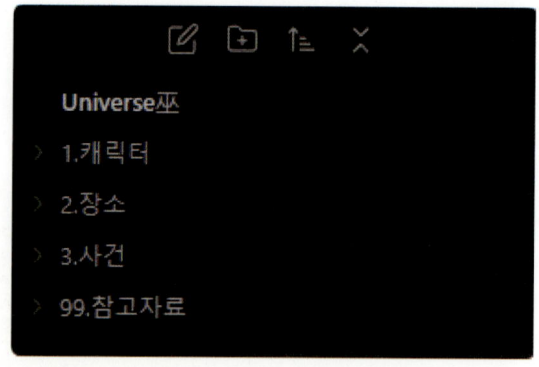

분류용 폴더가 완성되었습니다.
이어서 4.3 첫 노트 만들기에서 첫 번째 노트를 만들어 보도록 하겠습니다.

> ◆ 만든 폴더를 탐색기에서 확인하기
>
> 옵시디언에서 만든 폴더와 파일은 로컬 하드 드라이브에 실제 폴더로 만들어집니다. 2.4 새 저장소(Vault) 만들기에서 설정한 폴더를 열어보면 새로 만든 폴더가 보일 것입니다. (.obsidian 폴더는 옵시디언 설정 폴더입니다.)

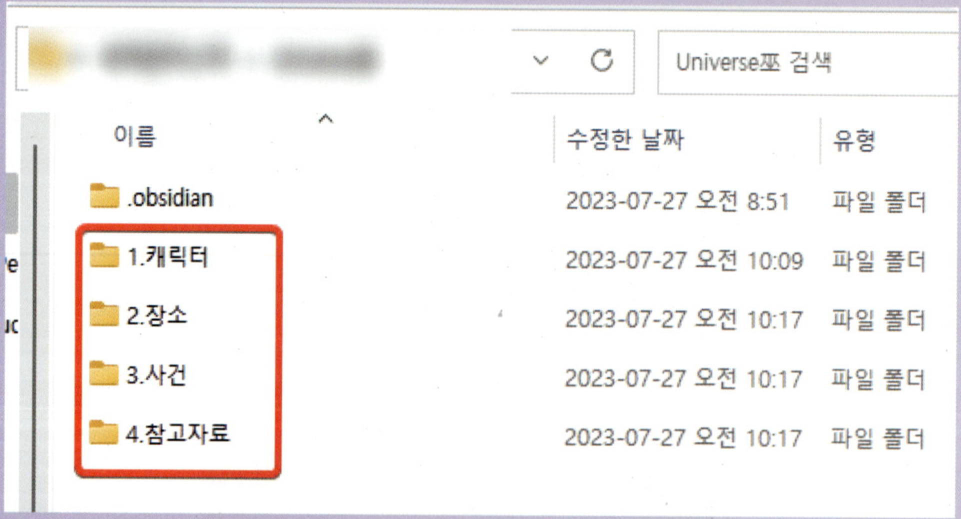

CHAPTER 4.3
첫 노트 만들기

SECTION 1 첫 노트 만드는 방법

옵시디언을 처음 실행하거나 열린 파일이 없을 경우, 옵시디언창 가운데 아래와 같은 메뉴가 등장하는 것을 볼 수 있습니다.

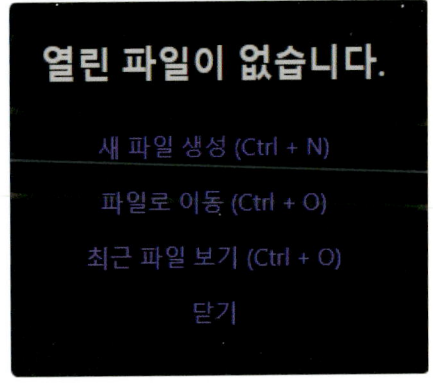

'새 파일 생성'을 클릭해 새 노트를 만들어봅시다. 새 파일 생성을 클릭하면, 아래처럼 '무제 파일'이라는 창이 열립니다.

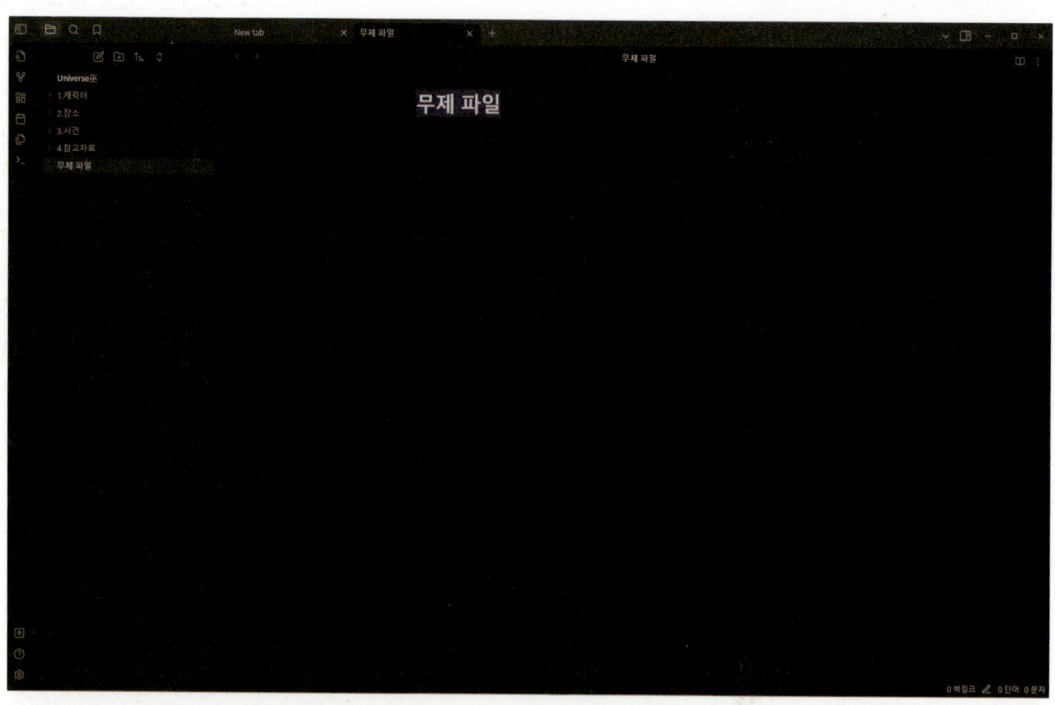

🔹 새 노트를 만드는 방법

새 노트는 파일 탐색기 왼쪽 상단 '새 노트' 아이콘을 이용해서도 만들 수도 있고, 탐색기의 폴더 아이콘을 마우스 우클릭해 나오는 메뉴에서도 만들 수 있습니다. 메뉴에서 보이듯 'Ctrl+N' 단축키를 사용하셔도 됩니다.

자, 그럼 어떤 내용으로 시작해 볼까요?

SECTION 2 사건 노트를 만들어봅시다.

사건(시놉시스) 노트는 사건의 얼개뿐만 아니라 등장인물과 장소, 사용하는 기술이나 세계가 포함됩니다. 생각에서 생각을 이어나가기 위한 좋은 시작입니다.

무제 파일 부분을 클릭하면, 파일 이름을 바꿀 수 있습니다. 본인이 시작하려는 사건 이름으로 바꾸세요. 저는 제 웹툰 단편 이름인 '벚꽃 비녀'라고 입력하였습니다.

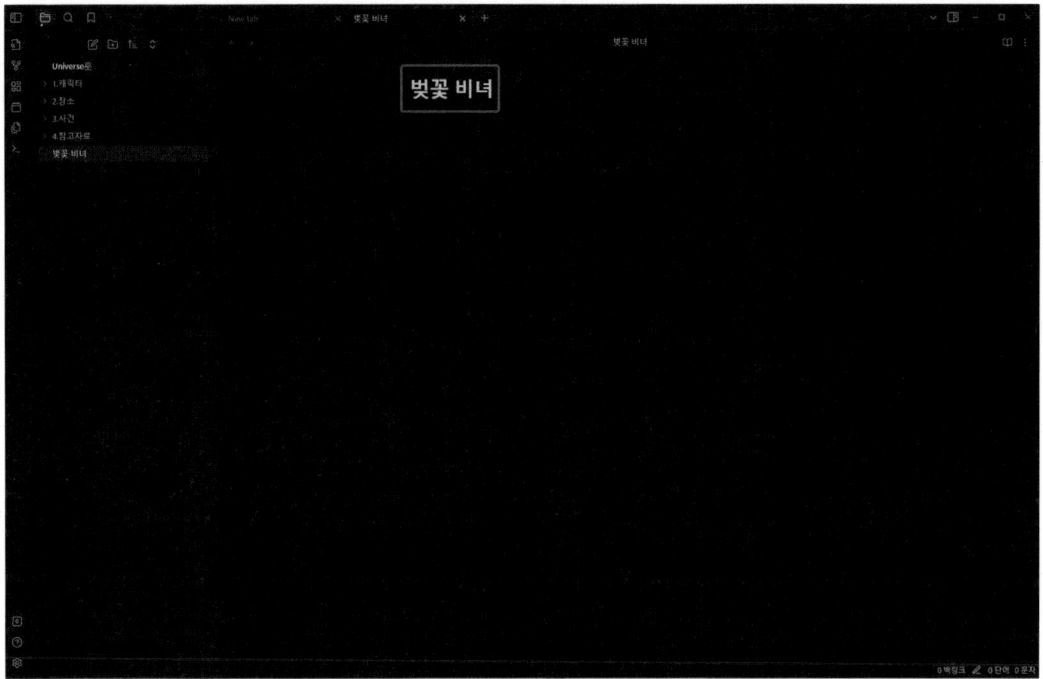

이제 사건을 입력해 봅시다. 저는 아래와 같이 입력하였습니다.

괴이 신부가 다스리는 낡은 교회. 신부로 인해 교회는 괴이가 끊임없이 모인다. 주인공 무령은 그것을 막기 위해 교회에 방문하는 도중 한 영혼의 청을 받아 함께 교회로 이동한다.

교회에서 금발의 신부와 조우한다
무령은 성불을 이야기하지만 신부는 무령을 거부하고, 둘은 전투를 벌인다.
무령이 신부를 굴복시키려던 순간, 신부는 여인의 죽음에 대한 기억을 되찾고 폭주한다.
최후의 결전을 벌이기 직전! 둘 사이에 끼어든 여성의 영혼.
신부는 자초지종을 듣고,
무령은 살풀이춤과 함께 둘을 하늘로 보내게 된다.

반전 요소: 신부가 지상에 남은 이유가 여인의 억울한 죽음 때문이었음 → 여인은 신부와 함께 죽은 것이 아니었다. 사실은 천수를 누리고 사망했었음 → 오해가 풀리고 함께 승천.

입력된 모습입니다.

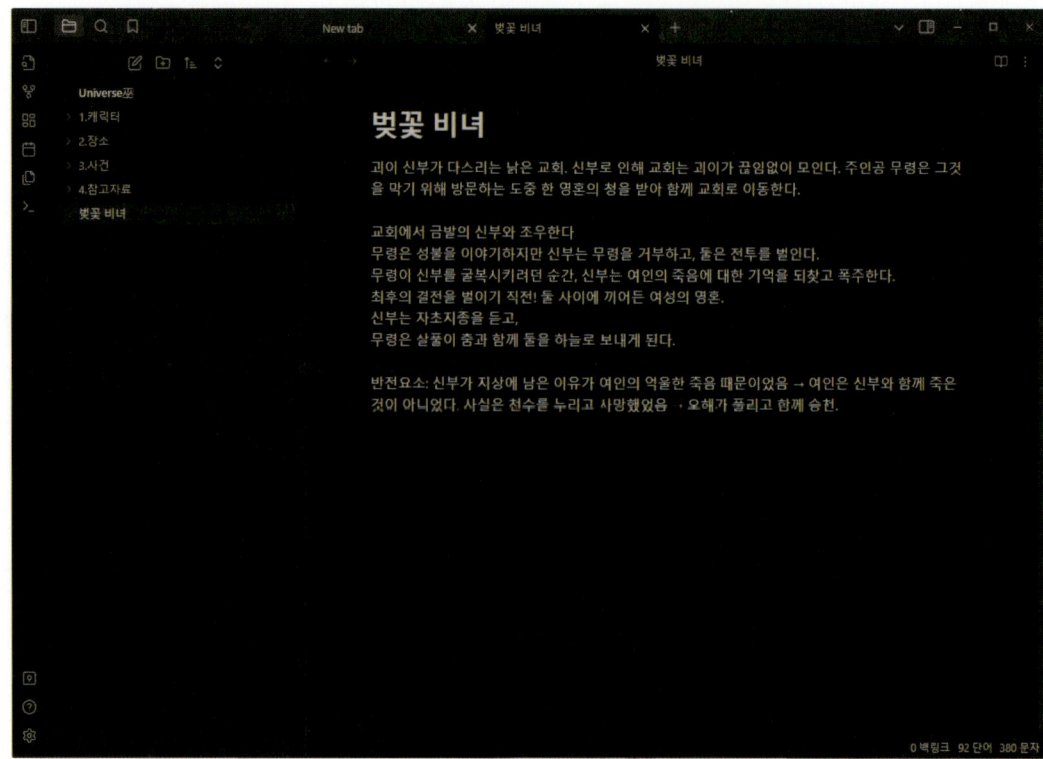

SECTION 3 **노트를 이동해 봅시다.**

새로 생성된 노트는 최상위 폴더에 배치됩니다. 하지만 이 노트는 캐릭터 폴더에 들어가야 합니다. 탐색기에서 드래그 & 드롭을 이용해 캐릭터 폴더로 이동할 수 있습니다.

드래그 & 드롭으로 3.사건 폴더로 이동합시다.

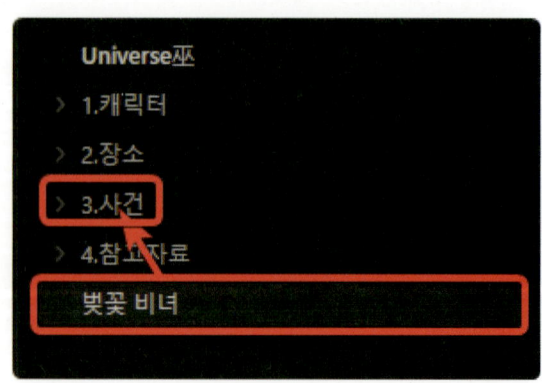

잘 이동된 것을 확인할 수 있습니다.

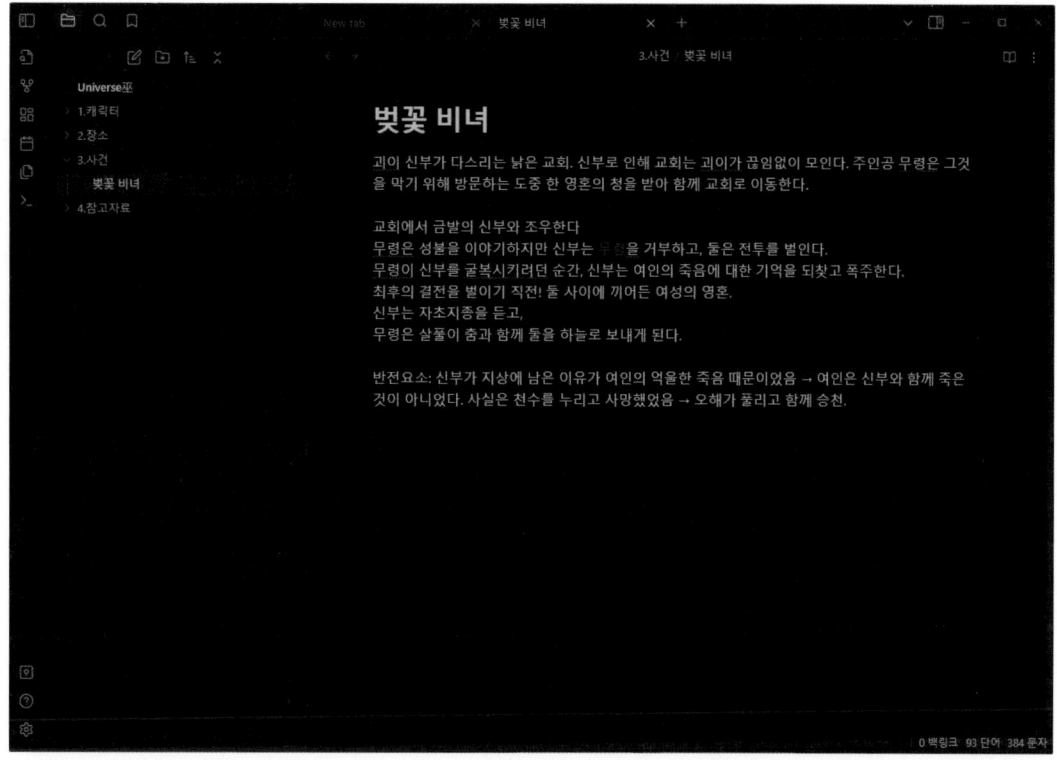

이제 4.4 연결된 노트 만들기로 넘어가봅시다.

문서를 더 예쁘게 꾸미려면 2.6 마크다운 문법을 참고해 보세요.

연결된 노트 만들기

CHAPTER 4.4

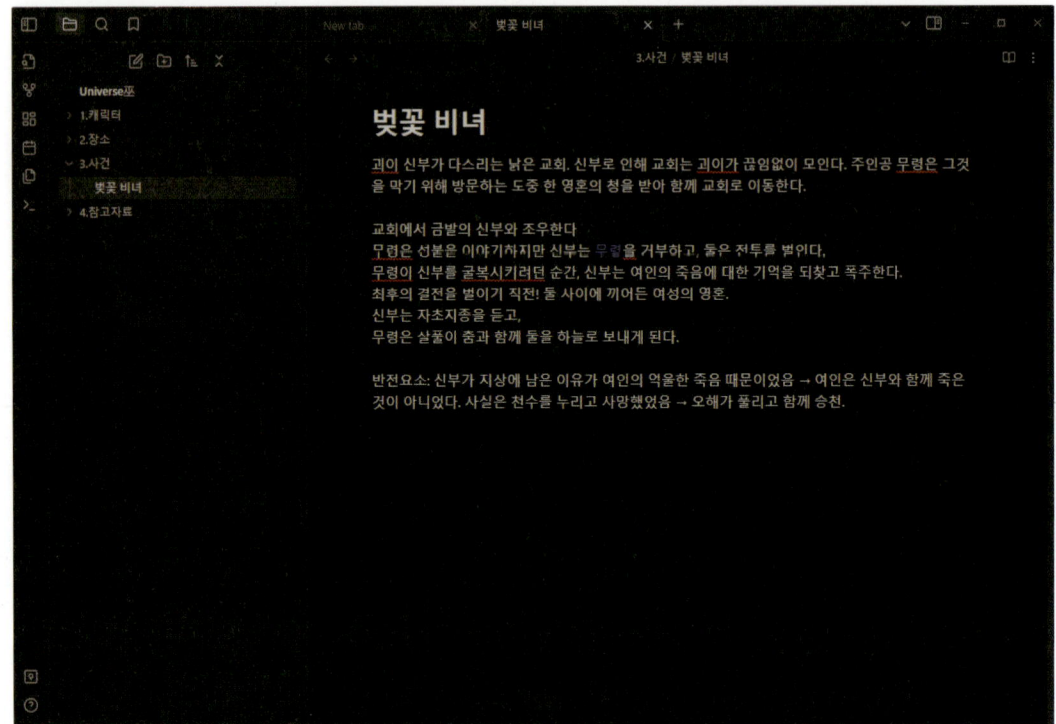

사건 노트에는 다양한 인물, 장소, 반전 등의 정보가 들어있습니다.

사건을 쓰다가 이러한 인물, 장소의 정보가 떠오를 때마다 바로 노트를 만들 수 있다면 매우 편리할 것 같습니다. 옵시디언은 노트 내 단어를 연결해 빠르게 새로운 노트로 만들 수 있습니다.

SECTION 1 | 연결된 노트 만들기

연결된 노트를 만드는 방법은 매우 간단합니다. 새로 노트를 만들고 싶은 단어에 대괄호 [[ ]] 를 씌우시면 됩니다. 그러면 해당 단어로 된 링크가 생성됩니다. 이러한 방식을 저장소 내부의 링크, **인터링크**라고 부릅니다

SECTION 2 주인공 노트를 만들어 보자.

사건은 등장인물이 필요합니다. 제가 작성하는 벚꽃 비녀 사건 역시 그러합니다. 벚꽃 비녀 사건 문서에는 주인공 무령, 신부, 여성의 영혼 등 다양한 캐릭터가 등장합니다. 먼저, 주인공 이름인 무령을 새 노트로 만들어봅시다.

주인공 이름인 무령을 선택합니다.

신부는 무령을 거부하고

선택한 상태에서 대괄호 [를 두 번 입력합니다. 선택한 단어가 자동으로 [[무령]]으로 바뀝니다. 글자도 링크 형태로 변경됩니다.

신부는 무령을 거부

링크를 클릭하면 '무령' 노트가 생성되며 편집할 수 있게 됩니다.

4장. 세계관의 시작

만든 노트는 파일 탐색기 패널에서 1.캐릭터 폴더로 드래그해서 이동합니다.

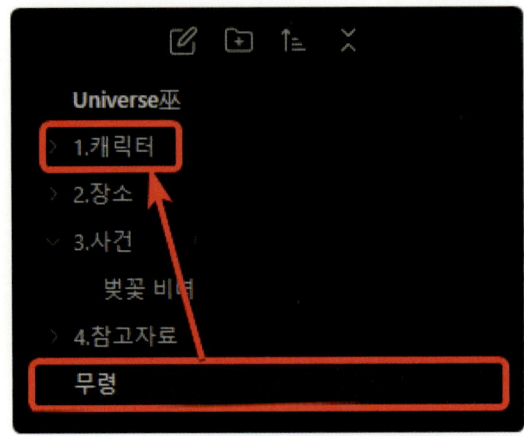

🪨 새 창으로 띄우고 싶을 땐 Ctrl+클릭!

그냥 링크를 클릭하면 기존의 창에서 클릭한 창으로 변경됩니다. 기존의 창을 두고 새 창으로 띄우고 싶으실 때는 Ctrl+클릭!으로 띄우시면 됩니다.

내용도 채워봅시다.

```
무집단 [[구파발본]]의 무당이다.
작중 나이는 고등학생 정도.
부서진 칠성구슬과 거대한 작두를 무기로 사용한다.

어릴 때부터 귀신을 보아왔다.
귀신의 세계를 어릴 적부터 이해하고 왔지만, 인간의 편으로 움직인다.

노들본 수장인 할망과 사이가 좋지 않다.

도깨비들에게는 이승과 저승을 하나로 합쳐줄 마지막 [[바리공주]]로 신성시된다.

아크에너미는 도깨비들의 수장인 [[길달]]
```

새로운 문서를 작성하다 보면 관련된 생각들이 꼬리를 이어 떠오르기 마련입니다. 저는 무령 문서를 입력하다 보니 주인공이 속한 구파발본 같은 집단 이름이나, 아크 에너미인 길달 같은 캐릭터에 대한 내용이 함께 떠오르네요. 머릿속에 떠오른 새로운 주제들은 빠르게 [[를 입력한 뒤, 하나씩 추가해 나갑니다. 생각이 가는 대로 문서를 만들고 입력하는 방식은 옵시디언만의 자유로움입니다. 혹시 지금 작성에 집중하고 싶다면, 그냥 링크만 만들어 둡니다. 그러면 나중에라도 해당 노트를 확인하고 만들 수 있으니까요. 만약 이전 노트에 추가할 새로운 생각이나 빠졌던 내용이 떠오른다면, 파일 탐색기에서 파일을 찾아 수정하세요.

> 💎 이름은 정확히!
>
> 신부, 여성 등의 보통 명사들은 다른 곳에서도 사용될 가능성이 높으므로 혼동을 일으킬 가능성이 높습니다. 명확히 분류하려면 신부(벚꽃 비녀) 등으로 수정해 두세요.

4장. 세계관의 시작 **123**

SECTION 3 연결된 노트 미리보기

링크 위에 Ctrl 키를 누른 채로 마우스 커서를 올리면, 해당 내용을 미리보기 할 수 있습니다. 내용을 빠르게 확인하고 싶을 때 유용합니다.

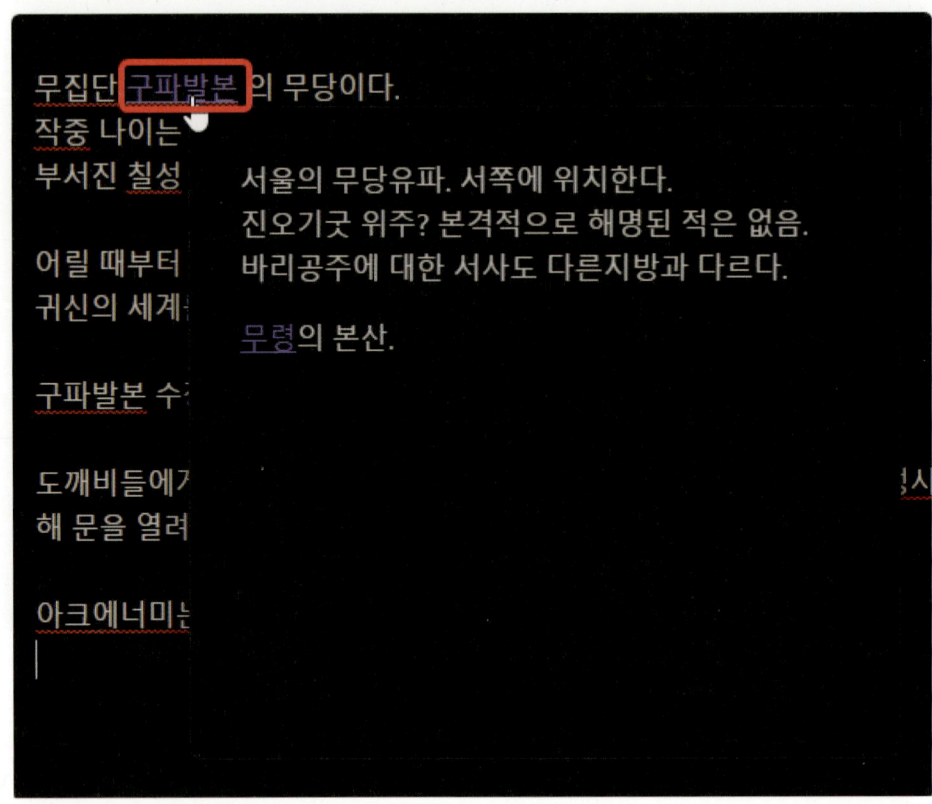

SECTION 4 노트 이름 변경하기

노트 이름은 언제든 변경이 가능합니다. 상단의 노트 이름을 클릭하거나 단축키 F2를 누르면 이름을 변경할 수 있습니다. 만약 다른 노트에 연결된 링크가 있다면 자동으로 문서 내 링크를 변경해주므로 편리합니다. 처음 링크된 노트 이름을 변경했다면 아래와 같은 경고창이 뜹니다. 엔터를 눌러 '항상 업데이트'를 선택하세요.

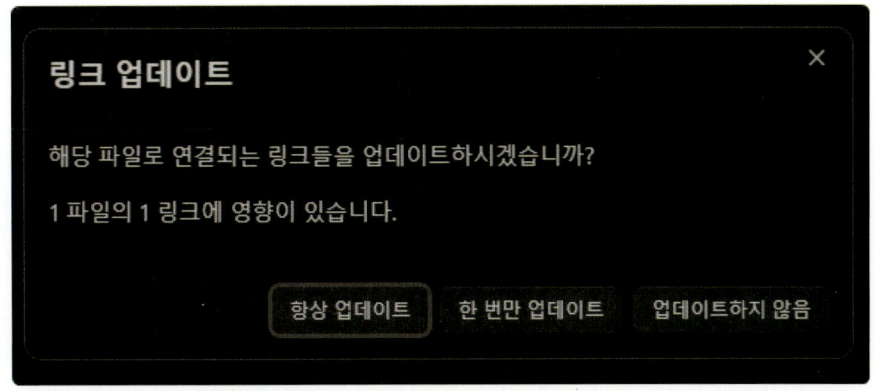

Tip 백링크 살펴보기

SECTION 1 백링크 살펴보기

다들 친구 따라 놀이터 놀러 갔다가 길을 잃은 경험이 한 번씩은 있으실 것 같습니다.

문서를 꼬리를 물고 만들다 보면, 어느새 미로 속에서 길을 잃은 듯한 느낌을 받을 때가 있습니다. 옵시디언의 장점은 지금 작업 중인 문서가 어떤 다른 문서에 연결되어 있는지 한눈에 확인할 수 있다는 점입니다.

오른쪽 패널 버튼을 클릭하면, 패널을 볼 수 있습니다.

이 중 사슬과 화살표가 합쳐진 아이콘을 클릭합니다. 아이콘 위에 커서를 올리면 'XX의 백링크'라는 툴팁이 보일 것입니다.

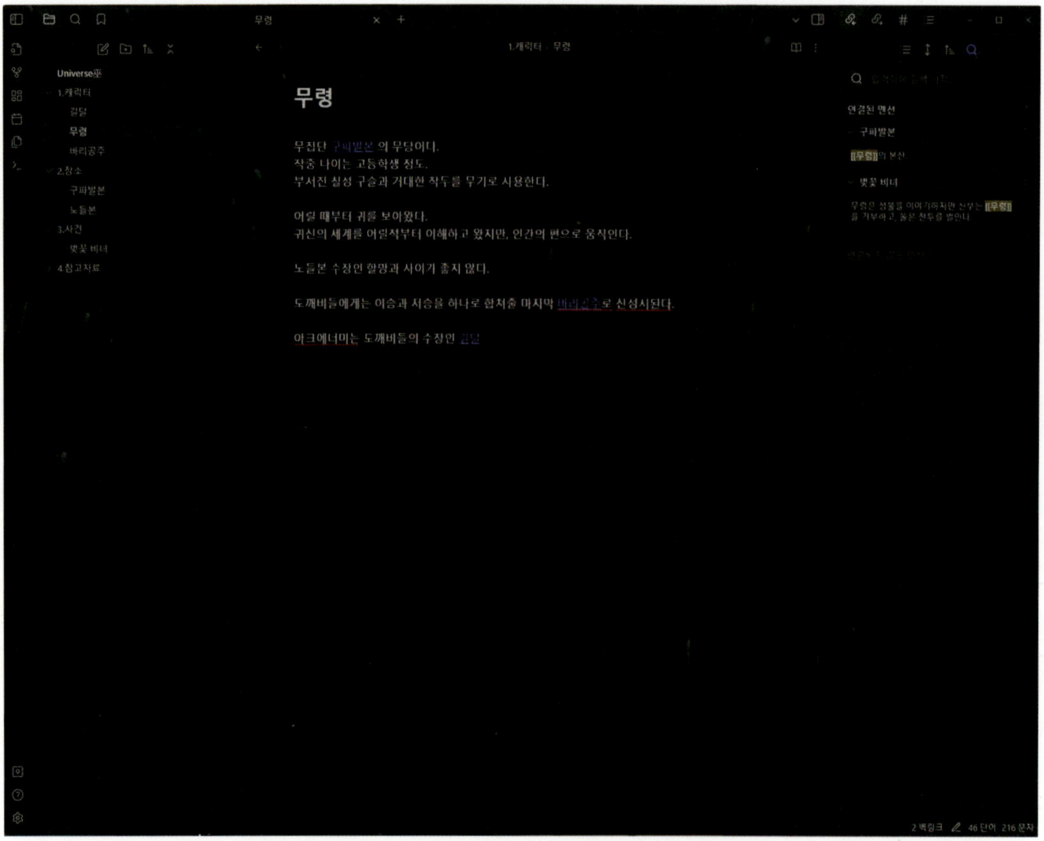

오른쪽 패널이 열리며 연결된 멘션과 연결되지 않은 멘션이 표시됩니다.

SECTION 2 연결된 멘션

연결된 멘션은 이 문서가 링크된 문서를 보여줍니다.

앞서 만든 벚꽃 비녀 시놉시스 노트가 보입니다.

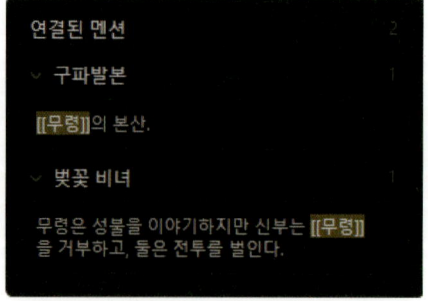

SECTION 3 연결되지 않은 멘션

연결되지 않은 멘션은 현재 노트가 연결되어 있지는 않지만, 노트 이름이 들어 있는 문서를 보여줍니다. 이를 통해 미처 생각하지 못한 문서 간의 관련성을 찾을 수 있어 편리합니다. 연결되지 않은 멘션은 '연결되지 않은 멘션' 항목을 클릭해야 열립니다.

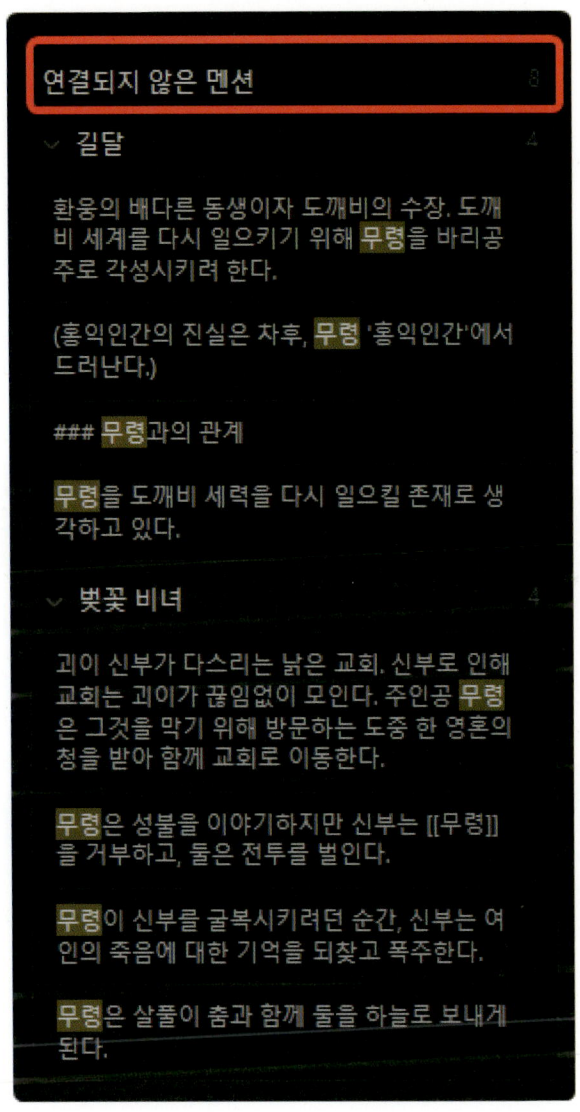

연결되지 않았지만, 무령이라는 단어가 포함된 노트가 모두 표시됩니다.

기존 노트 연결하기

앞서 4.4 연결된 노트 만들기에서는 문서를 작성하며 문서 내부의 단어를 이용해 새로운 노트를 만드는 방법을 알아보았습니다.

옵시디언은 링크를 통해 새로운 문서를 만들 수 있을 뿐만 아니라 기존 노트도 쉽게 찾아 연결할 수 있습니다.

SECTION 1 기존 노트 연결하는 방법

선택 영역 없이 [[를 입력하면 문서 리스트가 보이며 위, 아래 키를 이용해 리스트를 선택하면 링크가 삽입됩니다.

```
[[]]
    무령
    1.캐릭터/

    바리공주
    1.캐릭터/

    길달
    1.캐릭터/

    구파발본
    2.장소/

    노들본
    2.장소/

    벚꽃 비녀
    3.사건/

    #을 입력하면 제목에 연결할 수 있습니다    ^를 입력하면 블록에 연결할 수 있습니다
             |를 입력하면 보이는 텍스트를 변경할 수 있습니다
```

최근 열어본 노트가 리스트 가장 위에 올라오므로, 최근 작업하던 문서를 빠르게 연결할 수 있습니다.

[[입력 후 원하는 노트의 일부분을 입력하면 해당 단어가 들어간 문서만 필터링하므로 자신이 원하는 문서를 빠르게 찾아 입력할 수 있습니다.

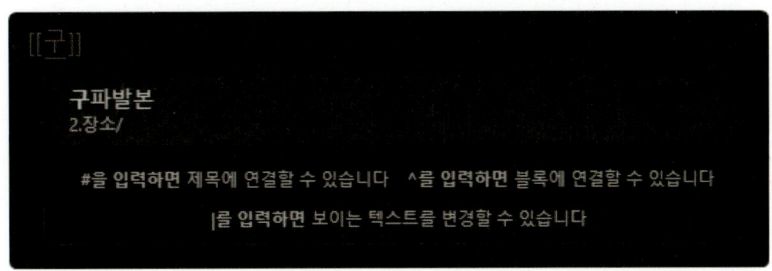

SECTION 2 링크 관련 몇 가지 팁

링크는 노트뿐만 아니라 제목이나 문서 단위로도 연결이 가능합니다.

■ 제목으로 연결하기

해당 노트가 여러 개의 제목(## 등으로 표기)을 가지고 있을 경우 문서 뒤에 #을 붙여서 제목으로 바로 연결할 수 있습니다.

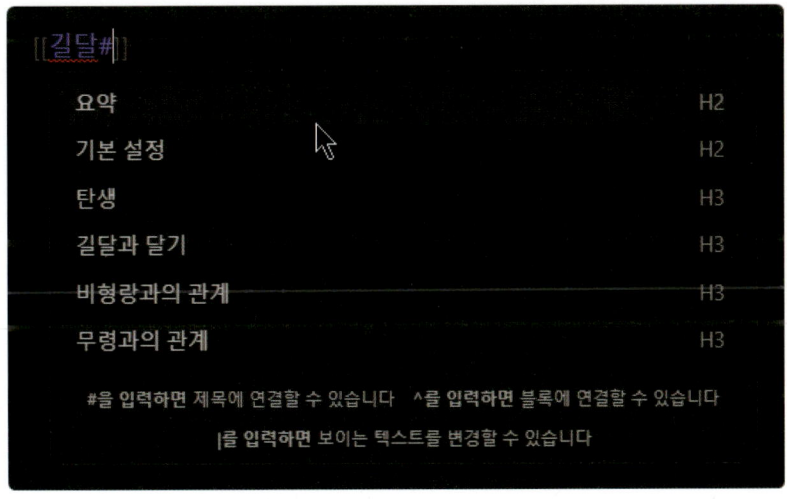

■ **블록으로 연결하기**

제목 끝에 ^을 입력하면 특정 문단을 블록으로 연결할 수 있습니다.

```
[[길달^]]
    ## 요약
    환웅의 배다른 동생이자 도깨비의 수장. 도깨비 세계를 다시 일으키
    기 위해 무령을 바리공주로 각성시키려 한다.

    상나라 멸망후 기자 와 함께 도깨비들을 이끌고 고조선 으로 이동한
    다. 이때의 이름은 달기진흥왕때 '홍익인간'의 진정한 구현을 위한
    비형랑의 계략을 깨닫고, 도망가지만 기억의 꼬리 하나만 끊기고 도
    망간다. 비형랑은 기억을 잊은 길달을 고의로 놓아준다.

    ## 기본 설정

    ### 탄생
    환웅의 배다른 동생. 곰이 아닌 여우와 환인이 맺어져 만들어진 자식
    이다. 꼬리가 아홉개 달린 구미호 혹은 하늘여우=천호이기도 하다.

    #을 입력하면 제목에 연결할 수 있습니다    ^를 입력하면 블록에 연결할 수 있습니다
             |를 입력하면 보이는 텍스트를 변경할 수 있습니다
```

연결되면 연결된 블록 끝에 특정 문자열 ^이 생성되며, 일종의 주소처럼 동작합니다.

```
[[길달#^058075]]
```

```
환웅의 배다른 동생. 곰이 아닌 여우와 환인이 맺어져 만들어진 자식이다.
꼬리가 아홉개 달린 구미호 혹은 하늘여우=천호이기도 하다.
환웅의 자식이 인간이라면, 길달의 자식들은 도깨비.
단군조선이 인간의 왕국이라면
기자조선은 도깨비의 왕국이다.  ^058075
```

아래처럼 블록 주소를 먼저 생성한 다음 연결할 수도 있습니다. 임의의 문자열이 아니라 직접 주소를 지정하는 게 가능하므로, 명확한 관리가 가능합니다.

■ 다른 이름으로 표시하기

노트 제목 뒤에 |를 입력하면 링크를 다른 이름으로 보이게 할 수 있습니다.

예를 들어 길달이라는 노트를 문맥상 하늘여우라는 이름으로 바꾸어 표시해야 한다면 아래처럼 입력하면 됩니다.

CHAPTER 4.6
이미지 삽입하기

지금까지 노트를 만들고 관련된 노트를 연결하는 작업을 진행하였습니다.
여기에 인물이나 장소를 설명하는 이미지가 추가된다면, 세계관을 상상하고 유지하기 더 좋을 것입니다. 옵시디언에는 글뿐만 아니라 이미지도 편하게 삽입할 수 있습니다. 유니버스 쯔의 주인공 무령의 캐릭터 노트를 이용해 진행해 볼까요?

SECTION 1 드래그로 주인공 이미지 삽입하기

외부 이미지를 삽입하는 가장 쉬운 방법은 탐색기에서 드래그해서 삽입하는 방식입니다.

이미지가 삽입되면 아래와 같은 옵시디언 문법으로 표시됩니다.

> ! [[이미지이름]]

기존에 만들었던 무령 이미지 중 하나를 드래그해 넣었습니다. 잘 들어간 것을 확인할 수 있습니다.

삽입된 이미지는 옵시디언 저장소에 추가되며, 탐색기에서 확인할 수 있습니다.

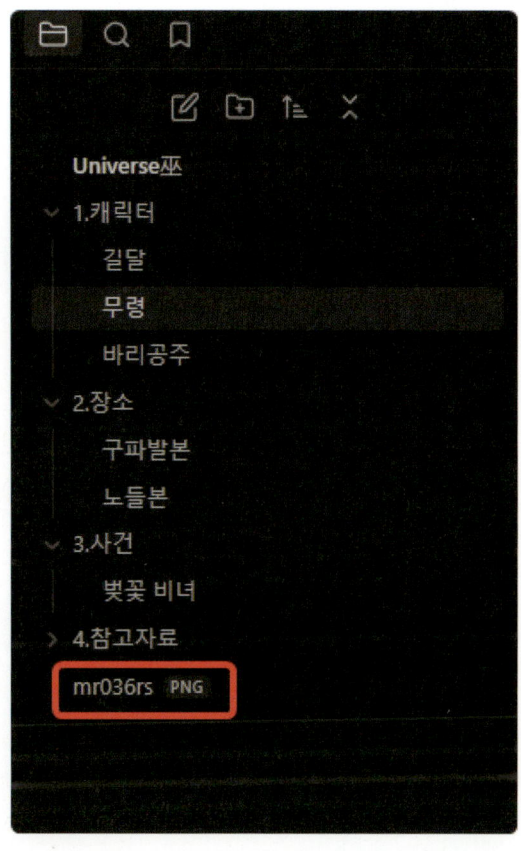

탐색기에서 이미지를 클릭하면 이미지 이름이 표시됩니다.

이미지가 최상단에 있으니 불편해요.

이미지의 기본 위치는 노트와 마찬가지로 최상위 폴더에 배치됩니다. 직접 드래그해서 이동할 수도 있지만, 매번 옮기기 번거로우니 옵션에서 변경해 두는 것이 좋습니다. 옵션에서 '파일 및 링크 → 새 첨부 파일을 만들 위치'를 통해 설정할 수 있습니다.

SECTION 2 이미지 크기 변경하기

이미지를 삽입하고 보니 너무 크군요. 조금 더 줄이면 좋겠습니다. 삽입한 이미지가 너무 클 경우, 크기를 조정하면 됩니다.

이미지 이름 뒤에 | 를 입력하고 원하는 사이즈를 입력하시면 됩니다. 단위는 px입니다.

```
![[이미지이름|이미지크기]]
```

아래는 300px로 이미지를 변경한 모습입니다. 적당히 잘 어울리는 크기에, 아래 내용도 한눈에 보이네요.

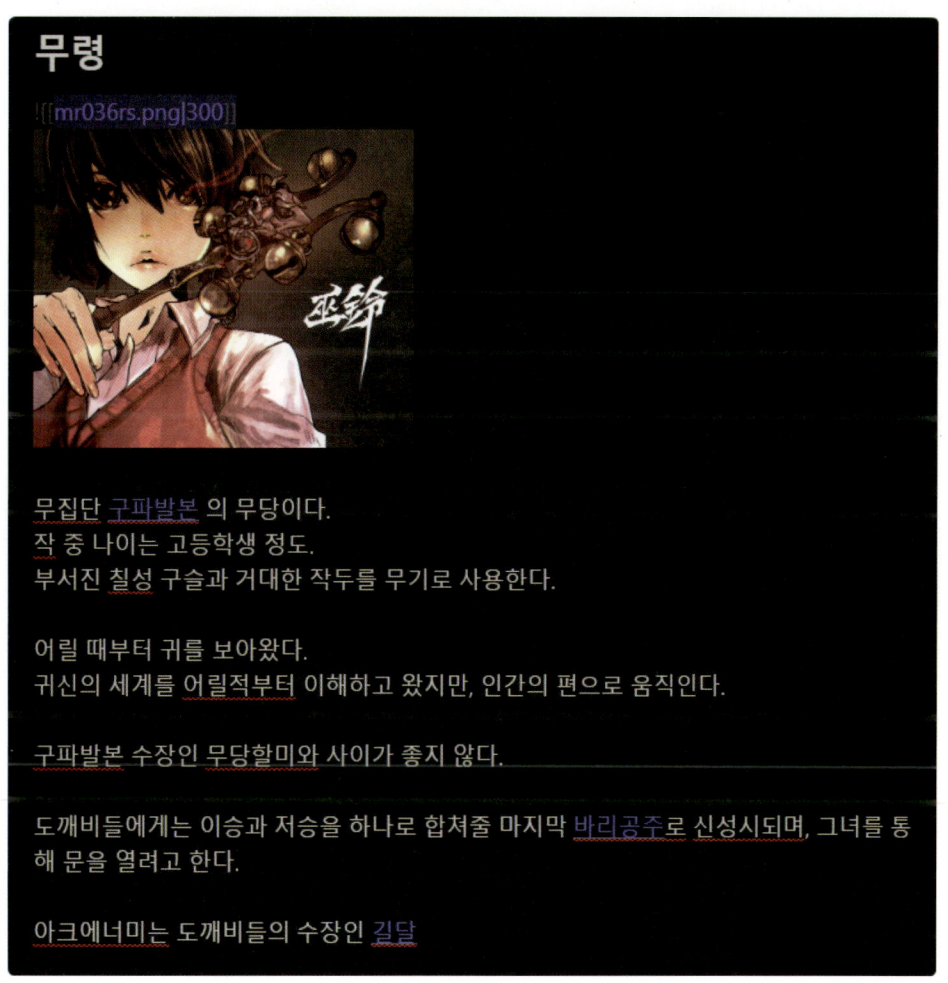

SECTION 3 붙여넣기로 교회 웹 이미지 삽입하기

옵시디언은 복사한 이미지를 붙여넣기 하는 것도 가능합니다. 특히 웹 페이지의 이미지를 넣는 데 편리합니다.

이번에는 교회 장소 노트에 적당한 교회 건물 이미지를 찾아 넣어보겠습니다.

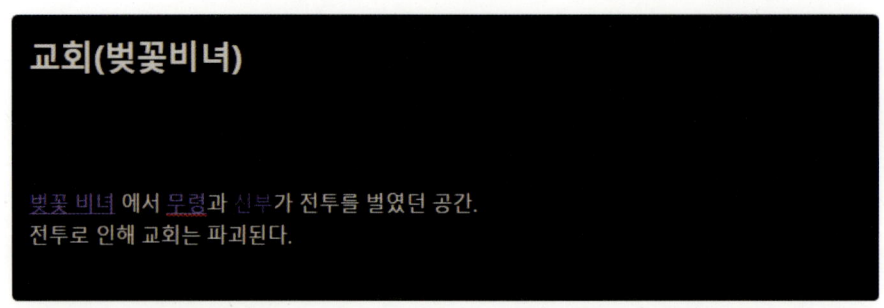

인터넷 사이트에서 적당한 교회 이미지를 검색합니다. 저는 church in forest 라는 검색어를 사용 했습니다.

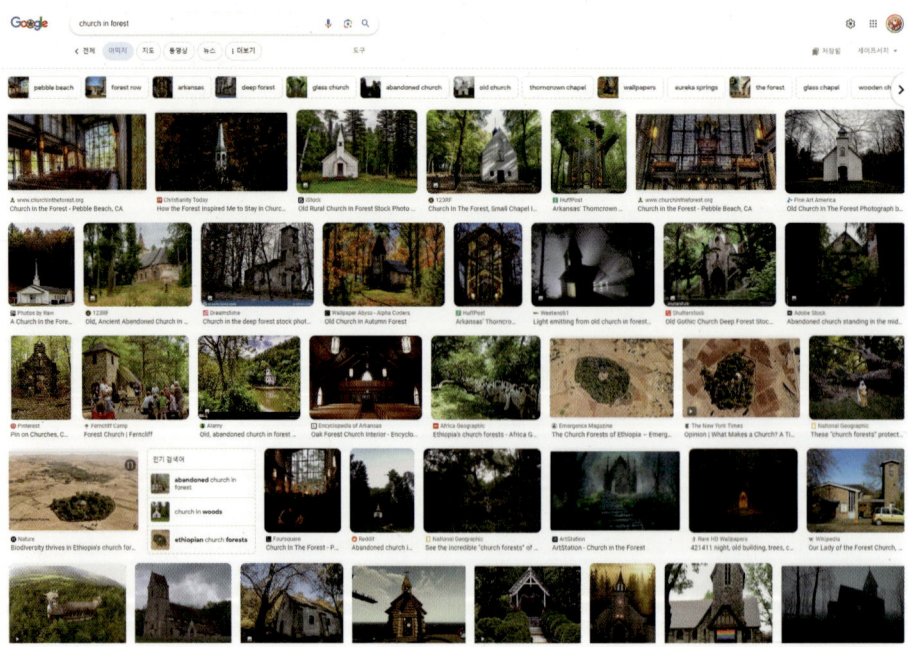

그중 하나를 골라 마우스 우클릭 → 이미지 복사 를 선택합니다.

교회 노트에서 원하는 위치에 마우스 우클릭→붙여넣기 를 선택하거나 Ctrl+V 단축키를 이용해 붙여 넣습니다.

아래는 크기까지 조절한 모습입니다. 이미지가 들어가니 공간 파악이 좀 더 편해졌습니다. 이 이미지를 기반으로 차후 일러스트나 3D 작업을 하면 될 것 같습니다.

SECTION 4 교회 이미지 이름 변경하기

교회 이미지처럼 웹 등에서 붙여 넣은 이름의 경우, Pasted image 20230803103813.png 등의 형태로 자동으로 입력됩니다. 하지만 이러한 이름은 이미지 내용을 반영하지 못합니다. 그렇기 때문에 그때그때 수정해 주는 것이 좋습니다. 하지만 노트와 달리 이미지는 이름을 수정할 공간이 마땅치 않습니다. 어떻게 하면 좋을까요? 이때는 탐색기에서 수정하거나, 이미지를 새 창으로 띄운 뒤 수정하면 됩니다. 교회 이미지를 클릭하면 이름이 표시됩니다. 역시 붙여넣기 한 이름이라 그다지 이쁘지 않군요.

이미지 이름을 'Ctrl+클릭'하면 이미지를 새 창으로 열 수 있습니다.

파일명을 클릭하거나 단축키 F2를 눌러 이미지 이름을 변경하면 됩니다.

교회 노트로 돌아가 보면 이름이 변경된 것을 확인할 수 있습니다.

SECTION 5 교회 이미지를 시놉시스 노트에 재사용하기

저장소에 보관된 이미지는 언제든 재사용할 수 있습니다. 이미지는 ⟦[이미지이름]⟧ 형태로 삽입할 수 있으며, 문서처럼 이미지 리스트가 있어 선택하기 편리합니다. 벚꽃 비녀 시놉시스 노트에 교회 이미지를 재사용해 봅시다.

벚꽃 비녀 노트를 엽니다.

> **3.사건 / 벚꽃 비녀**
>
> # 벚꽃 비녀
>
> 괴이 신부가 다스리는 낡은 교회. 신부로 인해 교회는 괴이가 끊임없이 모인다. 주인공 무령은 그것을 막기 위해 방문하는 도중 한 영혼의 청을 받아 함께 교회(벚꽃비녀)로 이동한다.
>
> 교회에서 금발의 신부와 조우한다
> 무령은 성불을 이야기하지만 신부는 무령을 거부하고, 둘은 전투를 벌인다.
> 무령이 신부를 굴복시키려던 순간, 신부는 여인의 죽음에 대한 기억을 되찾고 폭주한다.
> 최후의 결전을 벌이기 직전! 둘 사이에 끼어든 여성의 영혼.
> 신부는 자초지종을 듣고,
> 무령은 살풀이 춤과 함께 둘을 하늘로 보내게 된다.
>
> 반전요소: 신부가 지상에 남은 이유가 여인의 억울한 죽음 때문이었음 → 여인은 신부와 함께 죽은 것이 아니었다. 사실은 천수를 누리고 사망했었음 → 오해가 풀리고 함께 승천.

교회 이미지를 삽입해 봅시다. ⟦를 입력하면 이미지 리스트가 등장합니다. 리스트에서 교회전경예시.png를 선택합니다.

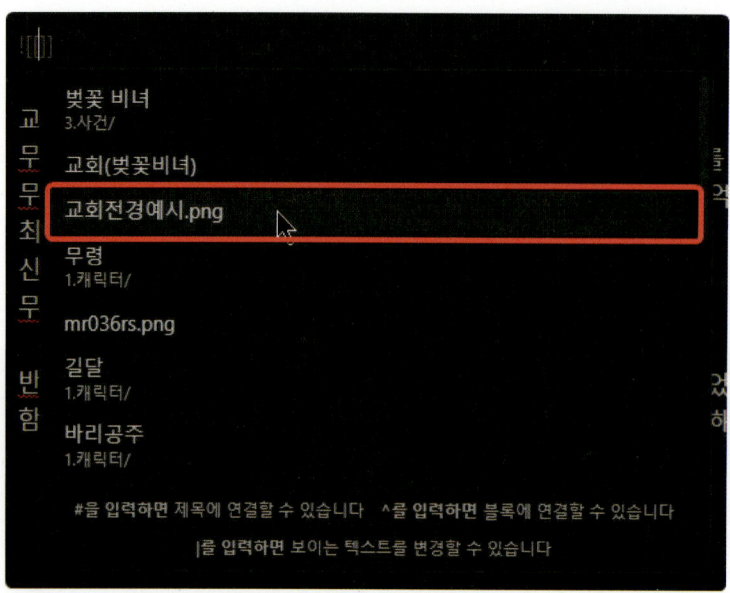

교회 이미지가 삽입되었습니다. 크기를 조절하고 마무리합니다.

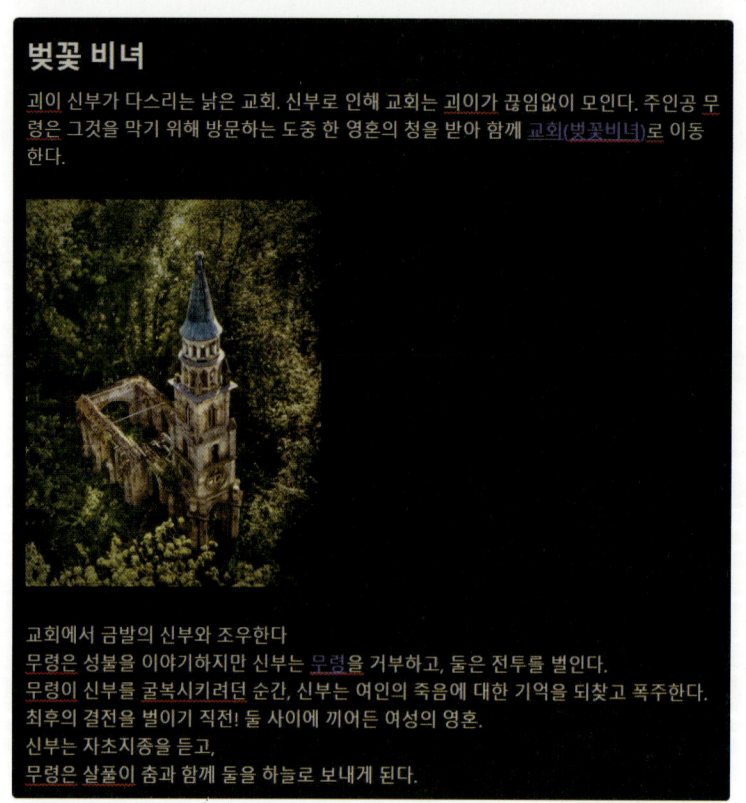

SECTION 6 인터넷 이미지 삽입하기

온라인 이미지 주소가 있다면 그대로 삽입하는 것도 가능합니다.

로컬 하드 디스크의 용량을 차지하지 않기 때문에 용량을 아끼기에 좋습니다.

다만, 인터넷이 되지 않으면 이미지가 표시되지 않는다는 단점이 있습니다.

인터넷 이미지는 옵시디언 문법이 아니라 마크다운 문법을 사용합니다..

```
![[대체 텍스트](링크 주소)
```

인터넷에서 옵시디언 목걸이 이미지 주소를 찾아 사용했습니다.

```
![](https://rockchasing.com/wp-content/uploads/2023/04/Obsidian.jpg)
```

Obsidian 마크다운 기본 문법에 대해 더 자세히 알고 싶다면 2.6 마크다운 문법을 참고하세요.

 CHAPTER 4.7
참고 문헌 정리하기

SECTION 1 내가 왜 이런 설정을 했더라....

두근두근하는 마음으로 다양한 상상을 머릿속으로 펼치고, 자료를 찾아가며 세계관을 열심히 작성하고 난 뒤, 몇 달이 지나 다시 노트를 살펴보면 '내가 왜 이런 설정을 했더라…'라는 생각을 할 때가 종종 있습니다.

내가 왜 이런 설정을 했더라……

이럴 때를 위해 내가 어떤 자료에서 아이디어를 얻었는지 그 출처를 적어두는 것이 좋습니다.
옵시디언에서 세계관 설정을 위해 참고 문헌을 정리하는 방법은 2가지가 있습니다.
하나는 외부 웹 페이지를 링크하는 것, 두 번째는 일부분을 복사한 뒤 각주로 처리하는 것입니다.

SECTION 2 참고한 웹 페이지 정리하기

아래는 유니버스 巫의 장소 중 하나인 기자조선에 대한 노트입니다.

> **기자조선**
>
> 은나라 멸망 후 기자가 당시 '달기'라 불리우던 길달과 함께 넘어와 만든 나라.
> 달기의 자식인 5000여명의 도깨비와 함께 단군 조선으로 넘어온 뒤, 인간과 도깨비가 함께 사는 기자 조선이 된다.
> 이후, 비형랑과 진흥왕의 '홍익인간' 계책으로 멸망한다.

기자 조선에 대한 글들은 꽤 많지만 매번 구글 검색으로 찾기 번거롭습니다. 이런 글들을 참고 링크로 정리해 두면, 클릭만 해도 열리니 편할 것 같습니다.

`##`를 입력해 참고 자료라는 제목을 만든 다음 하단에 `-`를 눌러 리스트를 새로 만듭니다. 그리고 링크할 제목을 입력합니다. 저는 '기자조선(箕子朝鮮) - 한국민족문화대백과사전'을 입력하였습니다.

```
## 참고 자료
- 기자조선(箕子朝鮮) - 한국민족문화대백과사전
```

아래와 같이 보입니다.

> **참고자료**
> • 기자조선(箕子朝鮮) - 한국민족문화대백과사전

외부 링크를 입력할 때는 마크다운 문법의 링크 문법을 사용합니다.

[링크명](링크 주소)

위 형태를 키보드로 입력해도 되지만 번거롭습니다. 링크할 이름을 선택한 다음 Ctrl+K 단축키를 누르면 자동으로 [링크 이름]() 형태로 바뀌므로 편리하게 사용할 수 있습니다.

참고자료
- 기자조선(箕子朝鮮) - 한국민족문화대백과사전

참고자료
- [기자조선(箕子朝鮮) - 한국민족문화대백과사전]()

바뀌면 () 안에 해당 링크를 복사해 넣습니다.

참고자료
- [기자조선(箕子朝鮮) - 한국민족문화대백과사전](https://encykorea.aks.ac.kr/Article/E0008396)

추가된 링크를 클릭하면 해당 페이지가 열립니다. 외부 링크는 링크 끝에 열기 아이콘이 있으므로 구별이 쉽습니다.

참고자료
- 기자조선(箕子朝鮮) - 한국민족문화대백과사전

노트와 관련된 다른 참조 링크도 추가로 넣어보았습니다. 이렇게 노트 아래쪽에 참고 자료를 정리하면 언제든 원하는 내용을 바로 찾아볼 수 있어 편리합니다.

> **기자조선**
>
> 은나라 멸망 후 기자가 당시 '달기'라 불리우던 길달과 함께 넘어와 만든 나라.
> 달기의 자식인 5000여명의 도깨비와 함께 단군 조선으로 넘어온 뒤, 인간과 도깨비가 함께 사는 기자 조선이 된다.
> 이후, 비형랑과 진흥왕의 '홍익인간' 계책으로 멸망한다.
>
> **참고자료**
> - 기자조선(箕子朝鮮) - 한국민족문화대백과사전
> - 기자조선 - 나무위키
> - 기자조선 - 위키백과
> - 기자세가 - 네이버블로

SECTION 3 세세한 설명을 위해서는 각주를 달자

각주는 글 밑에 다는 설명입니다. 보통 책 페이지 아래쪽에 배치합니다. 책의 흐름과는 상관없지만, 알아야 할 내용이나 출처를 기록합니다. 앞서 기자조선 노트를 보면 5,000명의 도깨비와 함께 넘어왔다고 적었습니다. 이 내용은 '기자세가'라는 인터넷 글이 출처였습니다.

꽤 긴 문서였지만, 5,000명에 대한 참고가 된 부분은 아래의 문단이었습니다.

> 그리고 나서야 기자가 떠나서 조선으로 왔는데, 은나라 백성으로서 따라온 사람이 5000여 인으로, 시(詩), 서(書), 예(禮), 악(樂) 및 무(巫), 의(醫), 복(卜), 서(筮)를 다루는 사람과 백공(百工), 기예(技藝)가 모두 따라 왔다. 무왕이 그대로 기자를 그곳에 봉해 주고 신하로 삼지 않았다. 평양(平壤)에 도읍하였다. 예전에 단군조선이 있었으므로 이 나라를 기자조선이라고 한다.

출처: https://blog.naver.com/micro21c/220274117139

이처럼 출처 문서가 아주 길지만, 그 일부분만 필요한 경우, 필요한 부분만 노트로 복사하되 각주로 처리하면, 필요한 내용을 적절히 참고할 수 있을 것입니다.

■ 각주 다는 방법

각주를 다는 방법을 알아볼까요? 먼저 본문 5000여 명 뒤에 [^1]을 입력합니다.

> 멸망 후 기자가 당시 '달기'라 불리우던 길달과 함
> 자식인 5000여 명[^1]의 도깨비와 함께 단군 조선

그리고 노트 끝에는 [^1]:을 적은 다음, 관련 내용과 출처를 기재하였습니다.

> **기자조선**
>
> 은나라 멸망 후 기자가 당시 '달기'라 불리우던 길달과 함께 넘어와 만든 나라.
> 달기의 자식인 5000여 명[^1]의 도깨비와 함께 단군 조선으로 넘어온 뒤, 인간과 도깨비가 함께 사는 기자 조선이 된다.
> 이후, 비형랑과 진흥왕의 '홍익인간' 계책으로 멸망한다.
>
> **참고자료**
> - 기자조선(箕子朝鮮) - 한국민족문화대백과사전
> - 기자조선 - 나무위키
> - 기자조선 - 위키백과
> - 기자세가 - 네이버블로그
>
> [^1] 그러고 나서야 기자가 떠나서 조선으로 왔는데, 은나라 백성으로서 따라온 사람이 5000여 인으로, 시(詩), 서(書), 예(禮), 악(樂) 및 무(巫), 의(醫), 복(卜), 서(筮)를 다루는 사람과 백공(百工), 기예(技藝)가 모두 따라왔다. 무왕이 그대로 기자를 그곳에 봉해 주고 신하로 삼지 않았다. 평양(平壤)에 도읍하였다. 예전에 단군조선이 있었으므로 이 나라를 기자조선이라고 한다. - 기자세가

그럴듯하게 완성되었습니다. 두 번째 각주부터는 숫자를 늘려가면 됩니다.

SECTION 4 보기 모드로 각주 제대로 활용하기

각주 기능을 제대로 활용하기 위해서는 보기 모드를 이용해야 합니다. 오른쪽 상단 📖 아이콘을 눌러 보기 모드로 전환합니다.

각주 위에 가로선이 생기며 각주 부분이 본문과 분리됩니다. 본문의 각주 역시 [1] 형태로 바뀌었습니다.

기자조선

은나라 멸망 후 기자가 당시 '달기'라 불리우던 길달과 함께 넘어와 만든 나라.
달기의 자식인 5000여명[1]의 도깨비와 함께 단군 조선으로 넘어온 뒤, 인간과 도깨비가 함께 사는 기자 조선이 된다.
이후, 비형랑과 진흥왕의 '홍익인간' 계책으로 멸망한다.

참고자료

- 기자조선(箕子朝鮮) - 한국민족문화대백과사전
- 기자조선 - 나무위키
- 기자조선 - 위키백과
- 기자세가 - 네이버블로그

---

1. 그리고 나서야 기자가 떠나서 조선으로 왔는데, 은나라 백성으로서 따라온 사람이 5000여 인으로, 시(詩), 서(書), 예(禮), 악(樂) 및 무(巫), 의(醫), 복(卜), 서(筮)를 다루는 사람과 백공(百工), 기예(技藝)가 모두 따라왔다. 무왕이 그대로 기자를 그곳에 봉해 주고 신하로 삼지 않았다. 평양(平壤)에 도읍하였다. 예전에 단군조선이 있었으므로 이 나라를 기자조선이라고 한다. - 기자세가

각주를 클릭하면 해당 내용이 하이라이트 되며, 빠르게 해당 각주를 확인할 수 있습니다.

기자조선

은나라 멸망 후 기자가 당시 '달기'라 불리우던 길달과 함께 넘어와 만든 나라.
달기의 자식인 5000여명[1]의 도깨비와 함께 단군 조선으로 넘어온 뒤, 인간과 도깨비가 함께 사는 기자 조선이 된다.
이후, 비형랑과 진흥왕의 '홍익인간' 계책으로 멸망한다.

참고자료

- 기자조선(箕子朝鮮) - 한국민족문화대백과사전
- 기자조선 - 나무위키
- 기자조선 - 위키백과
- 기자세가 - 네이버블로그

1. 그러고 나서야 기자가 떠나서 조선으로 왔는데, 은나라 백성으로서 따라온 사람이 5000여 인으로, 시(詩), 서(書), 예(禮), 악(樂) 및 무(巫), 의(醫), 복(卜), 서(筮)를 다루는 사람과 백공(百工), 기예(技藝)가 모두 따라왔다. 무왕이 그대로 기자를 그곳에 봉해 주고 신하로 삼지 않았다. 평양(平壤)에 도읍하였다. 예전에 단군조선이 있었으므로 이 나라를 기자조선이라고 한다. - 기자세가

🪨 팝업 스타일 각주가 필요하다면?

위키백과나 나무위키 같은 사이트는 편리하게도 팝업 스타일 각주를 제공하고 있습니다. 클릭하면 하이라이트 되는 옵시디언의 각주 방식은 상대적으로 조금 아쉽긴 합니다. 다행히 옵시디언의 Better footnote 플러그인을 이용하면, 팝업 형태의 각주를 사용할 수 있습니다. 3.3 플러그인 설치하는 방법을 참고하세요.

CHAPTER 4.8
세계는 선으로 연결된다. 그래프뷰

옵시디언의 그래프뷰와 로컬 그래프 기능을 사용해 봅시다.

SECTION 1 세계는 연결되어 있다.

세계관의 각 요소들은 결코 혼자 존재하지 않습니다. 사건이 있으면 사건을 일으키는 인물과 장소가 있죠. 관련된 모든 요소들이 거미줄처럼 연결되어 있으며, 그 관계는 무척 복잡해 한눈에 살펴보기는 참 쉽지 않습니다. 하지만 그러한 복잡한 거미줄을 한눈에 볼 수 있다면 어떨까요? 그런 역할을 하는 것이 바로 옵시디언의 그래프뷰입니다.

SECTION 2 내 세계관은 어떻게 연결되어 있을까?

옵시디언 안의 모든 노트들의 연결은 전체 그래프뷰를 통해 볼 수 있습니다.
그래프뷰를 보려면 탐색기 왼쪽 아이콘을 클릭하세요.

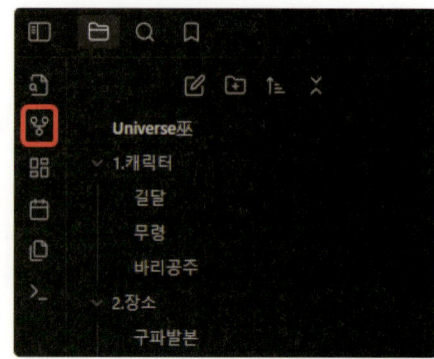

그래프뷰 창이 등장했습니다. 지금까지 만든 노트들이 별자리처럼 엮여 아름다운 그래프를 만들고 있습니다. 노트가 더 늘어난다면, 우주처럼 멋진 하늘이 펼쳐지겠죠?

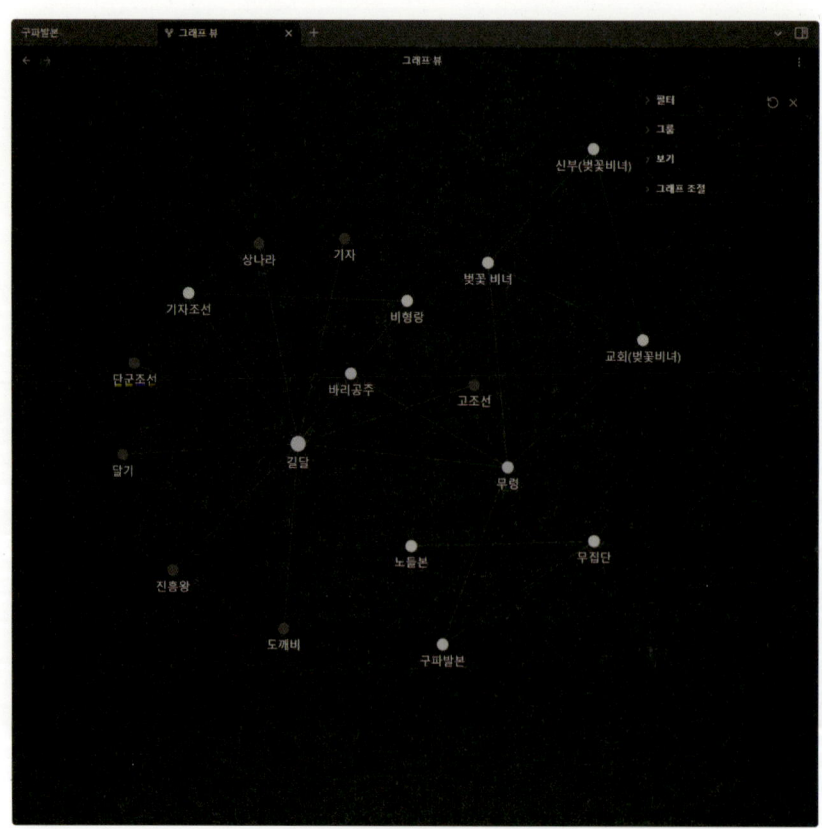

집중해서 보고 싶은 노트가 있다면 커서를 올려보세요. 어떤 노트가 연결되어 있는지 강조해서 보여줍니다.

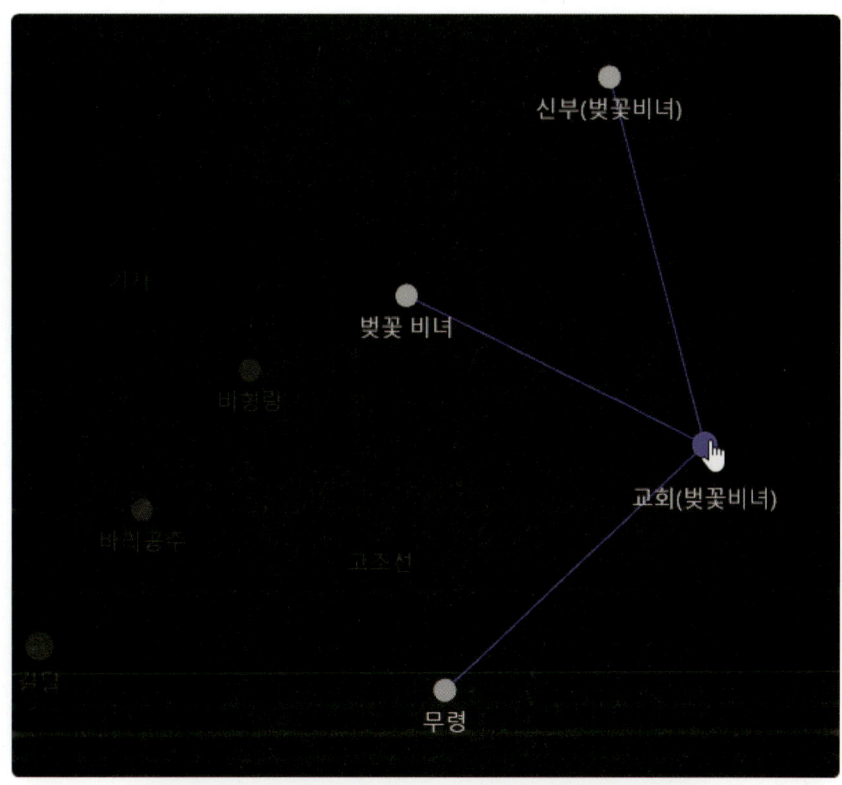

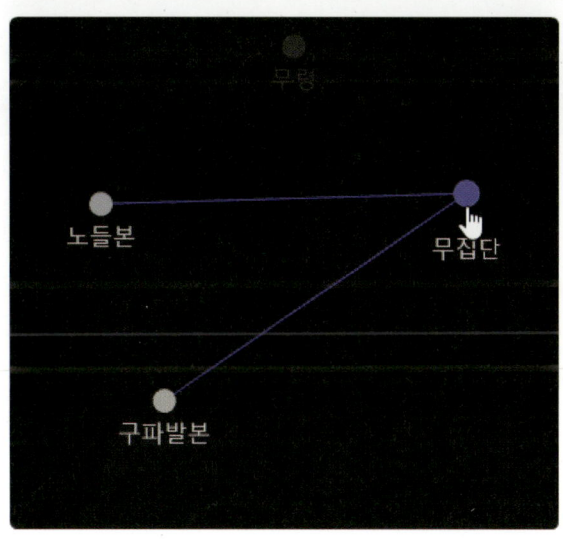

각 점은 노트를 표시하며, 클릭하면 해당 노트로 이동합니다. 또한 Ctrl 키를 누른 상태에서 점 위에 마우스 커서를 올려 내용을 미리보기 할 수도 있습니다.

미리보기 한 모습입니다.

SECTION 3 지금 편집 중인 노트와 관련 있는 노트는?

그래프뷰는 모든 노트들의 관련성을 보는 데 특화된 기능입니다. 그런데 지금 작성하는 노트와 관련된 노트들이 무엇인지, 어떤 노트가 지금 노트와 연결되어 있는지 확인하고 싶을 수 있습니다. 이럴 때는 로컬 그래프를 사용하면 좋습니다. 로컬 그래프는 전체 그래프와 달리 지금 열려 있는 문서에 관련된 노트만 보여줍니다.

SECTION 4 **명령어 팔레트로 로컬 그래프 열기**

로컬 그래프는 아이콘이 따로 없습니다. 상대적으로 자주 사용하지 않는 기능의 경우 아이콘이 없는 경우가 많습니다. 이처럼 아이콘이 없는 기능들은 명령어 팔레트로 사용할 수 있습니다.

Ctrl+P 를 누르면 명령어 팔레트가 열립니다.

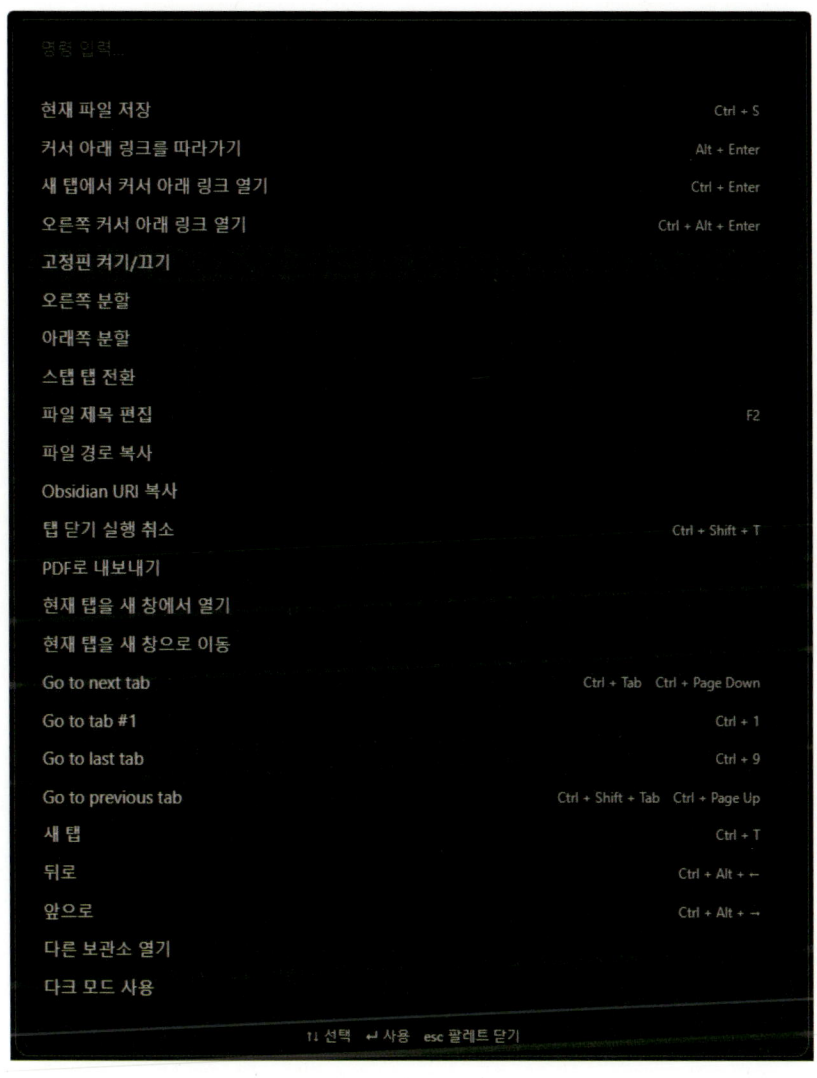

검색창에 '그래프'를 입력하면 그래프 관련된 명령어들이 필터링됩니다. 그중 '로컬 그래프 열기'를 선택합니다.

SECTION 5 로컬 그래프 살펴보기

로컬 그래프가 열린 모습입니다. 그래프뷰와 달리 해당 노트와 연결된 노트를 볼 수 있습니다.

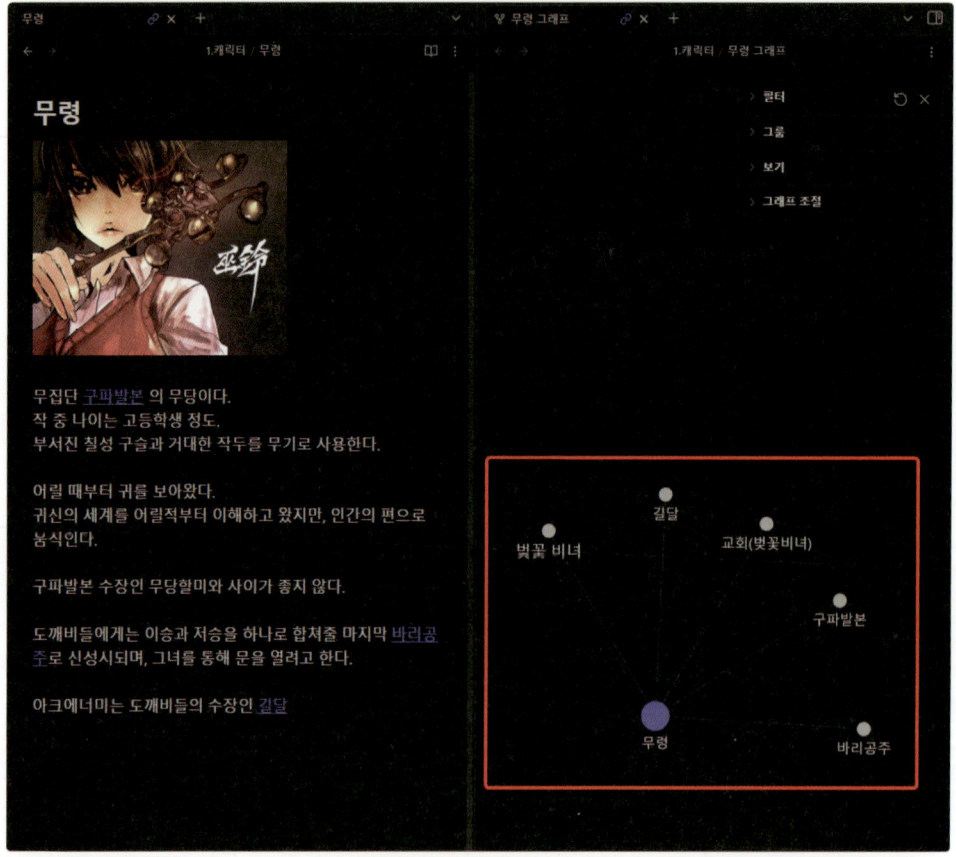

로컬 그래프는 현재 노트의 링크뿐만 아니라, 현재 노트를 링크한 다른 노트들의 존재도 함께 확인할 수 있습니다.

SECTION 6 **노트의 관련 방향 살펴보기**

기본 상태의 그래프는 연결 상태를 한눈에 보여주지만, 어떤 문서에서 연결이 시작되는지는 보여주지 않습니다.

연결 시작을 확인하고 싶으면 그래프의 설정 부분을 수정하면 됩니다.

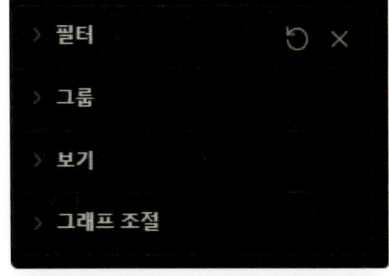

설정 중 보기 항목을 클릭해 엽니다. 그리고 화살표 체크박스를 클릭해 체크하면, 문서의 연결 방향을 볼 수 있습니다.

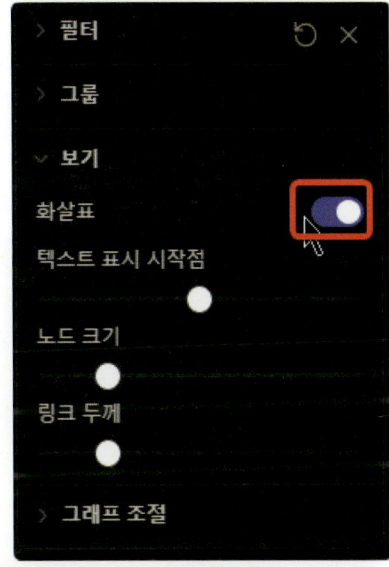

화살표 방향에 따라 연결된 상태를 확인할 수 있습니다. 설정에서 노드(점)의 크기나 선(링크)의 두께도 설정에서 조절할 수 있습니다. 아래는 좀 더 큼직하게 조정해 본 모습입니다.

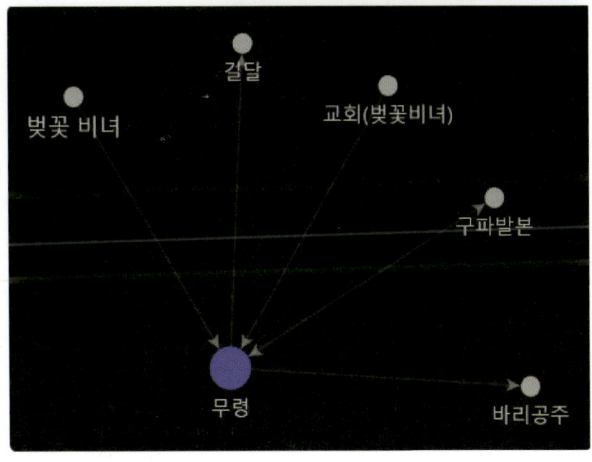

여러분들도 본인의 스타일에 맞게 조정해 보세요.

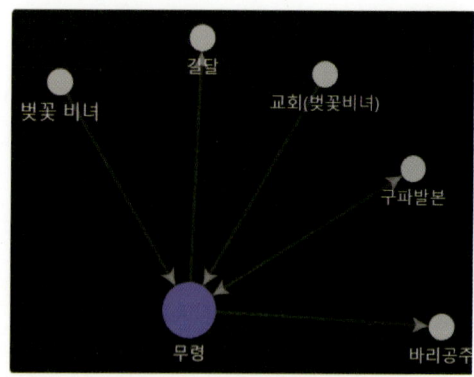

Tip 그래프뷰 더 잘 활용하기

세계관 관련 노트가 쌓이다 보면, 점점 어떤 노트가 어떤 노트인지 구별이 힘들어지게 됩니다. 그래프뷰는 그룹과 색상을 통해 이러한 부분을 해결해 나갈 수 있습니다. 세계관 노트는 캐릭터·장소·사건 등 다양한 카테고리로 나눌 수 있습니다. 옵시디언의 그래프뷰는 필요에 따라 노트들을 그룹화하고 다른 색상으로 표시할 수 있습니다.

SECTION 1 그룹 설정하는 방법

색상별로 나누기 위해서는 노트를 그룹으로 만들어야 합니다. 그룹화는 오른쪽 옵션 버튼을 눌러 나오는 옵션 창을 통해 설정할 수 있습니다.

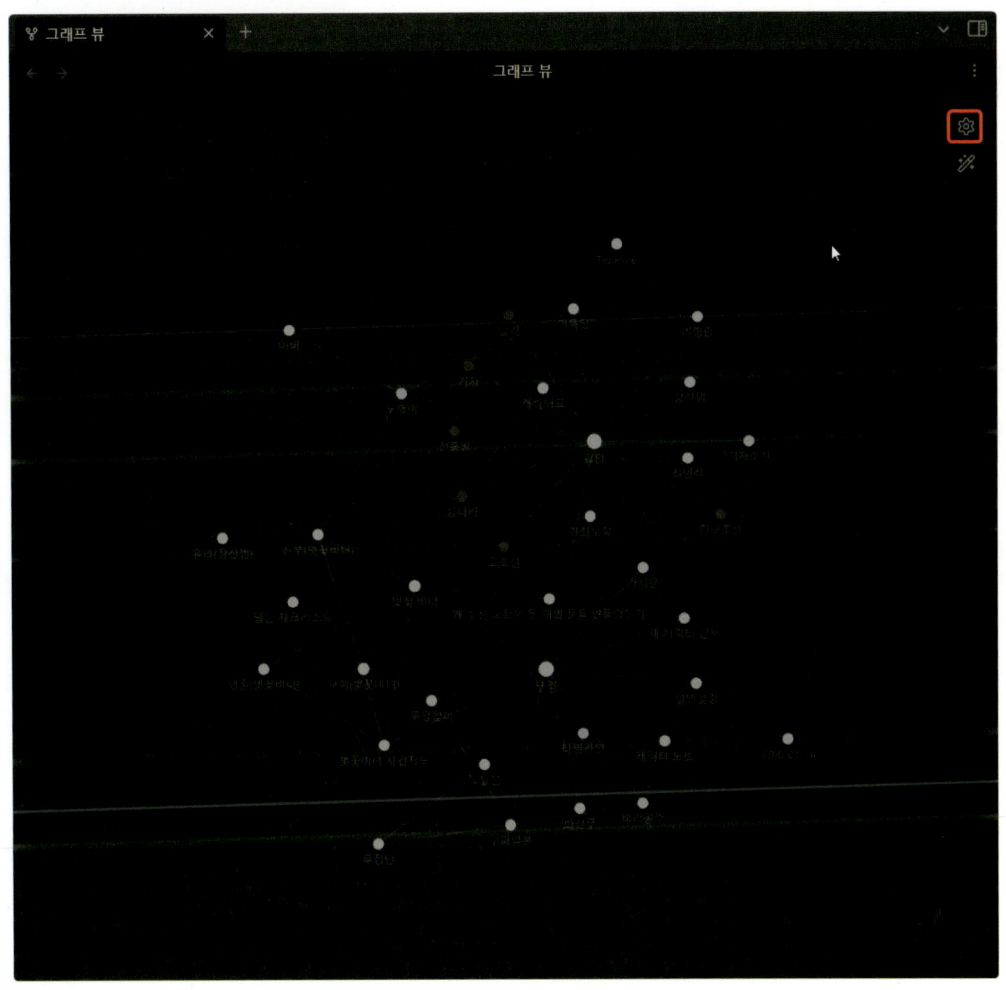

옵션 창에서 그룹 탭을 선택합니다.

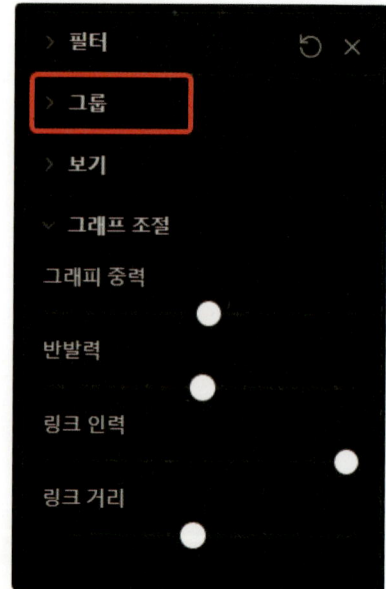

먼저 캐릭터 노트를 그룹화해 봅시다. '새 그룹'을 클릭해서 새 그룹을 만듭니다.

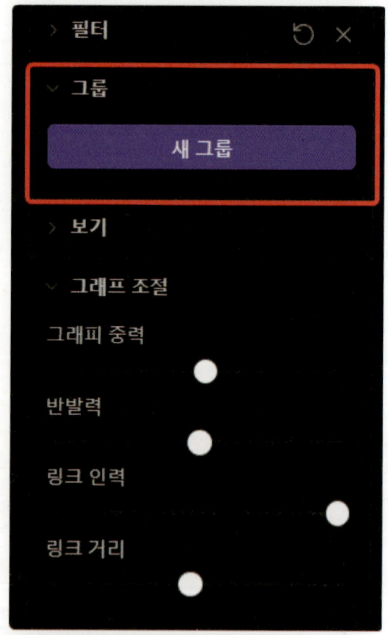

쿼리 입력창이 나옵니다. 쿼리는 그룹화할 방법을 결정합니다.

입력창을 클릭하면, 어떤 쿼리가 가능한지 친절한 설명이 나옵니다.

설정	기능
path	파일 경로에 해당 단어가 포함되어 있으면 그룹화합니다. 같은 폴더 안의 노트를 묶을 수 있습니다.
file	파일 이름에 해당 단어가 포함되어 있으면 그룹화합니다. 일부분만 포함해도 됩니다.
tag	태그에 해당 단어가 포함되어 있으면 그룹화합니다.
line	내용에 해당 단어가 포함되어 있으면 그룹화합니다.
section	제목에 해당 단어가 포함되어 있으면 그룹화합니다.

SECTION 2 캐릭터 노트 색상 입히기

앞서 캐릭터 폴더를 따로 분리해 두었으니, path를 이용하면 될 것 같습니다. 리스트에서 선택하거나, 직접 path:을 입력합니다.

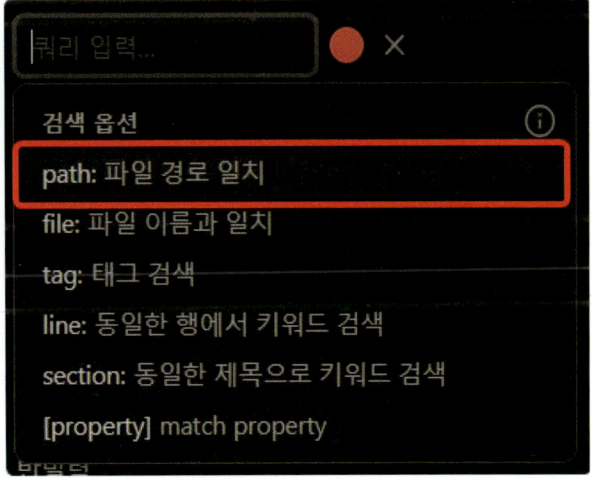

4장. 세계관의 시작

입력하면 경로를 선택할 수 있는 리스트가 열립니다. 캐릭터 노트이므로 1.캐릭터를 선택합니다.

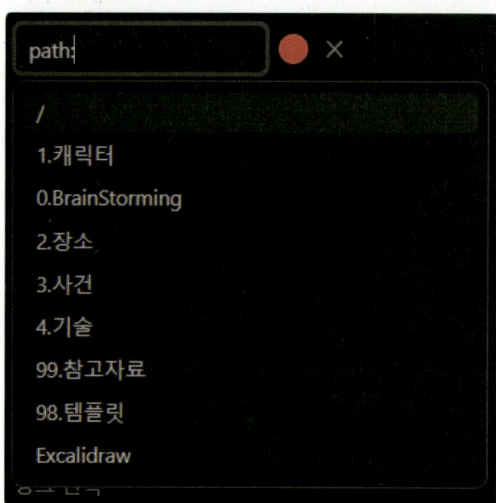 

폴더를 선택하면 캐릭터 폴더 안에 있는 노트들이 붉은색으로 바뀌는 것을 확인할 수 있습니다.

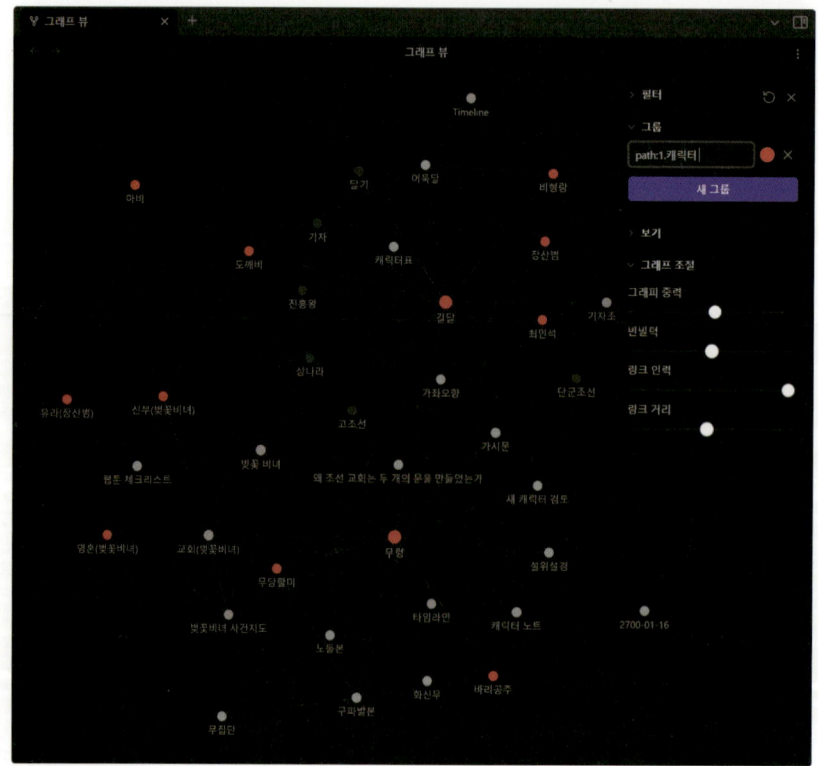

다른 색상으로 바꾸려면 쿼리 입력 창 옆의 색상 버튼을 클릭해서 변경 하면 됩니다. 원하는 색상으로 변경 해 봅시다.

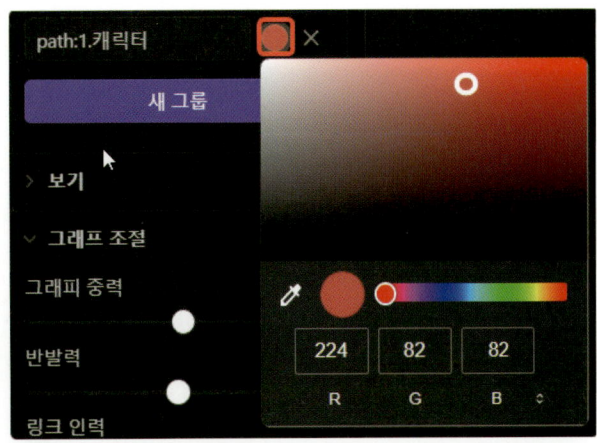

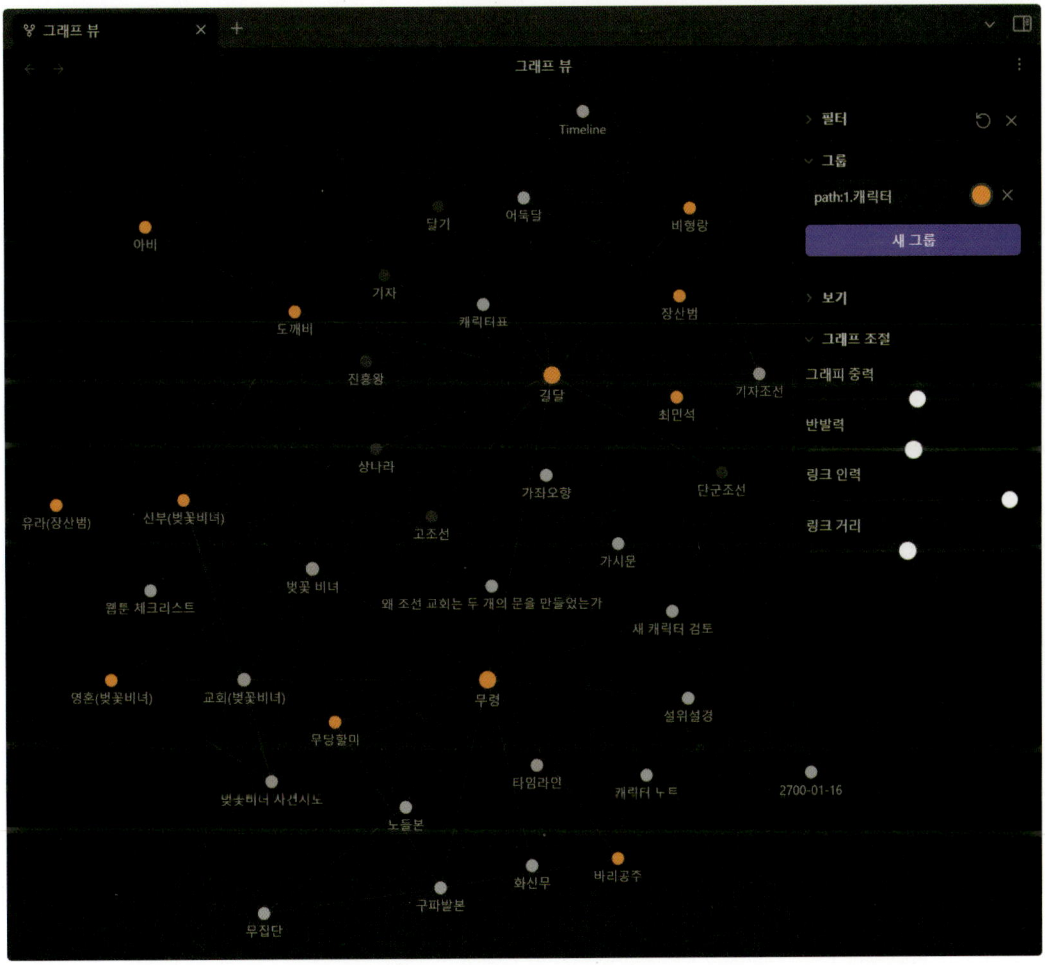

이어서 장소, 사건, 기술 등도 그룹화해서 색상을 변경해 보았습니다.

🔮 다양하게 활용해 봅시다.

그래프뷰의 그룹 기능은 폴더뿐만 아니라 태그, 제목, 속성(Property) 등 다양하게 적용 가능합니다. 자신에게 맞는 분류를 찾아 다양하게 적용해 보세요.

📘 원하는 대로 창 배치하기

창을 자유롭게 배치하는 5가지 방법

세계관을 작업하다 보면, 다양한 자료를 동시에 확인해야 할 때가 많습니다. 옵시디언은 동시에 여러 노트를 열 수 있는 다양한 방법을 제공합니다. 그리고 배치하는 방식에 따라 마치 다른 프로그램을 사용하는 듯한 다양한 레이아웃을 보여줍니다. 방법은 매우 다양하며, 취향에 맞게 자유롭게 배치가 가능합니다. 하나씩 소개해 보도록 하겠습니다.

SECTION 1 새 창으로 열기

일반적으로 파일 탐색기의 파일이나 문서 내 링크를 클릭하면, 기존 문서에서 변경됩니다. 기존 창을 유지하고, 새로운 창을 열려면 Ctrl+클릭 을 사용합니다. 혹은 마우스 가운데 버튼으로도 열 수 있습니다.

새로 열리는 창은 탭으로 열립니다.

탭 이름을 선택해 노트를 바꿔가며 볼 수 있습니다.

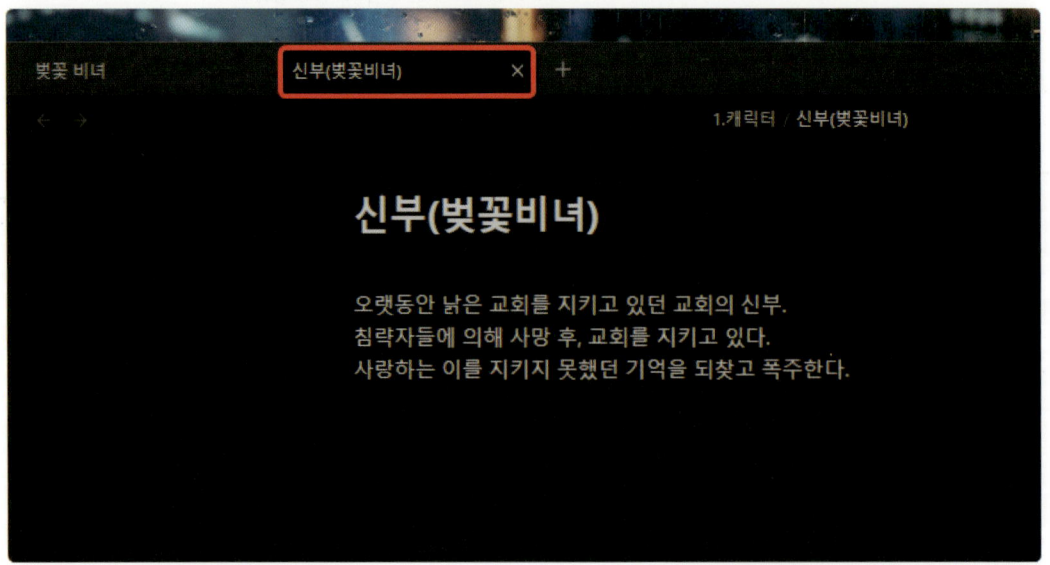

SECTION 2 여러 노트 나란히 보는 방법

옵시디언은 여러 노트를 탭 형태로 배치합니다. 하지만 다른 노트를 동시에 보고 싶을 때가 있습니다. 이럴 때는 드래그를 이용하면 노트를 나란히 배치할 수 있습니다.

노트 제목이 있는 상단 부분을 모서리로 드래그하면 화면이 자동으로 나누어집니다.

동시에 두 노트를 보며, 번갈아 가며 편집할 수 있습니다.

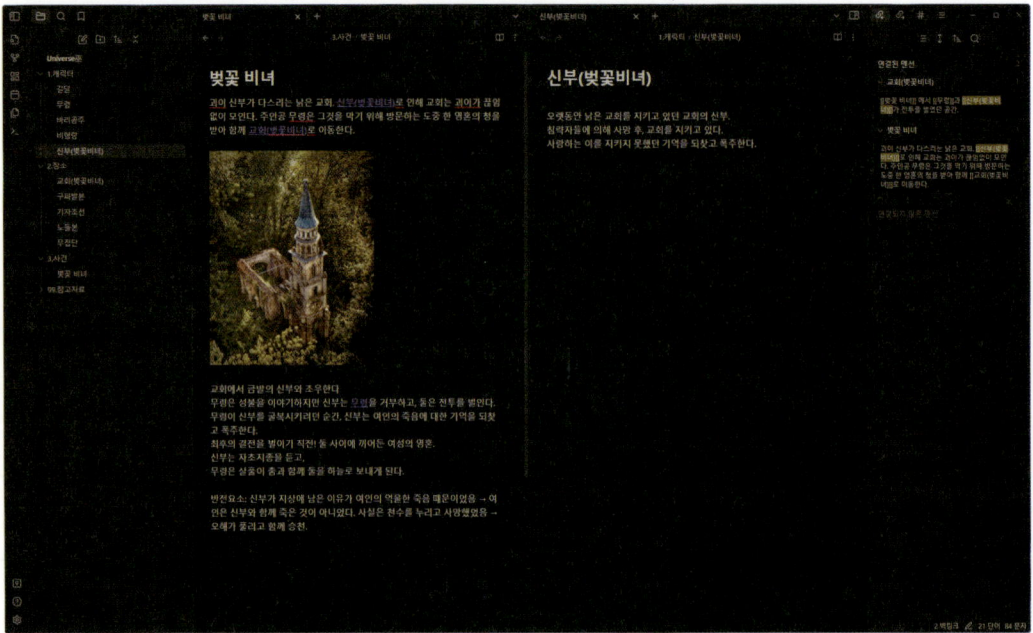

드래그하는 방향에 따라 위아래 배치도 가능합니다. 웹툰용 세로 모니터에 적절할 것 같습니다.

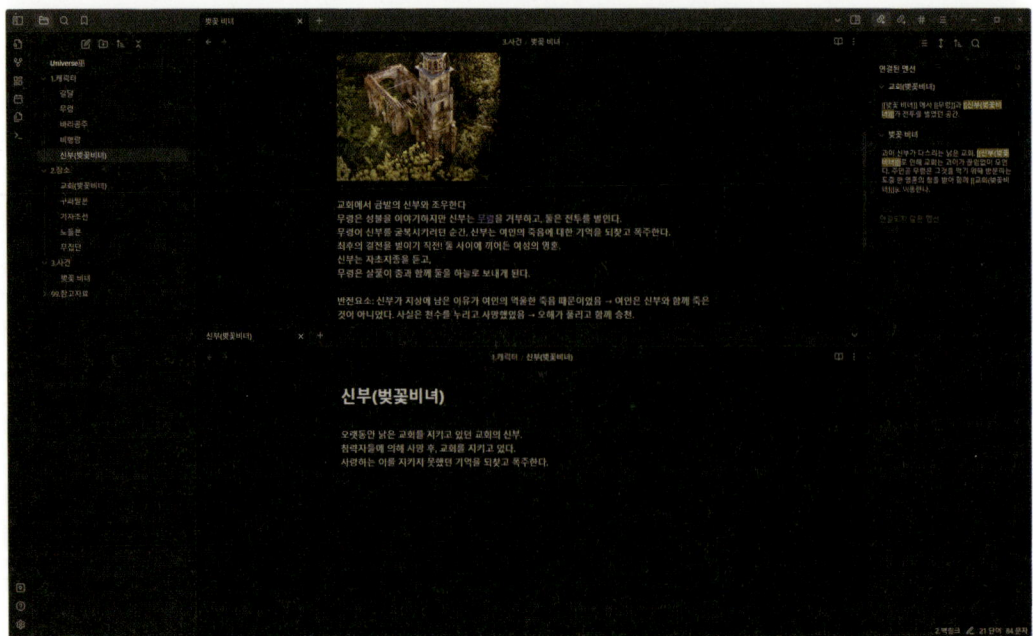

3개 이상의 노트를 취향대로 배치해서 볼 수도 있습니다. 목적에 따라 다양하게 배치하여 나만의 레이아웃을 만들 수 있습니다.

노트 사이를 드래그하면 노트 크기 조정도 가능합니다. 자유롭게 크기를 조절해 보세요.

SECTION 3 책 페이지처럼 보기 - 스탭 택(겹치기) 모드

스탭 택 모드는 열린 문서를 가장 크게 보여주고, 나머지를 겹쳐진 형태로 보여주는 모드입니다. 상단바 아래 화살표 모양 아이콘을 클릭하면 나오는 메뉴에서 선택할 수 있습니다.

상단바에 있는 탭을 클릭하면 해당 노트가 전면에 표시되고, 다른 노트는 옆으로 슬라이드 됩니다. 마치 책 페이지를 살짝 젖히는 느낌으로, 내용을 빠르게 확인할 수 있습니다.

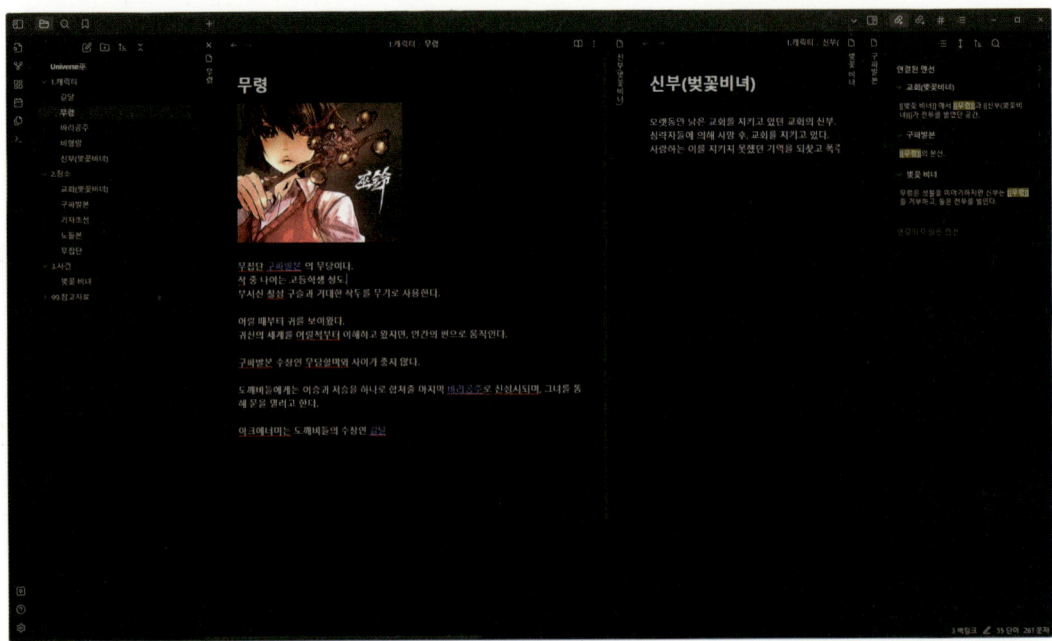

두 번째 탭을 선택하면 두 번째 탭이 커지며 나머지 탭 크기가 줄어듭니다.

네 번째 탭을 선택하면, 네 번째 탭 외의 나머지 탭이 줄어듭니다.

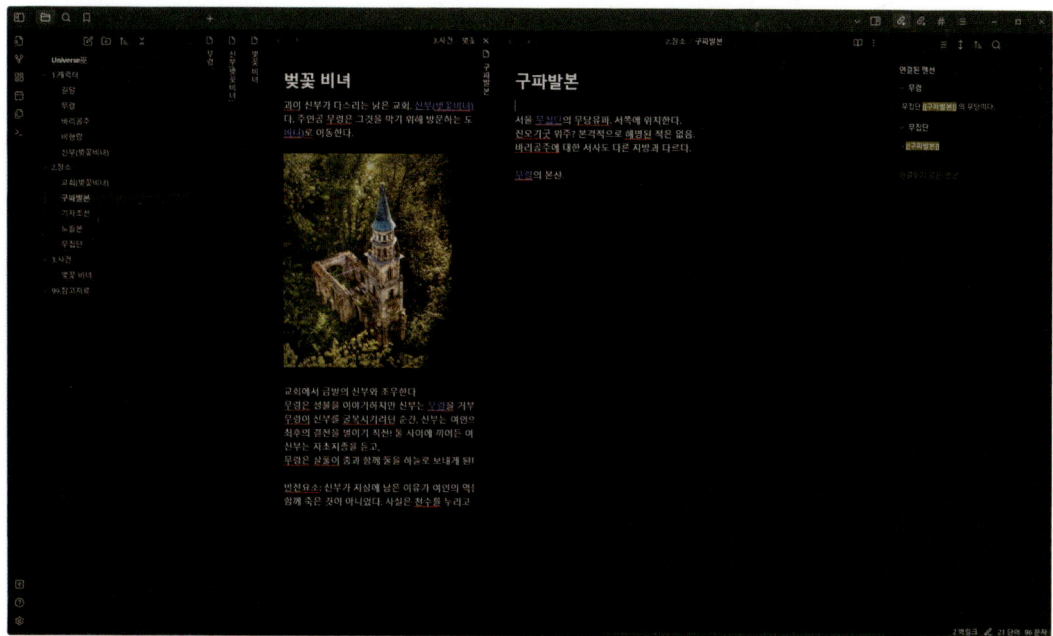

SECTION 4 사이드바에 전체 타임라인 배치하기

옵시디언에서는 노트를 어디로 드래그하느냐에 따라 자유롭게 배치할 수 있습니다. 노트를 사이드바의 상단 아이콘 영역으로 드래그하면, 아이콘 탭 형태로 배치됩니다.

주로 전체 타임라인이나 전체 시놉시스의 흐름 등, 늘 동시에 봐야 하는 노트를 배치하면 편리하게 사용할 수 있습니다.

특히 타임라인 그래프를 이용해 배치하면 한눈에 전체 흐름을 파악할 수 있습니다. 타임라인 그래프를 만드는 방법은 5.4 타임라인 만들기를 참고하세요.

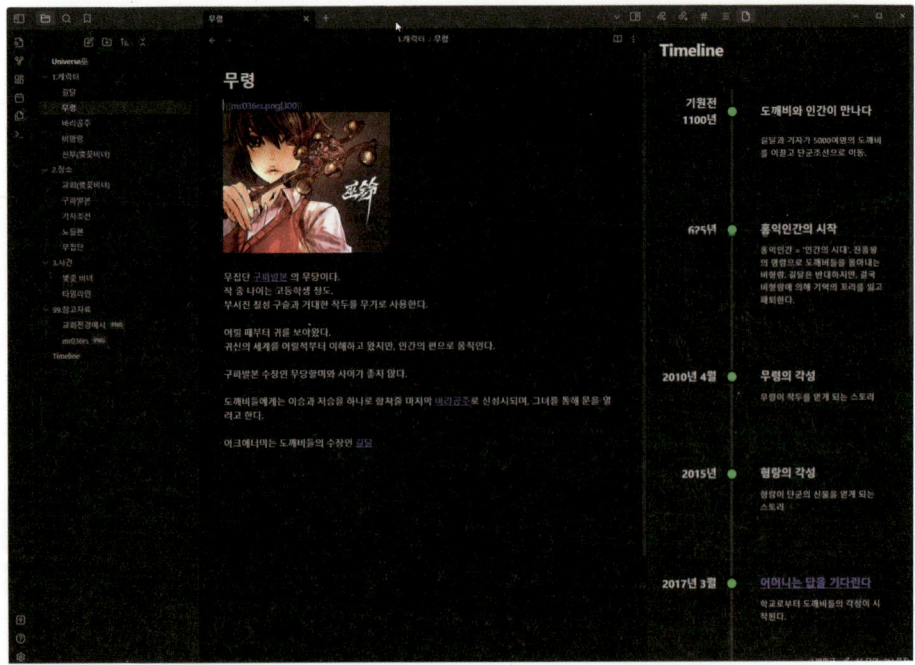

SECTION 5 사이드바 하단에 체크리스트 배치하기

사이드바의 하단으로 노트를 드래그하면, 사이드바에 노트가 나란히 배치됩니다.

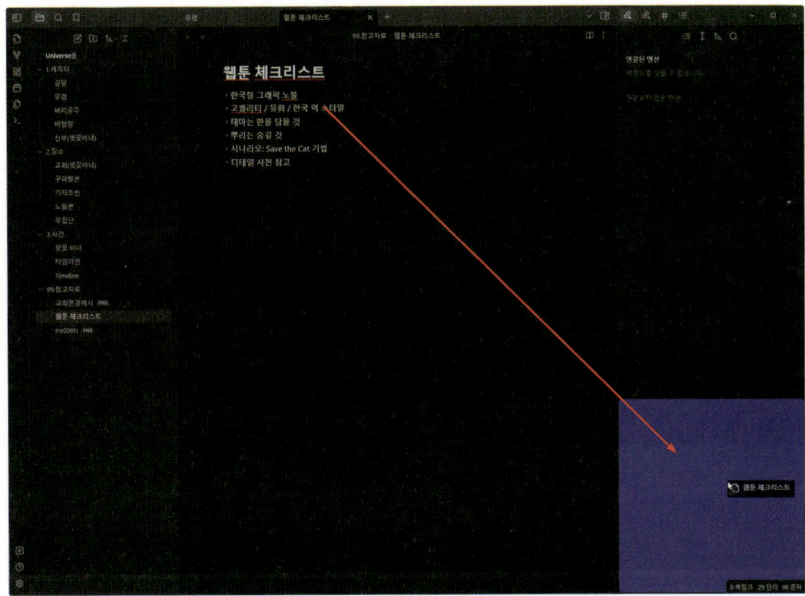

사이드바 하단에는 전체 웹툰, 소설의 방향 등 작업 중 항상 고려해야 하는 것들의 체크리스트나 메모 등을 배치하면 유용하게 사용할 수 있습니다.

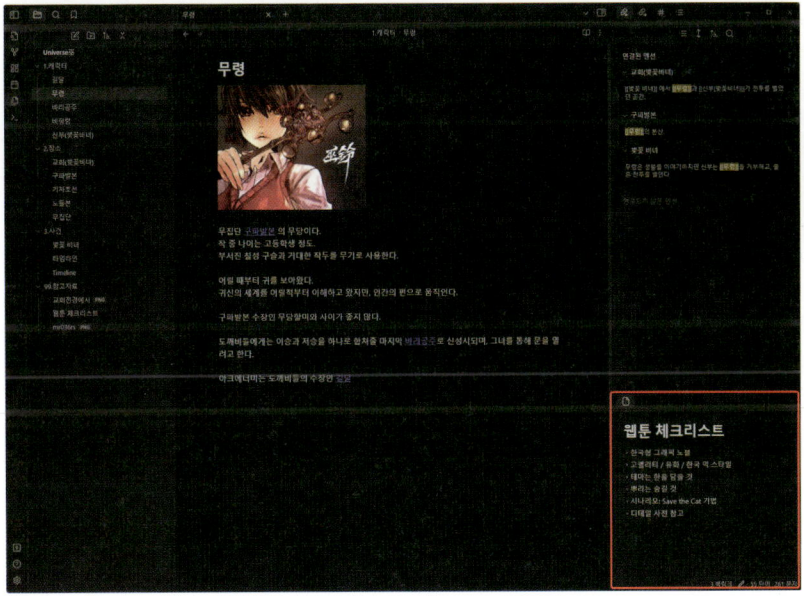

CHAPTER 4.9
원하는 노트 한 방에 찾는 방법

노트가 늘어날수록 원하는 노트를 빠르게 찾기는 어렵습니다. 파일 탐색기로 보는 것도 한계가 있습니다. 이럴 때는 검색 기능을 사용하는 것이 좋습니다.

옵시디언은 다양한 검색 기능을 제공하며, 이를 통해 원하는 정보를 빠르게 찾을 수 있습니다.

SECTION 1 한 번에 노트 빠르게 찾는 법

노트를 찾을 때 가장 자주 사용하게 되는 기능인 열기 창입니다. Ctrl+O 단축키를 사용하면 파일 열기 창이 열립니다. 열기 창 아래 리스트에는 최근 사용한 노트와 이미지 등이 보입니다.

위아래 방향키나 마우스 커서를 이용해 선택하면, 노트가 바로 열립니다.

원하는 노트의 제목 일부를 입력해 찾을 수 있어 편리합니다.

SECTION 2 원하는 단어가 들어간 노트 빠르게 찾기

노트를 찾다 보면, 내용만 기억나고 노트 제목이 정확히 기억나지 않는 경우가 종종 있습니다.

이럴 때는 옵시디언의 내용 검색 기능을 사용합니다. 노트 제목뿐만 아니라, 포함된 단어까지 검색할 수 있어 더욱 자세한 검색이 가능합니다.

왼쪽 사이드바 아이콘 탭의 [Q] 아이콘을 클릭하면, 검색 탭이 열립니다.

검색 탭으로 바뀌면 검색어를 입력할 수 있는 검색창과 함께, 검색 옵션을 보여줍니다.

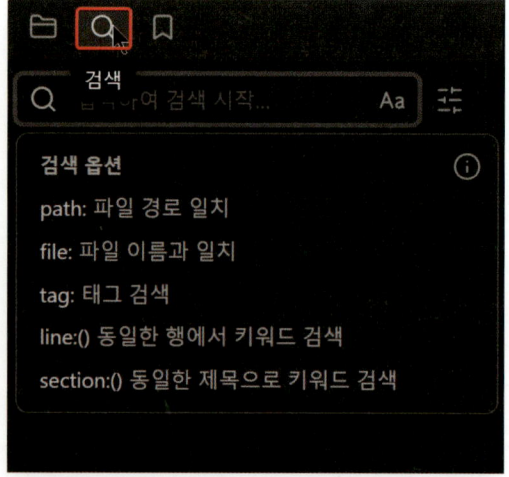

검색어를 입력하면, 검색어가 포함된 모든 노트를 보여줍니다.

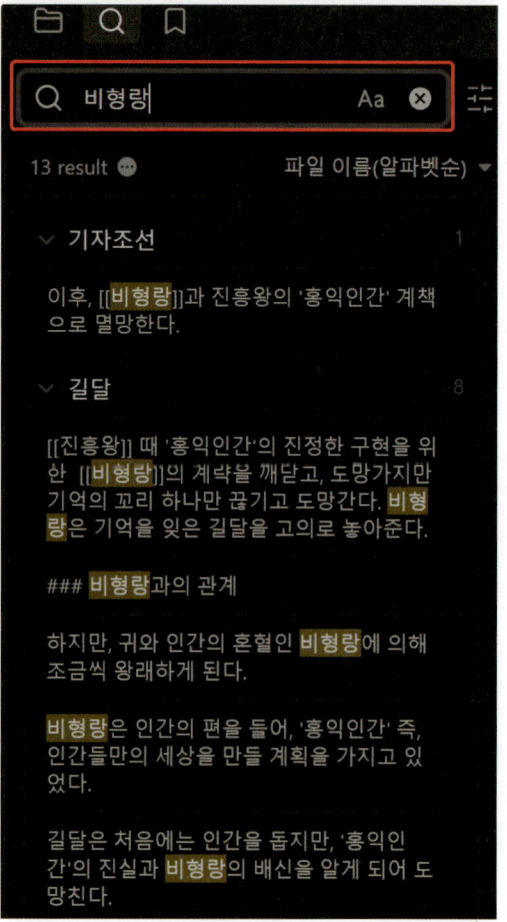

둘 이상의 검색어를 한 칸 띄워서 입력하면 검색어가 모두 포함된 문서만 보여줍니다.

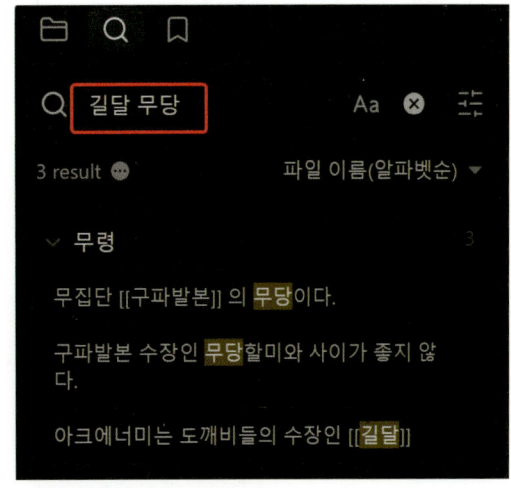

SECTION 3 노트 안의 단어로 검색하기

만약 노트를 작성하다가 해당 단어가 포함된 노트들을 검색하려면 어떻게 해야 할까요?

검색어를 복사해서 검색창에 직접 넣는 방법이 먼저 떠오릅니다. 하지만 옵시디언은 좀 더 편리한 방법을 제공합니다

원하는 단어를 선택한 다음 마우스 우클릭 → XX 찾기 메뉴를 선택하면, 바로 검색창에 해당 단어가 입력되며 검색할 수 있습니다.

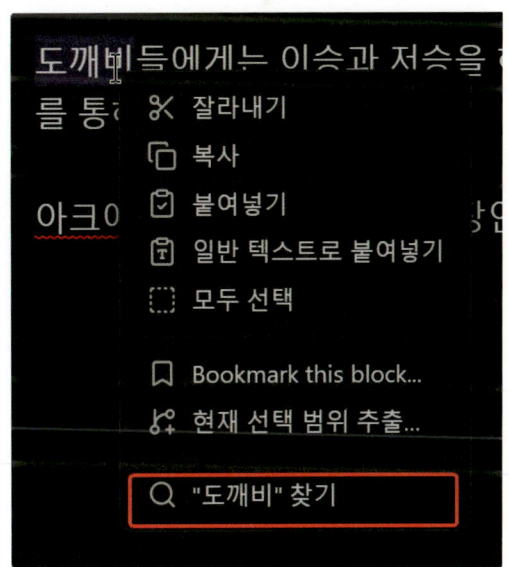

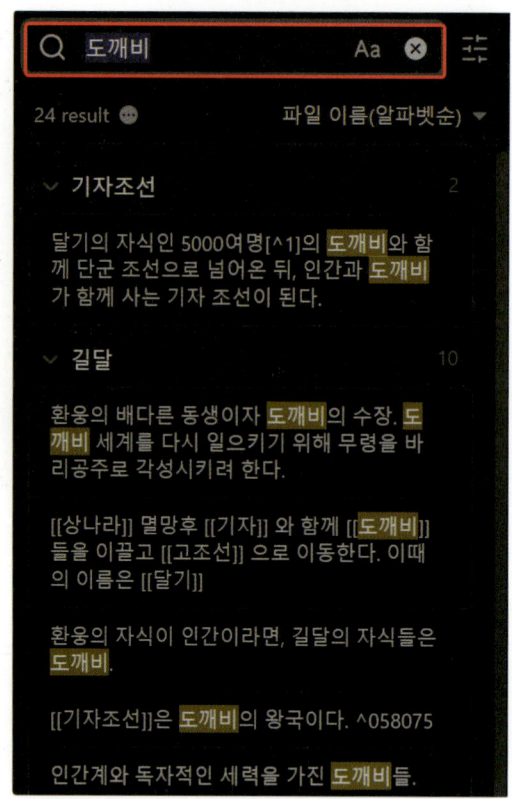

SECTION 4 더 많은 검색 조건 알아보기

옵시디언은 조건에 따라 더 복잡한 검색도 지원합니다. 그중 일부분만 소개합니다. 자주 사용하는 방식은 아니나, 원하는 문서를 찾기 어려울 때 쓰기 좋습니다.

검색 방식	기능
도깨비 OR 길달	'도깨비' 혹은 '길달' 중 하나만 포함해도 검색합니다.
도깨비 -길달	'도깨비'는 있지만 '길달'은 없는 문서만 검색합니다.
file:도깨비	'도깨비'가 제목에 있는 문서만 검색합니다
path:장소	파일주소에 '장소'가 있는 문서만 검색합니다.
line:(도깨비 길달)	'도깨비'와 '길달'이 같은 줄에 있을 문서만 검색합니다.

5분 만에 시놉시스 노트 꽉꽉 채우기

옵시디언의 매력 중 하나는 노트 안에 다른 노트를 삽입해서 보여줄 수 있다는 점입니다. 마치 책 구석구석 메모지를 붙여 읽는 느낌입니다.

더 멋진 점은 삽입한 후에도 삽입된 원본 노트만 수정하면, 수정된 내용이 실시간 반영된다는 점입니다. 다른 사람에게 전체 내용을 정리해서 보여줄 때, 일일이 복사 붙여넣기 하지 않아도 돼서 편리합니다.

이번 시간에는 시놉시스 노트에 캐릭터 노트를 붙여 넣어 봅시다. 벚꽃 비녀 시놉시스 노트를 엽니다. 여러분도 여러분만의 시놉시스 노트를 열어보세요.

| SECTION 1 | **시놉시스에 등장하는 캐릭터 노트 삽입하기**

앞서 '벚꽃 비녀' 시놉시스 노트를 만들었습니다.

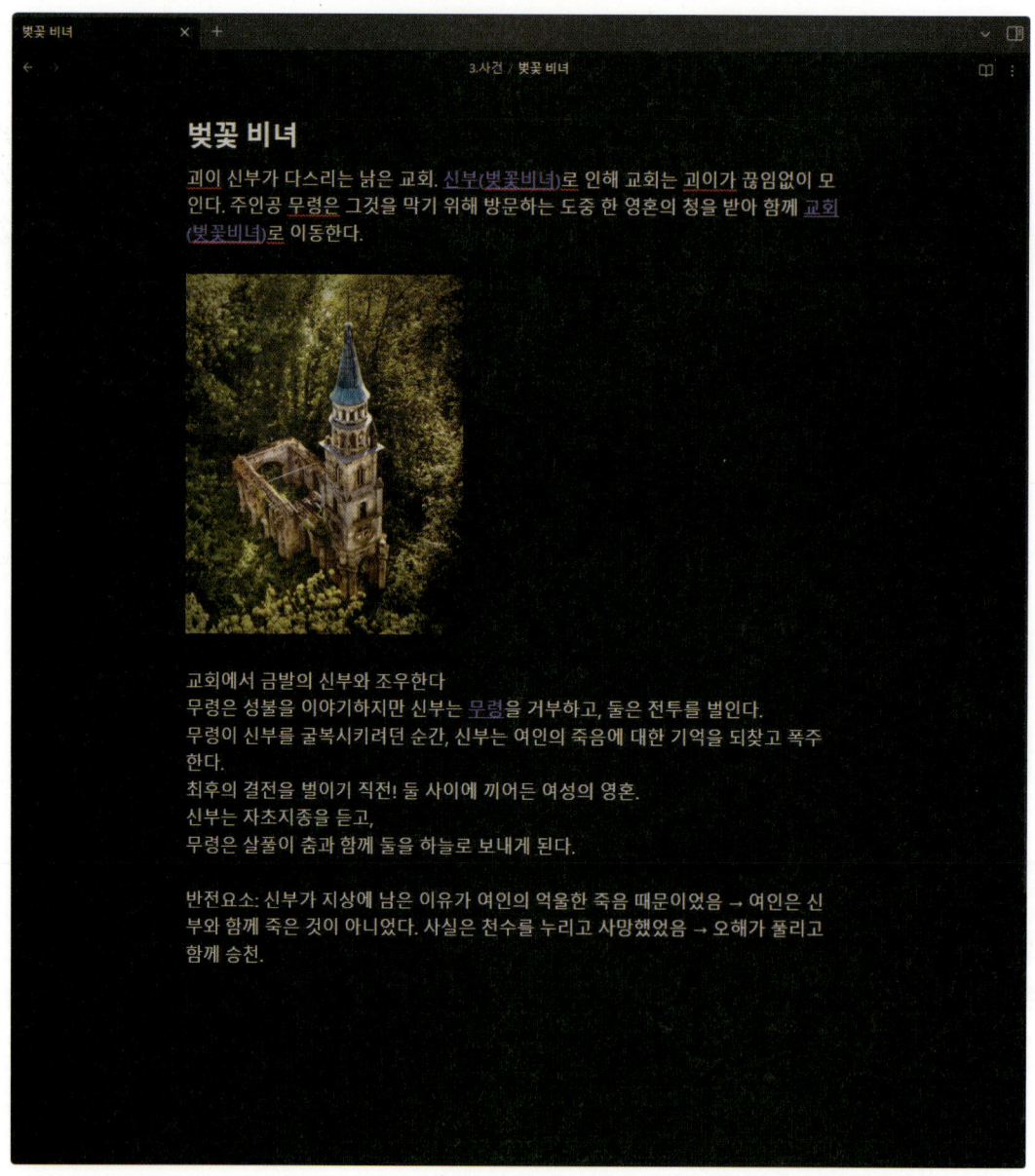

같이 작업하는 동료들이 보기 편하게 해당 시놉시스에 등장하는 등장인물도 함께 보여주면 좋을 것 같습니다.

앞서 4.5 기존 노트 연결하기에서 등장인물 노트도 만들어 둔 것을 기억하실 것입니다. 시놉시스 노트에 등장인물 노트를 묶어봅시다. 캐릭터 설명은 시놉시스 노트 하단에 들어가면 될 것 같습니다.

본문과 분리하기 위해 `## 등장 캐릭터`를 입력해서 제목을 삽입합니다.

```
반전요소: 신부가 지상에 남은 이유가 여인의 억울한 죽음 때문이었음 → 여인은 신부와 함께 죽은 것이 아니었다. 사실은 천수를 누리고 사망했었음 → 오해가 풀리고 함께 승천.

## 등장|캐릭터
```

노트를 삽입하려면 `[[노트 이름]]` 방법을 사용합니다.
(이미지 삽입 방법과 같습니다.)

```
![[노트 이름]]
```

`[[`만 입력해도 관련 리스트가 보이는 것을 알 수 있습니다.

무령이라고 입력해, 노트를 삽입해 봅시다.

```
![[무령]]

무령
1.캐릭터/

#을 입력하면 제목에 연결할 수 있습니다    ^를 입력하면 블록에 연결할 수 있습니다
                    |를 입력하면 보이는 텍스트를 변경할 수 있습니다
```

시놉시스 노트 안에 무령 노트가 삽입되었습니다. 복사해서 붙여 넣지 않아도 됩니다.

반전요소: 신부가 지상에 남은 이유가 여인의 억울한 죽음 때문이었음 → 여인은 신부와 함께 죽은 것이 아니었다. 사실은 천수를 누리고 사망했었음 → 오해가 풀리고 함께 승천.

등장 캐릭터

무령

요약

무집단 구파발본 의 무당이다.
작 중 나이는 고등학생 정도.
부서진 칠성 구슬과 거대한 작두를 무기로 사용한다.

성격

어릴 때부터 귀를 보아왔다.
귀신의 세계를 어릴 적부터 이해하고 왔지만, 인간의 편으로 움직인다.

이어서 신부 노트도 삽입해 봅시다.

복선

도깨비들에게는 이승과 저승을 하나로 합쳐줄 마지막 바리공주로 신성시되며, 그녀를 통해 문을 열려고 한다.

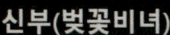

신부(벚꽃비녀)
1.캐릭터/

신부소개용.png
99.참고자료/

#을 입력하면 제목에 연결할 수 있습니다   ^를 입력하면 블록에 연결할 수 있습니다
|를 입력하면 보이는 텍스트를 변경할 수 있습니다

신부(벚꽃비녀)

오랫동안 낡은 교회를 지키고 있던 교회의 신부.
침략자들에 의해 사망 후, 교회를 지키고 있다.
사랑하는 이를 지키지 못했던 기억을 되찾고 폭주한다.

| SECTION 2 | 시놉시스에 등장하는 장소 노트 삽입하기

벚꽃 비녀에는 낡은 교회가 주무대입니다.
이어서 장소 노트도 추가해 봅시다.

`## 장소`를 추가해서 챕터를 나눈 뒤,
교회 노트도 삽입합니다.

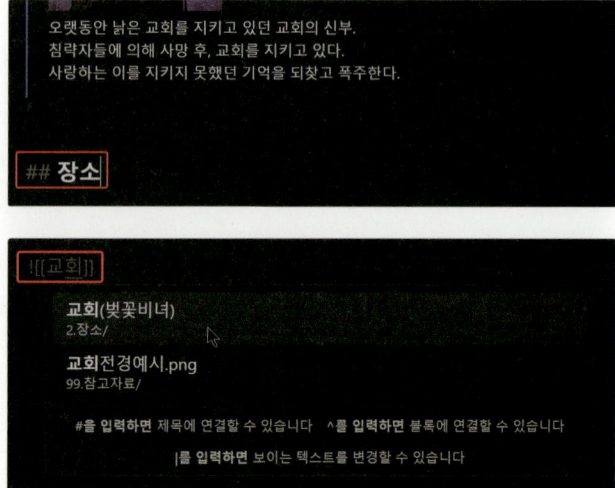

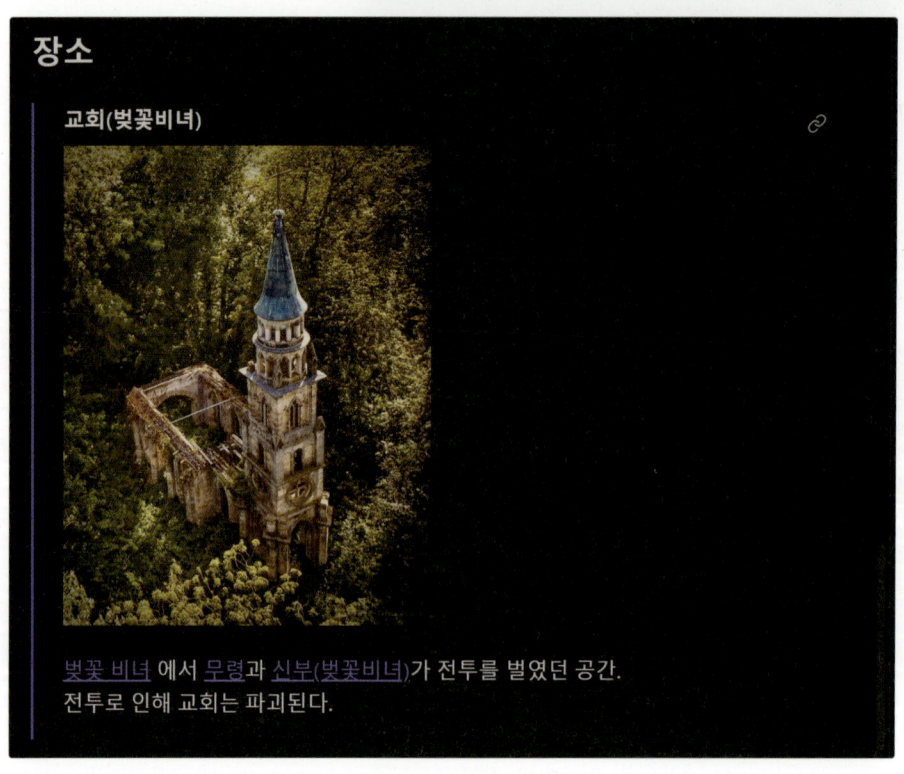

SECTION 3 삽입된 노트 열기

삽입된 노트는 보기만 가능하며, 수정은 해당 페이지를 열어서 할 수 있습니다.

페이지는 삽입된 항목 오른쪽 상단에 있는 🔗 아이콘을 클릭하면 됩니다.

무령 항목 우측 아이콘을 클릭해 **무령** 노트를 열어봅시다.

새 창으로 열려면 [Ctrl+클릭]을 하시면 됩니다.

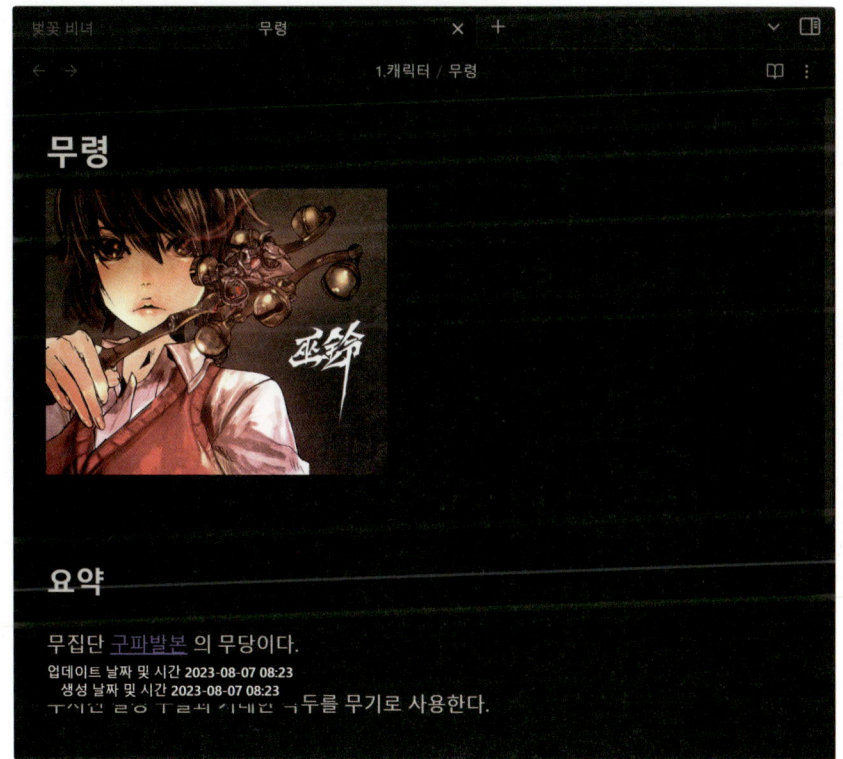

SECTION 4 캐릭터 수정하고, 자동 반영하기

하나의 문서가 다른 문서 안에 포함되어 실시간 반영되는 방식을 트랜스클루전(Transclusion)이라고 부릅니다. 옵시디언은 트랜스클루전을 지원해 일반적인 복사와 다르게, 삽입한 뒤에도 원본 노트를 수정하면 삽입된 부분도 함께 바뀌게 됩니다. 수정할 때마다 일일이 같은 내용을 바꾸지 않아도 되어서 무척 편리합니다.

'무령' 노트를 수정해 봅시다.

저는 요약 항목 중 칠성 구슬을 육성 구슬로 수정해 보았습니다.

다시 벚꽃 비녀 노트를 살펴봅시다.

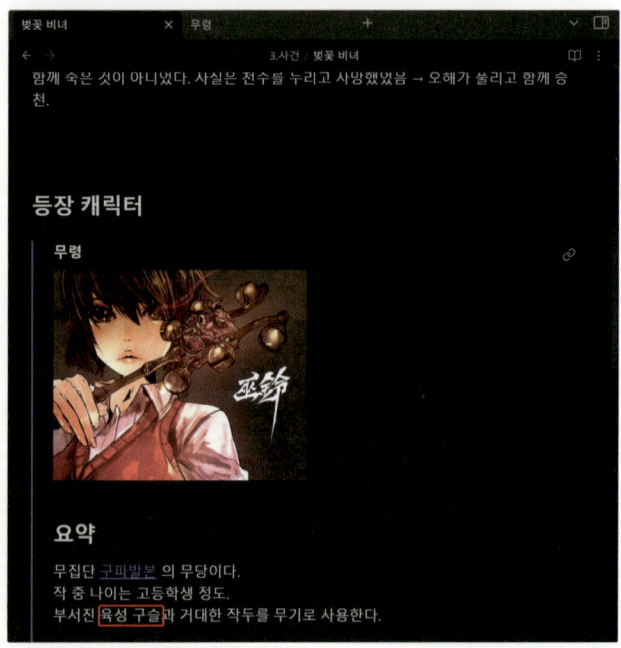

벚꽃 비녀 노트를 수정하지 않아도, 삽입한 내용이 실시간으로 반영되는 것을 확인할 수 있습니다.

SECTION 5 커지는 세계, 부분 노트 삽입하는 방법

세계관을 점점 확장해 갈수록 각각의 노트들은 매우 길어지기 마련입니다. 삽입한 항목도 같이 길어지게 되며 점점 보기 어려워집니다. 이럴 때 노트에서 필요한 부분만 잘라내서 삽입할 수 있으면 더 관리가 편할 것 같습니다. 옵시디언은 앞서처럼 노트 전체뿐만 아니라, 노트의 일부분만 삽입하는 방법도 제공합니다.

■ 특정 소제목 단락만 삽입하는 방법

노트가 길어지면 여러 개의 소제목 단락으로 나누어 보게 됩니다. 옵시디언은 노트 전체뿐만 아니라 소제목 단락만 골라 삽입할 수 있습니다. 소제목 삽입은 제목 끝에 `#소제목`을 붙여서 사용할 수 있습니다.

```
![[노트 이름#소제목]]
```

`#`을 소제목으로 사용하는 마크다운 문법에 어울리는 방법입니다. 앞서 사용한 무령 노트는 내용이 꽤 긴 편입니다. 시놉시스 설명에 포함할 정도라면 '요약' 항목만 있어도 크게 문제는 없을 것 같습니다.

삽입한 무령 노트 항목에 `#`을 입력하면 내부 제목이 리스트로 보입니다.

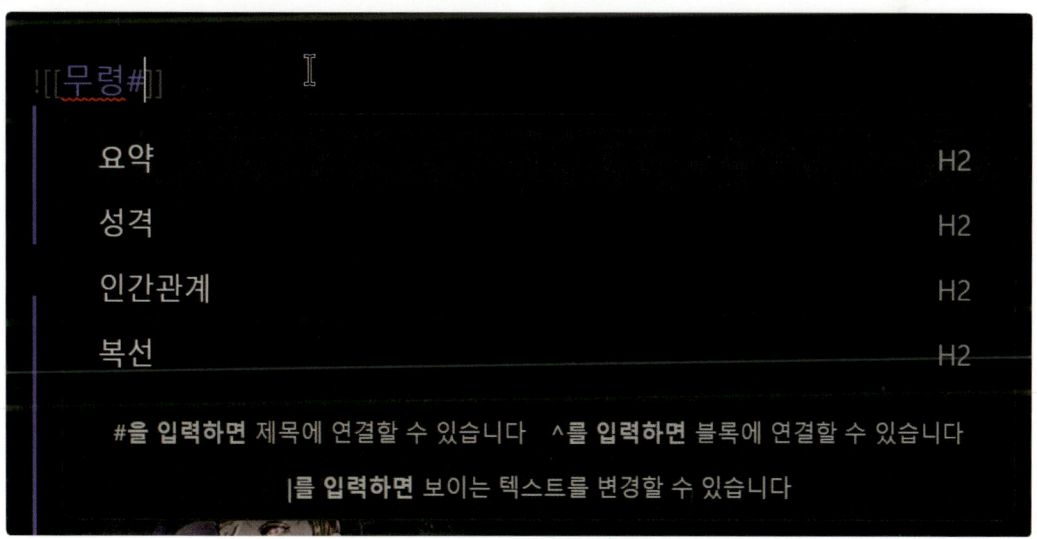

이 중 '요약'을 선택하면, 요약 항목만 보이게 됩니다. 무령에 대한 요약 설명으로 바뀌면서 적당한 길이가 되었습니다.

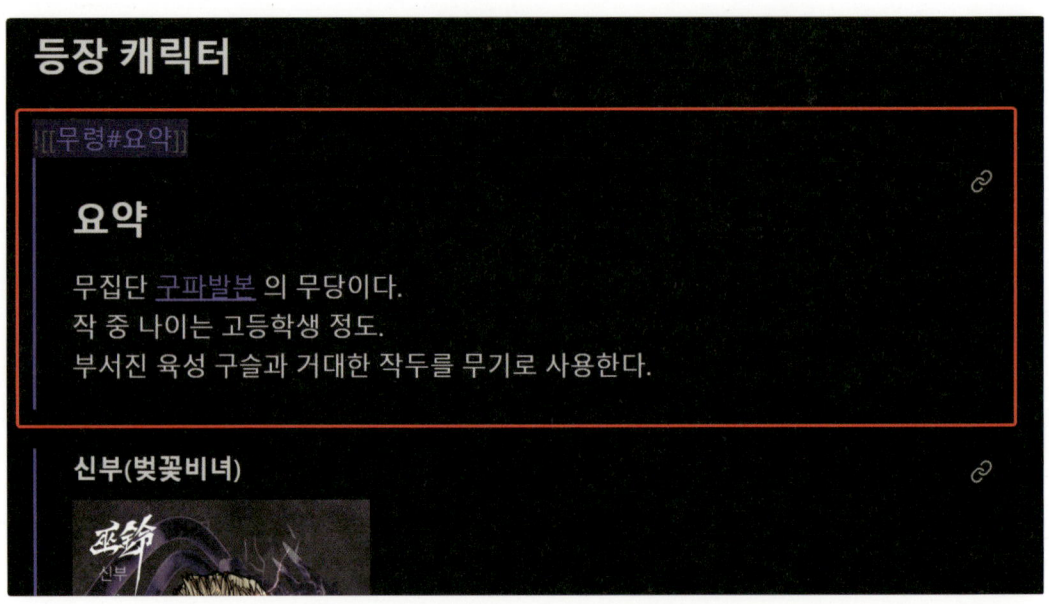

하지만 이미지가 없어 심심한 것 같습니다. 무령 노트로 돌아가 이미지 위치를 변경하고 소제목을 '무령(요약)'으로 바꾸었습니다.

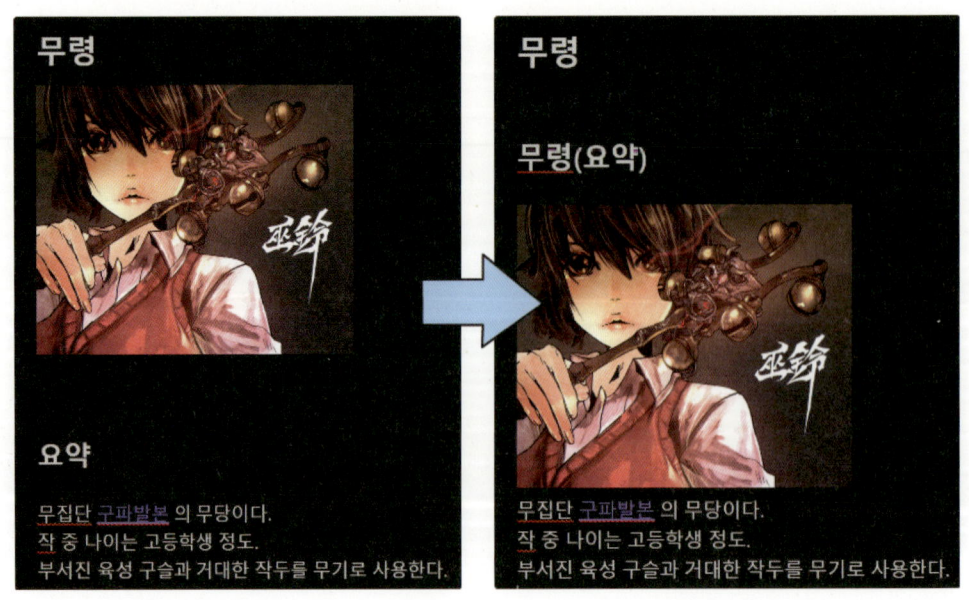

벚꽃 비녀 노트로 돌아가 보니, 어이없게도 요약 내용이 오류 메시지로 바뀌어 있습니다.

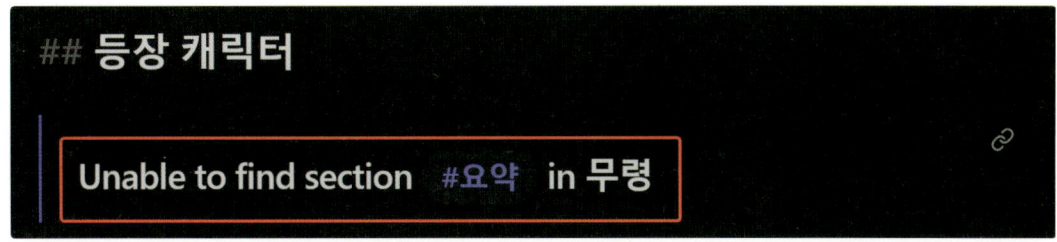

소제목을 수정하면서 연결이 끊어졌기 때문입니다. 부분 삽입은 일반적인 노트 삽입과 달리 소제목을 수정하면 반영되지 않습니다.

삽입 소제목을 변경한 소제목인 무령(요약) 으로 바꾸면 내용이 제대로 보입니다.

■ 노트의 특정 단락만 삽입하는 방법

옵시디언은 소제목뿐만 아니라, 단락이나 라인 하나만 따로 삽입할 수 있는 방법을 제공합니다. 단락 삽입은 노트 제목 끝에 ^를 붙이는 방식으로 사용합니다.

! [[노트 제목^단락 번호]]

어떻게 사용하는지 살펴볼까요? 아래는 참고 자료 중 조선시대 교회에 대한 노트입니다. 벚꽃 비녀에 등장하는 교회 구조에 도움이 될 것 같아 보관한 내용입니다.

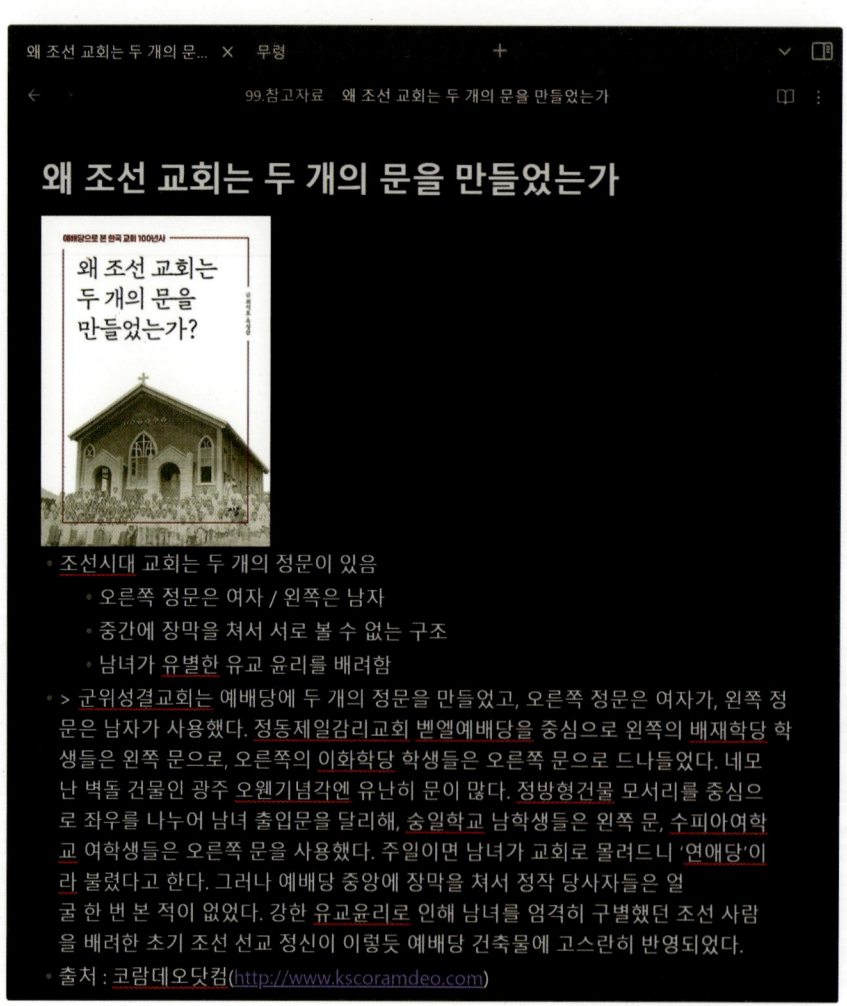

시놉시스에 위의 내용이 포함되면 좋을 것 같습니다만, 모든 내용을 다 담기에는 너무 길어진다는 문제가 있습니다. 그렇다고 해서 소제목을 달기도 애매한 분량입니다. 이럴 때 단락 삽입이 유용합니다.

삽입한 교회 노트 항목 아래에 참고 노트를 삽입한 뒤 ^를 입력하면, 내용 단락이 리스트업됩니다.

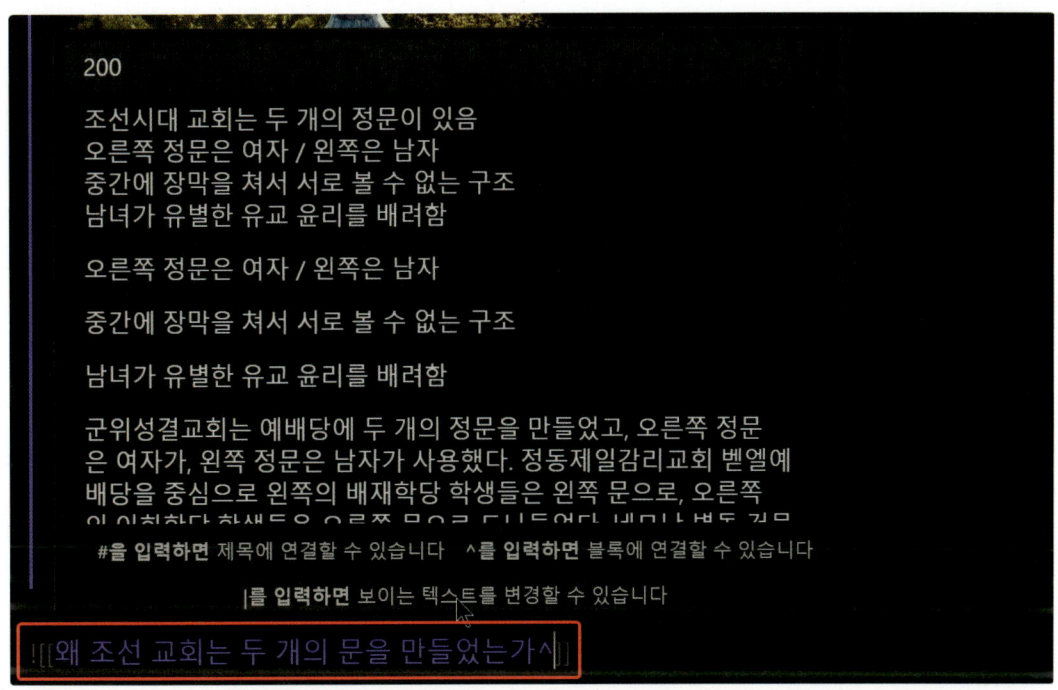

요약 내용을 선택하면 단락이 삽입됩니다.

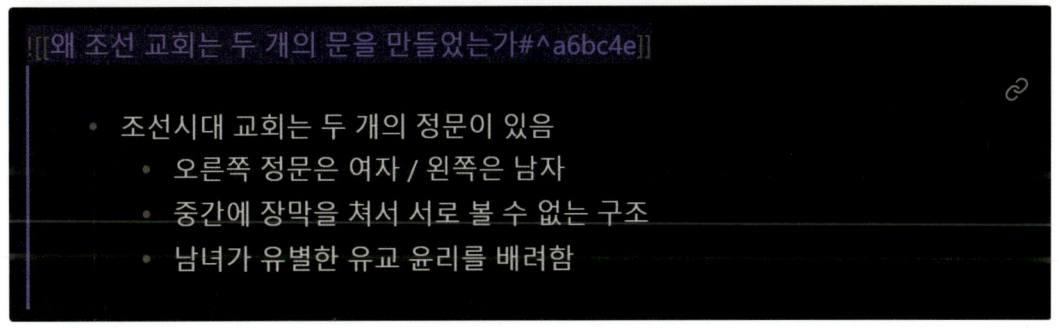

삽입된 링크를 보면 ^ 뒤에 생소한 문자열이 붙었습니다.

4장. 세계관의 시작 **191**

원래 참고 자료 노트를 보면 우리가 작성하지 않았음에도 해당 문자열이 삽입된 것을 볼 수 있습니다.

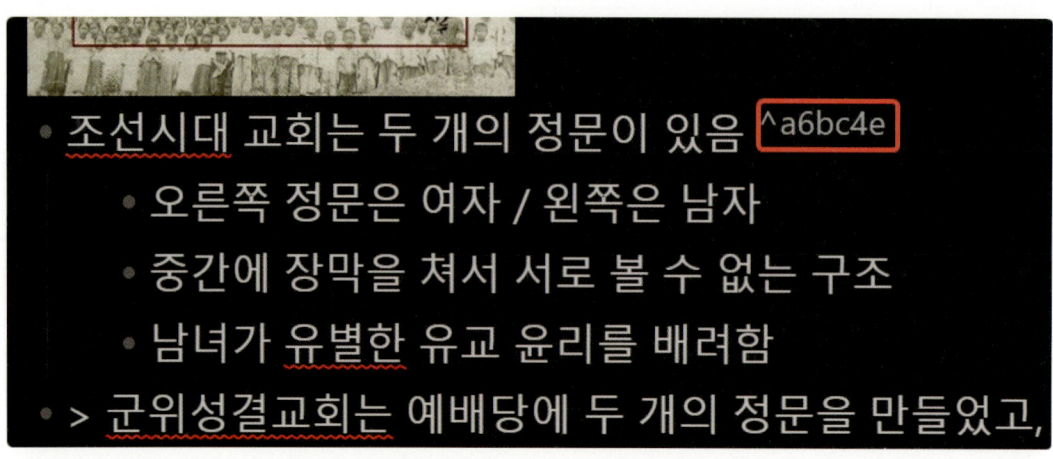

기존 단락을 선택해서 삽입할 경우, 이처럼 생성된 문자열을 통해 어떤 단락인지 구별하게 됩니다. 단락 삽입은 랜덤 문자열을 쓸 수도 있지만, 우리가 ^문자열 형태로 입력한 뒤, 가져오는 방법도 가능합니다. 이럴 경우 의미 있는 문자를 쓸 수 있어 관리가 편합니다.

참고 노트에 삽입된 ^랜덤 문자열 을 제거하고, 그 자리에 ^shape 라고 입력합니다.

시놉시스 문서로 돌아가면 역시 오류 메시지가 맞이합니다.

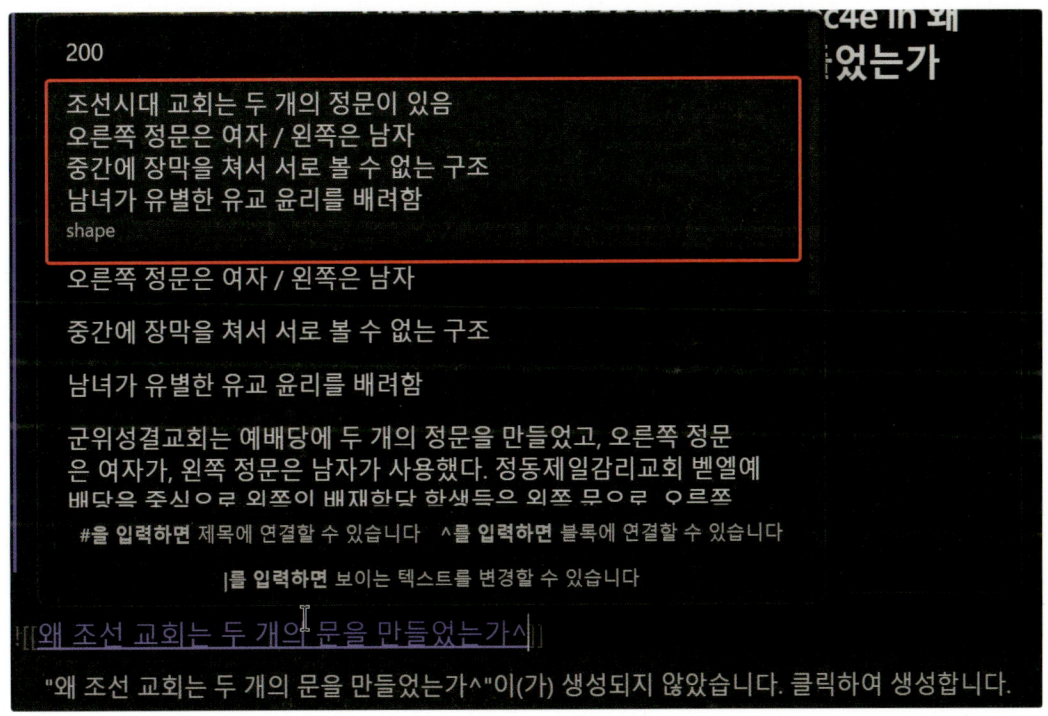

단락 번호를 지우고 다시 ^를 입력하면, 단락 리스트에서 shape가 보이는 것을 알 수 있습니다. 이처럼 우리가 직접 단락 문자열을 입력하면, 리스트에 해당 단락 제목이 별도로 표시됩니다.

> ![[왜 조선 교회는 두 개의 문을 만들었는가#^shape]]
> - 조선시대 교회는 두 개의 정문이 있음
>   - 오른쪽 정문은 여자 / 왼쪽은 남자
>   - 중간에 장막을 쳐서 서로 볼 수 없는 구조
>   - 남녀가 유별한 유교 윤리를 배려함

단락 삽입은 노트의 필요한 부분만 쏙 뽑아 가져올 수 있어 효율적입니다. 독서 노트에서 일부 인용문만 가져오는 데도 유용하니 다양하게 활용해 보세요.

세계관을 그림으로 그려보다

PART 5

5.1 Excalidraw 소개

5.2 ExcaliDraw로 사건 지도 만들기

5.3 Canvas를 이용한 캐릭터 관계도 만들기

5.4 타임라인 만들기

5.5 마인드맵을 이용한 신규캐릭터 검토하기

5.6 프로퍼티를 이용한 캐릭터 정보 입력하기

5.7 dataview로 캐릭터 표 만들기

5.8 템플릿으로 반복 작업 줄이기

CHAPTER 5.1
Excalidraw 소개

SECTION 1 **세계관 속 지도의 필요성**

우리가 만드는 세계관 속에는 사건이 벌어지는 수많은 장소들이 존재합니다. 이 장소들은 글로 된 문서만으로는 사실상 파악하기가 쉽지 않습니다. 눈으로 볼 수 있는 지도나 표 등 시각적 자료가 필요한 이유입니다. 글로 만들어진 내용을 실제 지도 위에 펼쳐 살펴봄으로써 거리가 얼마나 되는지, 실제 주인공이 이동할 시간은 가능한지를 파악할 수 있습니다. 또한 전체 지형을 그리면서 기후의 차이나 전략 등을 파악할 수도 있습니다.

이를 통해 더 현실적이고 복잡한 세계관을 만들 수 있을 것입니다. 옵시디언에서 시각적 작업을 하기 위해 사용할 수 있는 멋진 플러그인 중 하나가 바로 ExcaliDraw입니다.

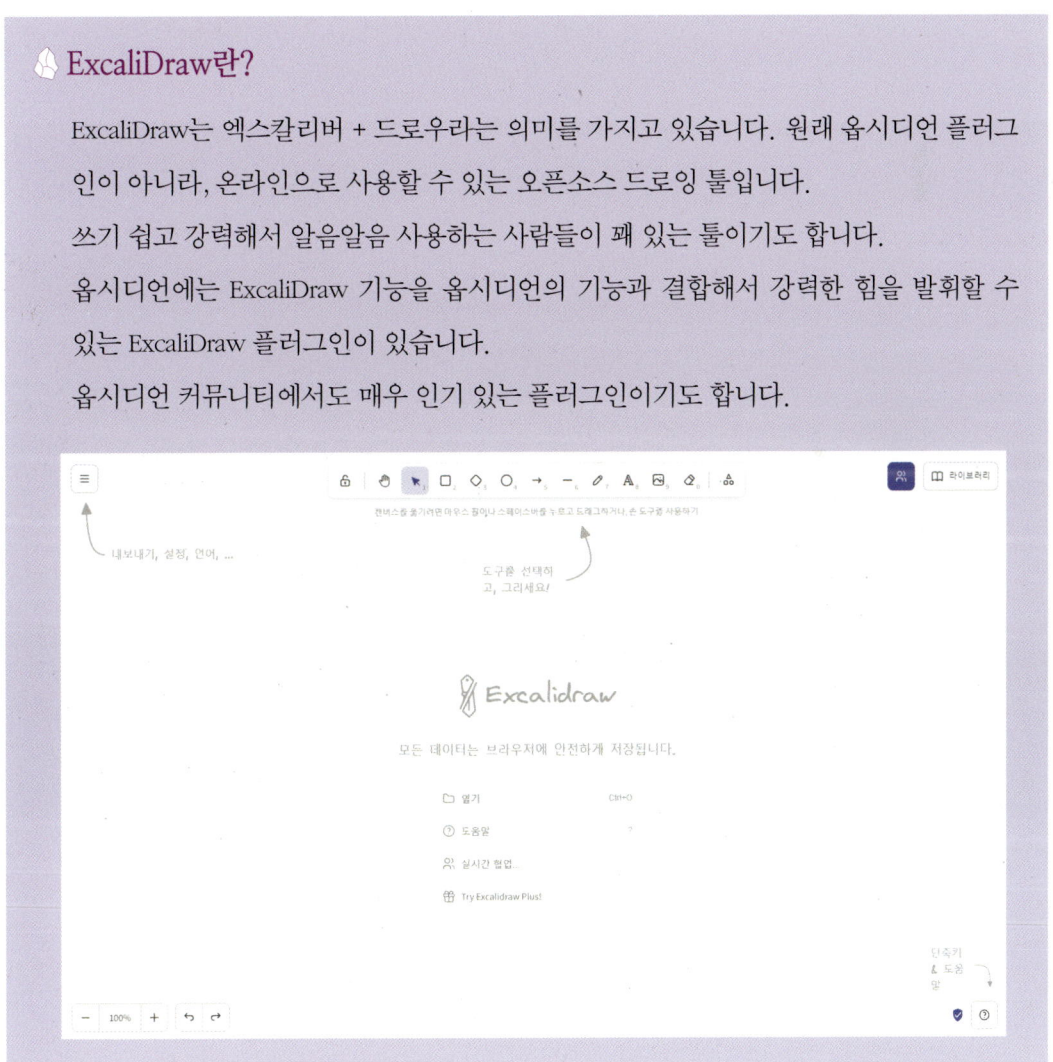

ExcaliDraw란?

ExcaliDraw는 엑스칼리버 + 드로우라는 의미를 가지고 있습니다. 원래 옵시디언 플러그인이 아니라, 온라인으로 사용할 수 있는 오픈소스 드로잉 툴입니다.

쓰기 쉽고 강력해서 알음알음 사용하는 사람들이 꽤 있는 툴이기도 합니다.

옵시디언에는 ExcaliDraw 기능을 옵시디언의 기능과 결합해서 강력한 힘을 발휘할 수 있는 ExcaliDraw 플러그인이 있습니다.

옵시디언 커뮤니티에서도 매우 인기 있는 플러그인이기도 합니다.

SECTION 2 ExcaliDraw 플러그인 설치하기

매우 인기 있는 플러그인이라 플러그인 리스트 상단에 배치되어 있습니다.

1. Obsidian을 열고, 설정(Settings)에 들어갑니다.
2. '커뮤니티 플러그인' 섹션을 클릭합니다.
3. '탐색'을 클릭하고, '검색'에 'ExcaliDraw'를 입력합니다.
4. 나타나는 결과에서 'ExcaliDraw'를 찾아 '설치' 버튼을 클릭합니다.
5. 설치가 완료되면, '활성화' 토글을 클릭하여 활성화합니다.

3.3 플러그인 설치하는 방법을 참고해 설치하세요.

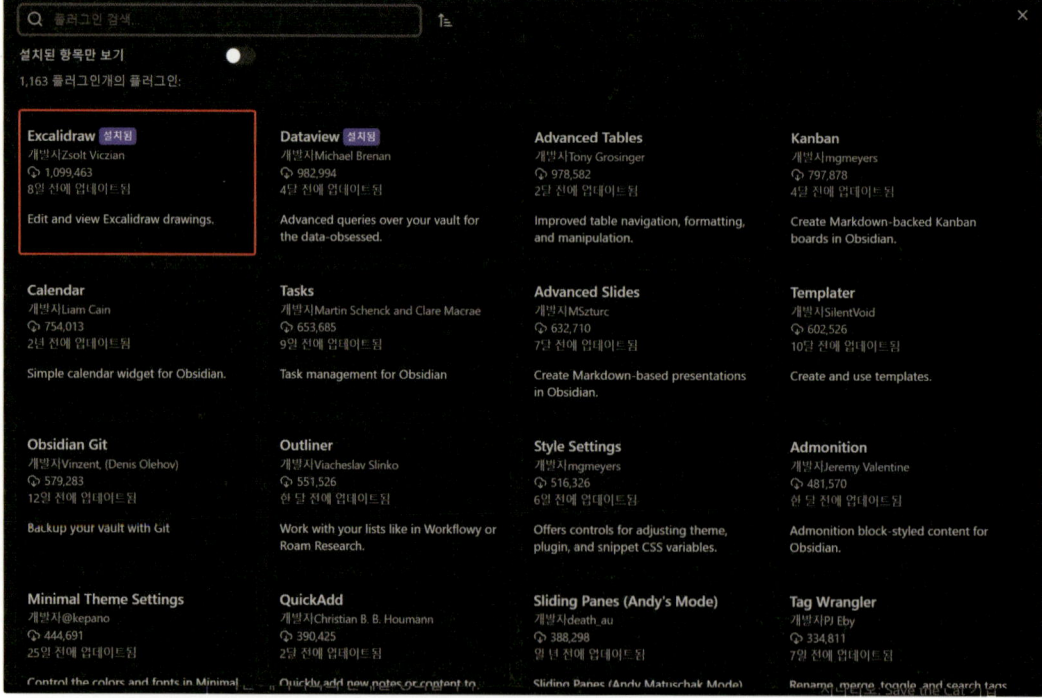

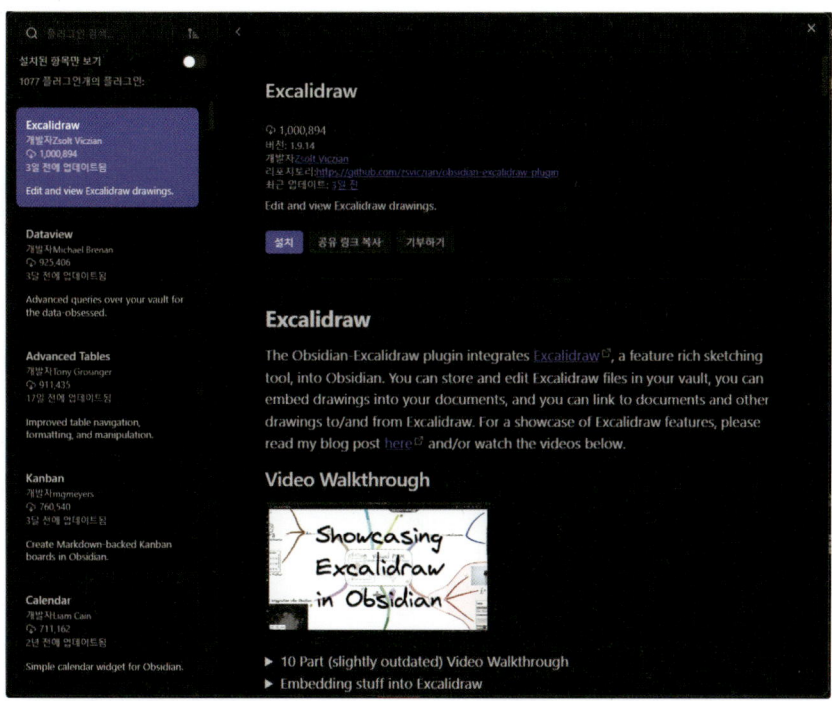

플러그인을 설치하면 좌측 사이드바에 새로운 아이콘 ◈이 등장합니다. 아이콘을 클릭하면 그림을 그릴 수 있는 새로운 ExcaliDraw 창이 열립니다. 옵시디언 아이콘에 엑스칼리버가 꽂혀 있는 모습이 재미있네요.

◈ 파일 탐색기에서 ExcaliDraw 파일 바로 만들기

아이콘 클릭뿐만 아니라 파일 탐색기에서 마우스 우클릭 → Create new drawing을 선택하면 새 ExcaliDraw를 만들 수 있습니다. 특정 폴더에 ExcaliDraw 파일을 만들려면 이 방법을 사용하세요.

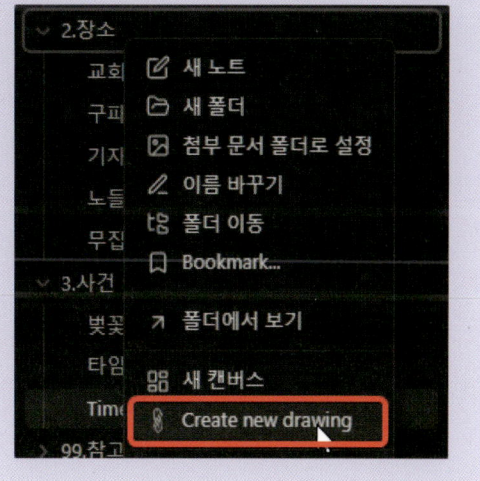

5장. 세계관을 그림으로 그려보다   **201**

SECTION 3 ExcaliDraw 창 살펴보기

사용하기 전에 간단히 살펴봅시다. 일반적인 드로잉 툴과 비슷한 UI라 크게 어렵지는 않습니다.

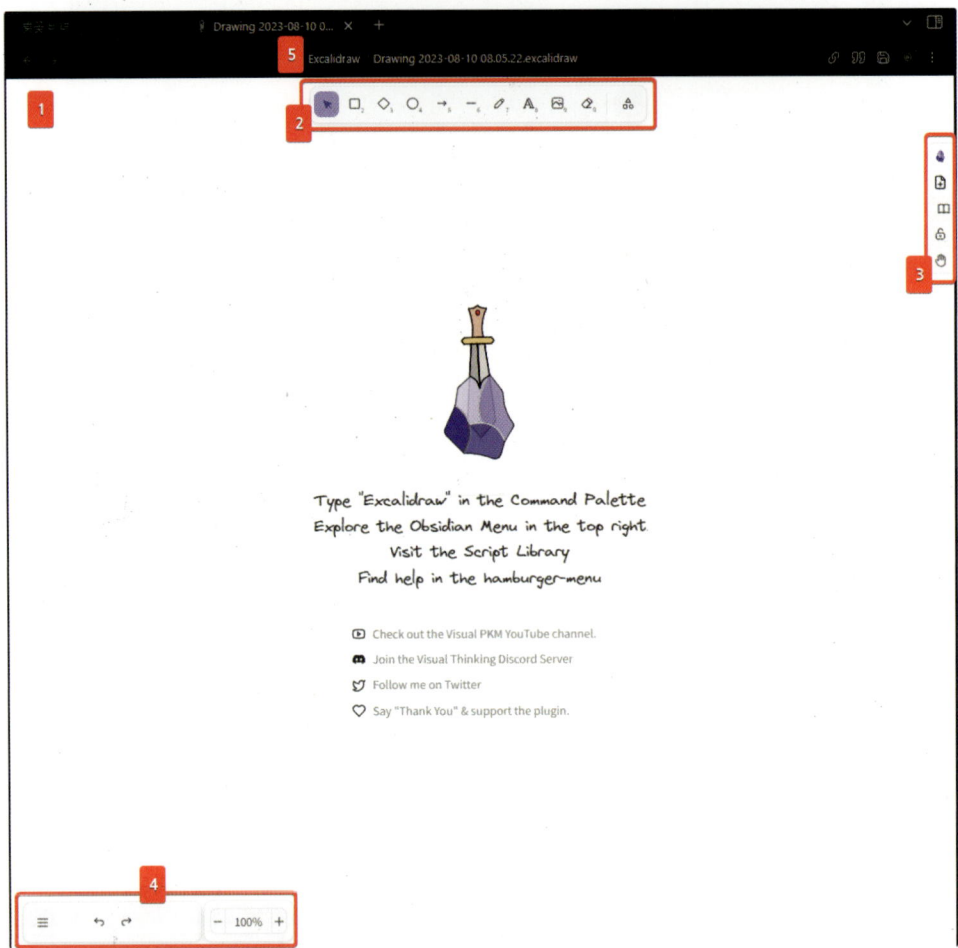

영역	기능
1. 캔버스 영역	그림을 그릴 수 있는 영역입니다.
2. 드로잉 툴바	그림을 그리고, 선택할 수 있는 ExcaliDraw 툴 모음입니다.
3. 옵시디언 툴바	옵시디언과 관련된 기능들을 사용할 수 있습니다.
4. 기능 툴바	툴의 세부 기능을 조정합니다. 툴에 따라 달라집니다.
5. 제목창	현재 노트의 제목을 변경할 수 있습니다.

SECTION 4 가볍게 사용해 봅시다.

사각형 툴을 선택한 다음 캔버스 영역에 드래그해 사각형을 그려봅시다.

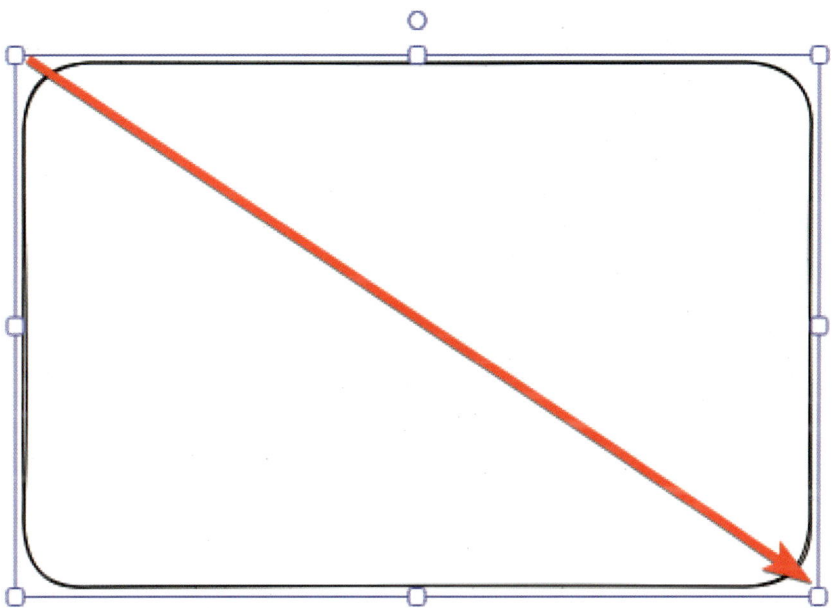

5장. 세계관을 그림으로 그려보다 **203**

사각형의 모양은 하단 기능 툴바의 팔레트 🎨 툴을 선택해 변경할 수 있습니다. 선 형태, 색상, 투명도 등 다양한 속성을 변경할 수 있습니다.

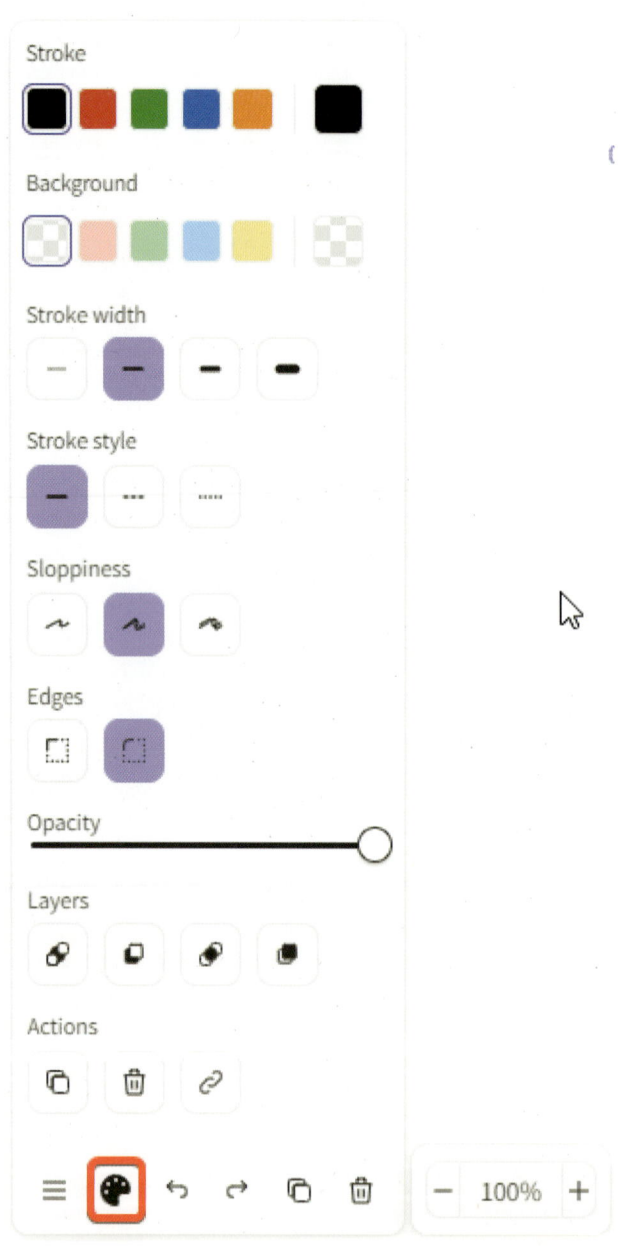

선 색상, 두께 등 변경해 본 모습입니다.

원 툴을 이용해 사각형 오른쪽에 원을 하나 더 그려봅시다.

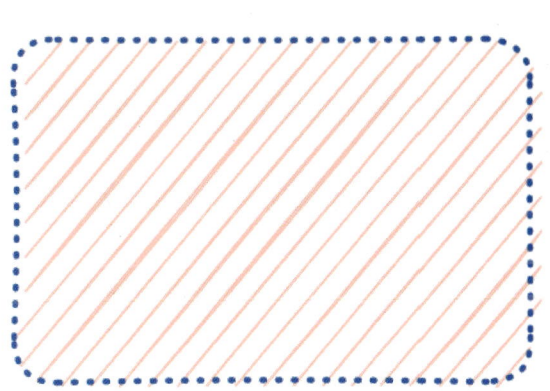
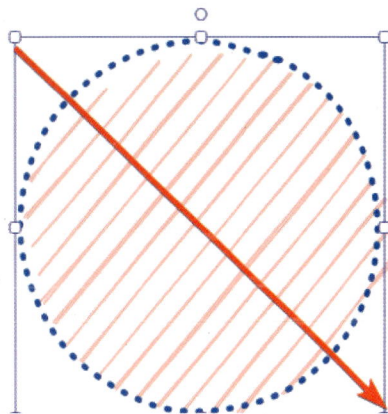

화살표 툴을 골라 원과 선을 연결해 봅시다. 화살표 툴을 선택한 채로 도형 주위로 커서를 움직이면 각 도형 외부에 회색 테두리가 생깁니다.

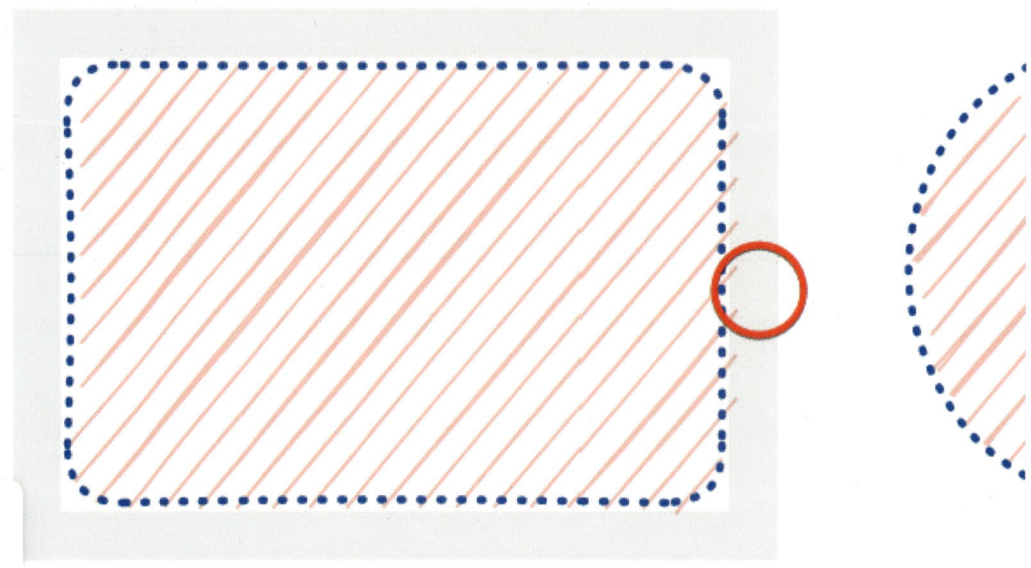

회색 테두리에서 화살표를 시작하고 끝내면 해당 도형을 연결할 수 있습니다. 이렇게 연결된 도형들은 서로 연결되며 위치가 바뀌어도 연결이 끊어지지 않습니다.

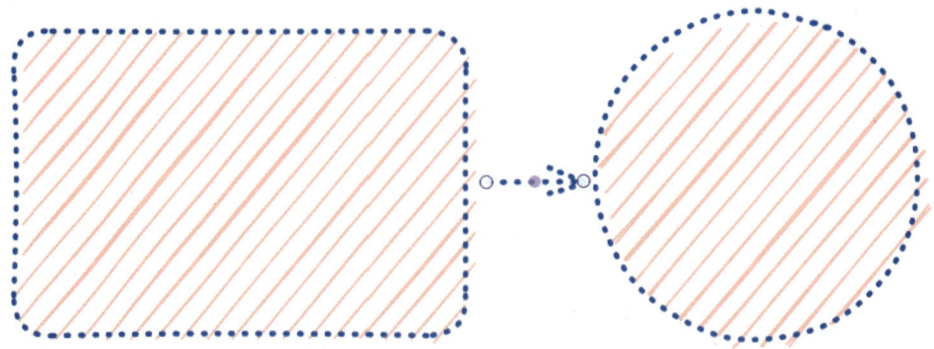

펜 툴을 이용해 그림도 그릴 수 있습니다. 펜 태블릿이 있다면 더욱 잘 사용할 수 있습니다.

외부 이미지를 붙여 넣거나 드래그 & 드롭으로 입력하는 것도 가능합니다. 아래는 복사한 이미지를 붙여넣기 한 것입니다.?

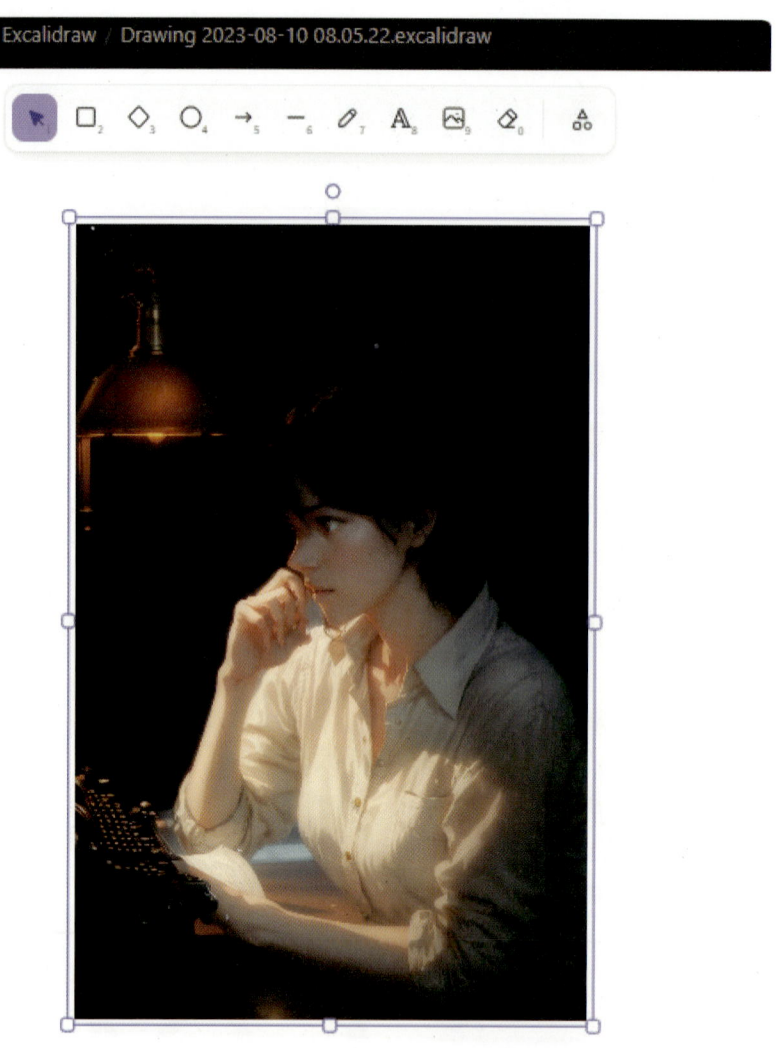

붙여넣기 했을 경우에는 저장소 안에 새로운 이미지가 생성됩니다. 역시 랜덤 이름이 생성되므로, 적당히 바꿔주세요.

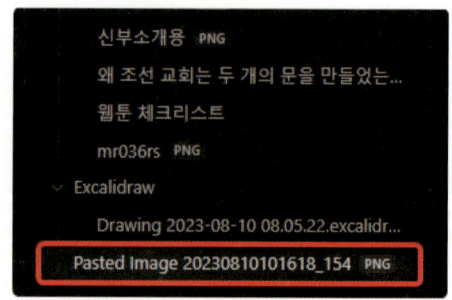

ExcaliDraw의 기본 기능을 간단히 알아보았습니다.

이어서 5.2 ExcaliDraw로 사건 지도 만들기를 통해 실제 적용하는 방법을 알아봅시다.

CHAPTER 5.2
ExcaliDraw로 사건 지도 만들기

앞서 5.1 Excalidraw 소개를 통해 ExcaliDraw가 가진 기능에 대해 알아보았습니다. 이번 시간에는 ExcaliDraw를 활용해 세계관 안에서 사건이 벌어지는 장소와 인물의 위치, 이동 경로를 설정하는 장소 지도를 만들어 볼 예정입니다.

SECTION 1 장소 지도용 ExcaliDraw 파일 만들기

아이콘을 클릭해 새 ExcaliDraw 파일을 만들고, 이름을 '벚꽃비녀 사건지도'로 변경하였습니다.

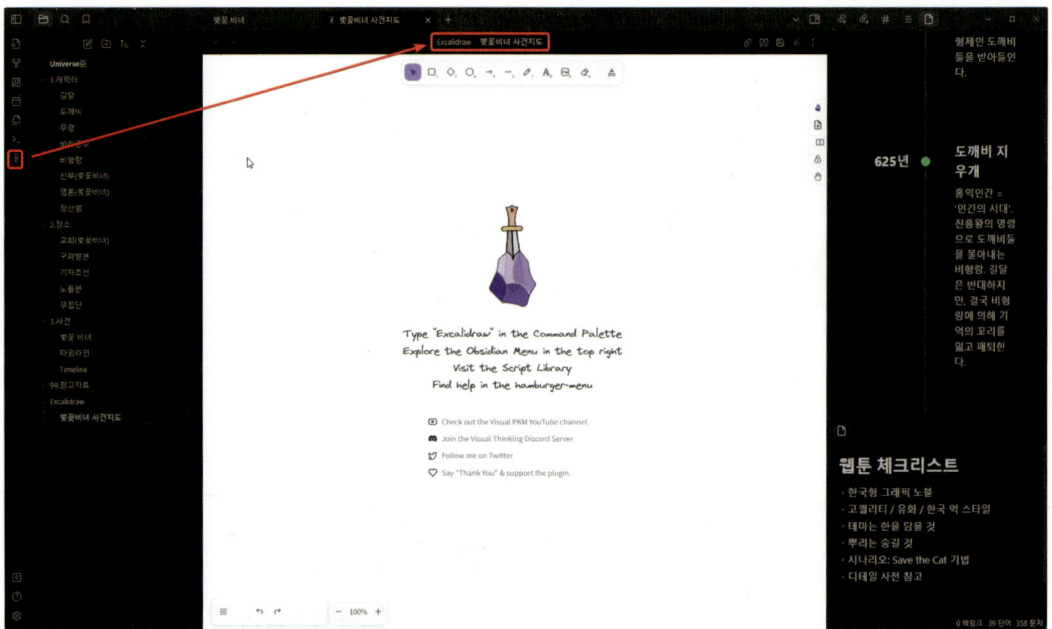

SECTION 2 사건 분석하기

사건 지도는 상상으로 그릴 수도 있지만, 실제 지형의 참고 자료가 있으면 더 현실적인 세계를 표현할 수 있을 것입니다.

지형 탐색을 위해 먼저 사건을 분석해 봅시다. 저는 아래와 같이 정리했습니다.

> 벚꽃 비녀 사건이 일어나는 장소는 사람의 발길이 닿지 않는 산속의 허물어진 교회입니다.
> 과거에는 사람이 살던 곳이기도 하고, 주인공 무령이 여성의 영혼을 만났다가 이동해야 하기 때문에, 인가와 크게 멀지는 않아야 하는 곳입니다.

SECTION 3 참고 지도 이미지 배치하기

위 조건을 토대로 사건이 일어날 만한 산속 지역을 네X버 지도에서 찾았습니다. 위성 사진을 캡처한 뒤, ExcaliDraw 창에 붙여 넣었습니다.

이대로 쓰기엔 삭막하고 불필요한 정보가 너무 많습니다.

이 장소를 토대로 하되, 알아보기 쉽게 새로 그리는 게 더 나을 것 같습니다.

위에 덧그리기 편하도록 이미지 투명도를 낮춥니다.

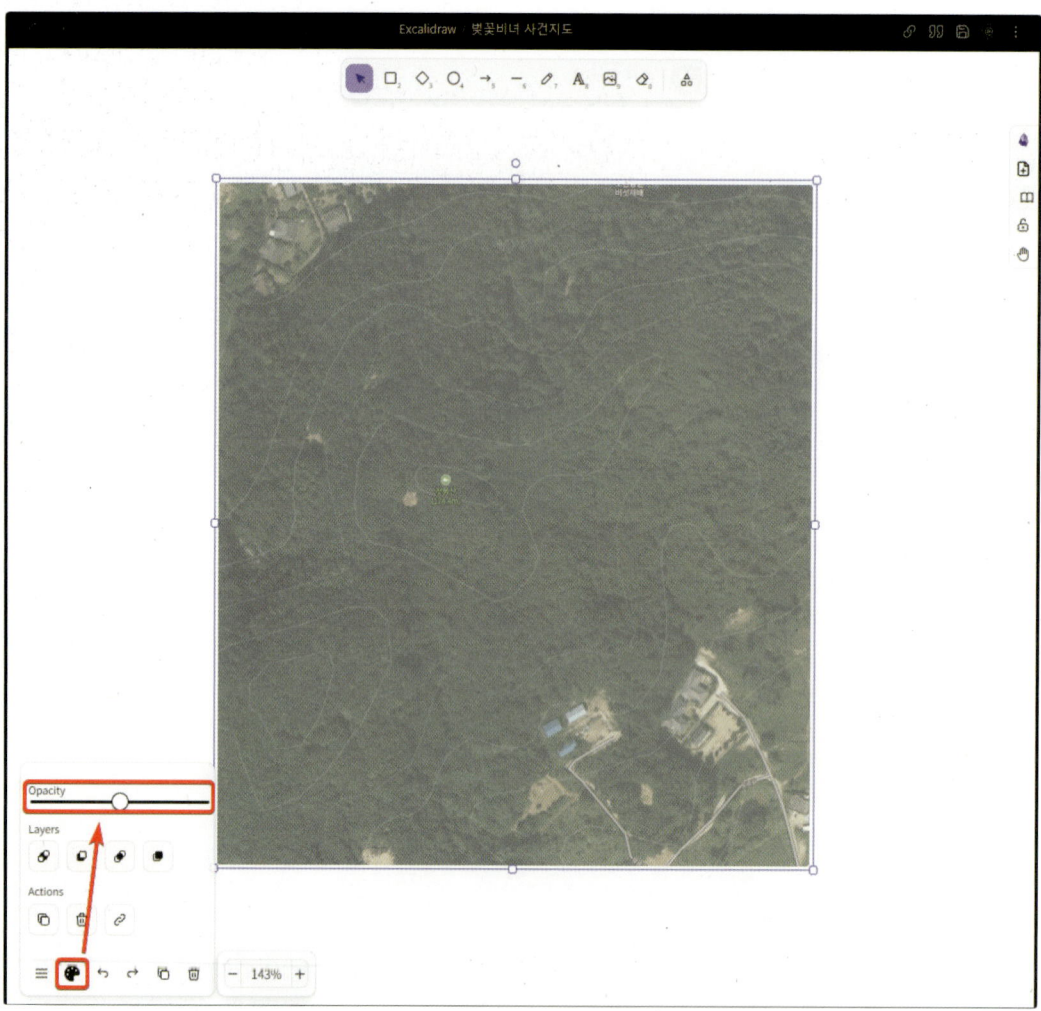

방해되지 않게 지도 이미지를 고정합시다. 이미지 위에서 마우스 우클릭 → Lock 메뉴를 이용해 이미지를 잠급니다.

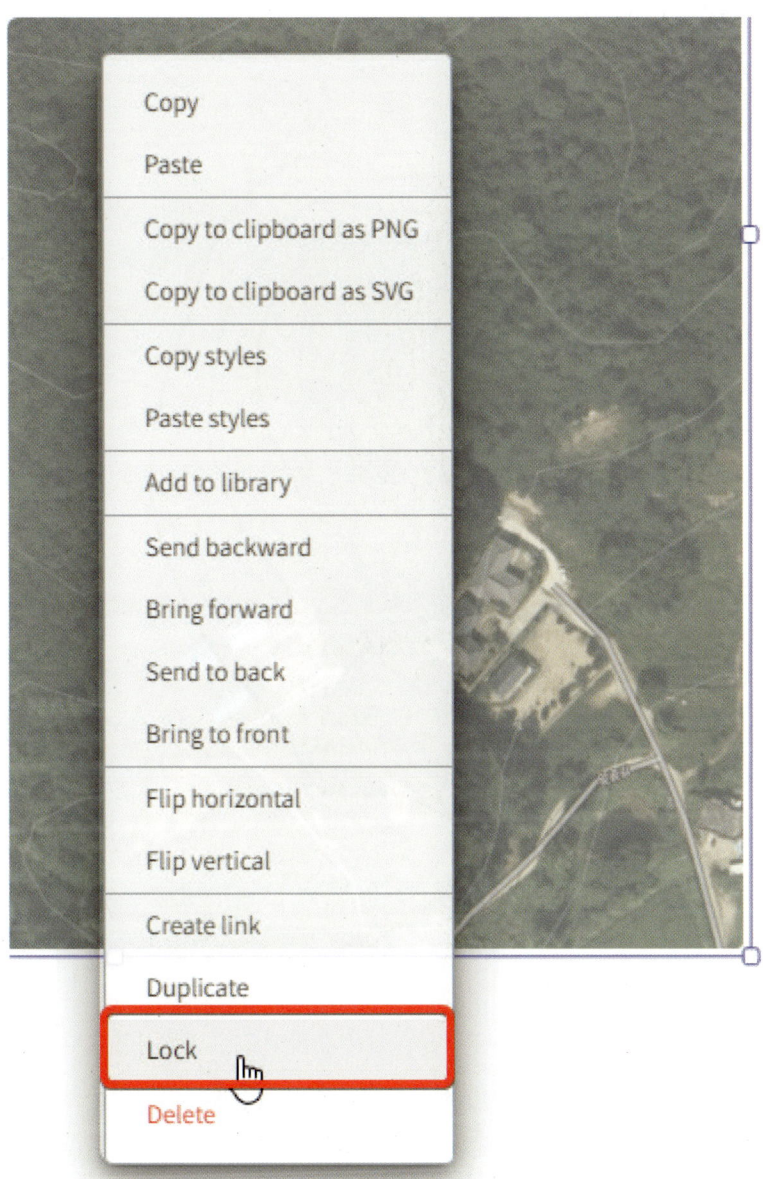

SECTION 4 참고 이미지 따라 지도 그려 넣기

펜 툴을 이용하여 참고 이미지를 따라 지도의 등고선을 그려 넣습니다. 똑같이 할 필요는 없고, 사건에 필요한 부분으로 수정해 나갑니다.

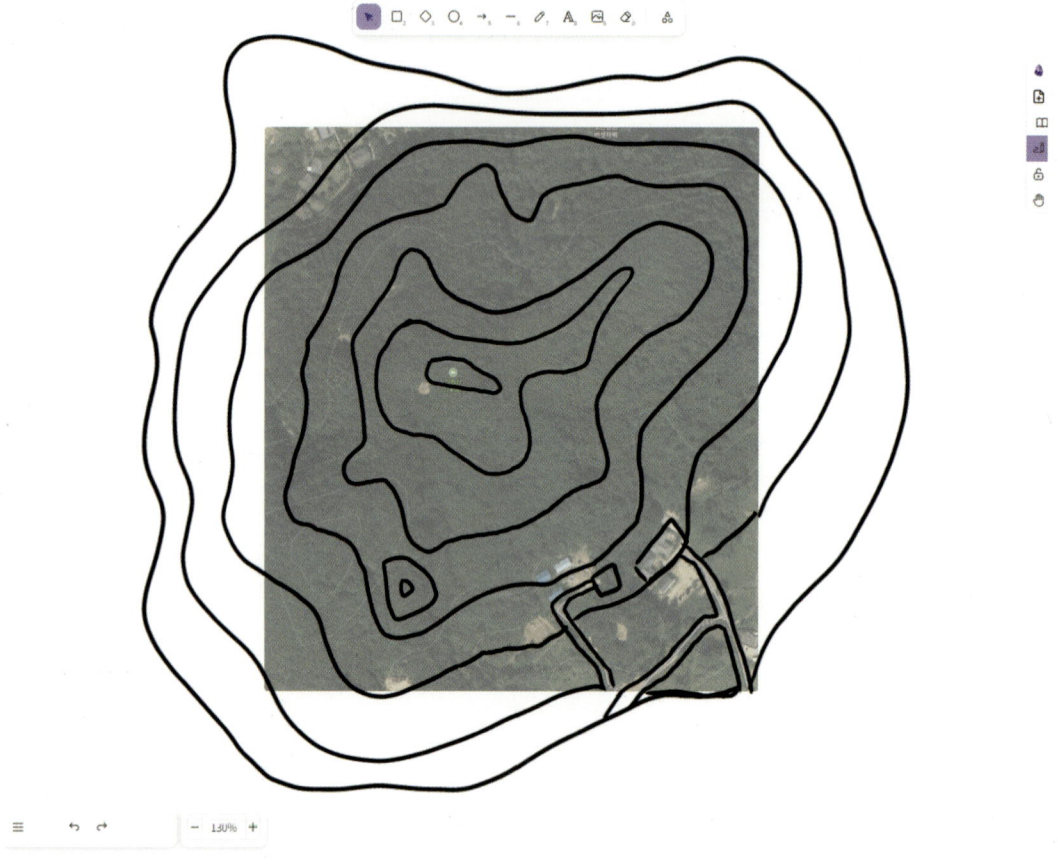

선택 툴로 선을 선택한 다음 색상을 변경해 줍니다. 산은 녹색, 길은 주황색으로 변경하였습니다.

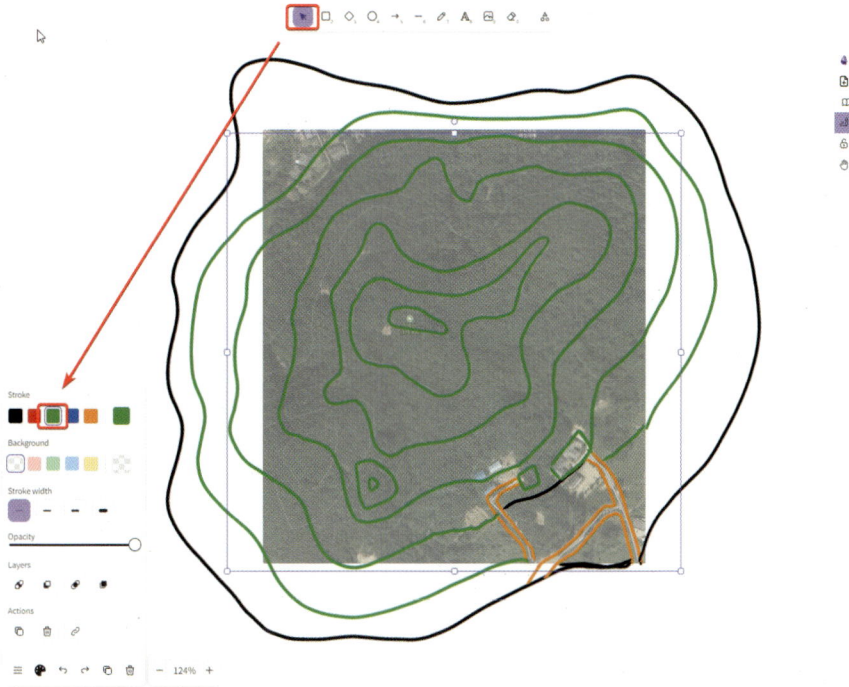

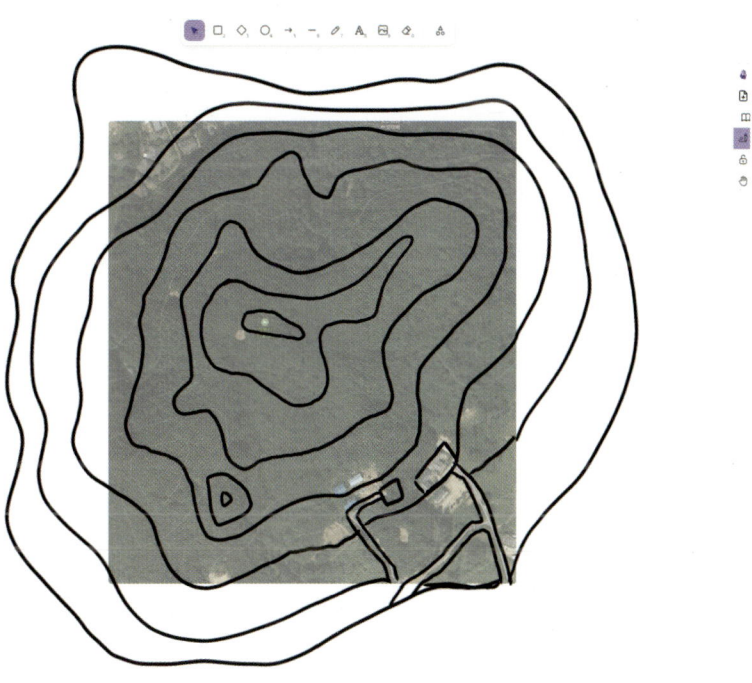

5장. 세계관을 그림으로 그려보다 **215**

적당히 모양이 잡힌 것 같습니다. 아래의 참고 지도는 필요 없을 것 같군요.

아래 지도 위에서 마우스 우클릭 → unlock을 선택해 잠금을 풀고, 지도 이미지를 제거합니다.

이제 직접 그린 지도 선만 남았습니다. 선만 덩그러니 있으니 심심하네요. 펜 툴을 선택한 다음, 칠하기 색상을 적용해 색을 입혀줍니다. 펜 툴 도형의 색은 시작점과 끝점이 연결되어야 색이 칠해지니 주의해 주세요.

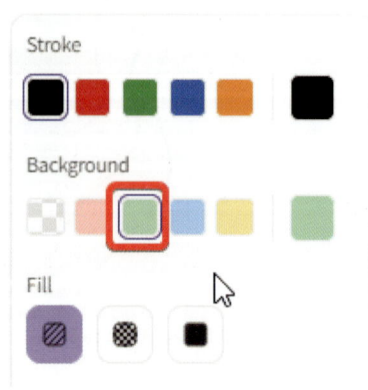

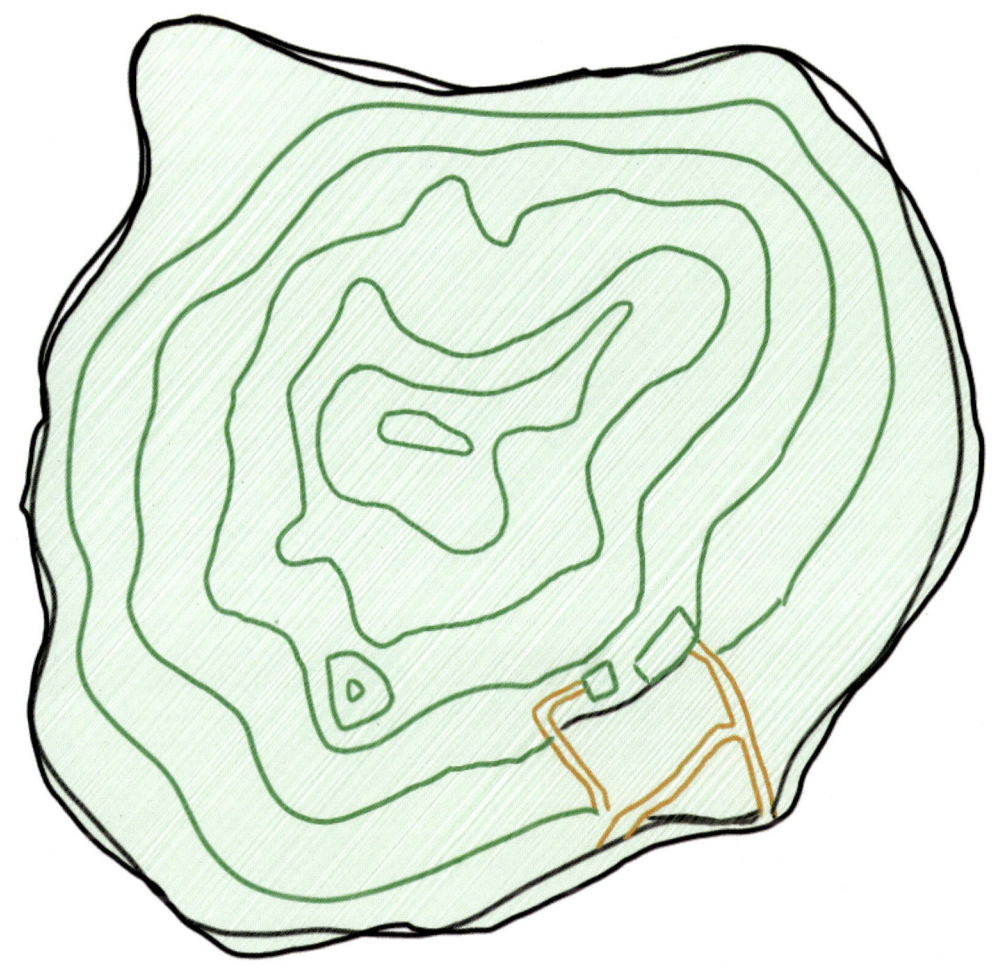

색이 칠해졌지만 외곽선이 이중으로 들어갔습니다. 선택 툴로 방금 그린 선을 선택한 다음 선을 투명하게 변경해 줍니다.

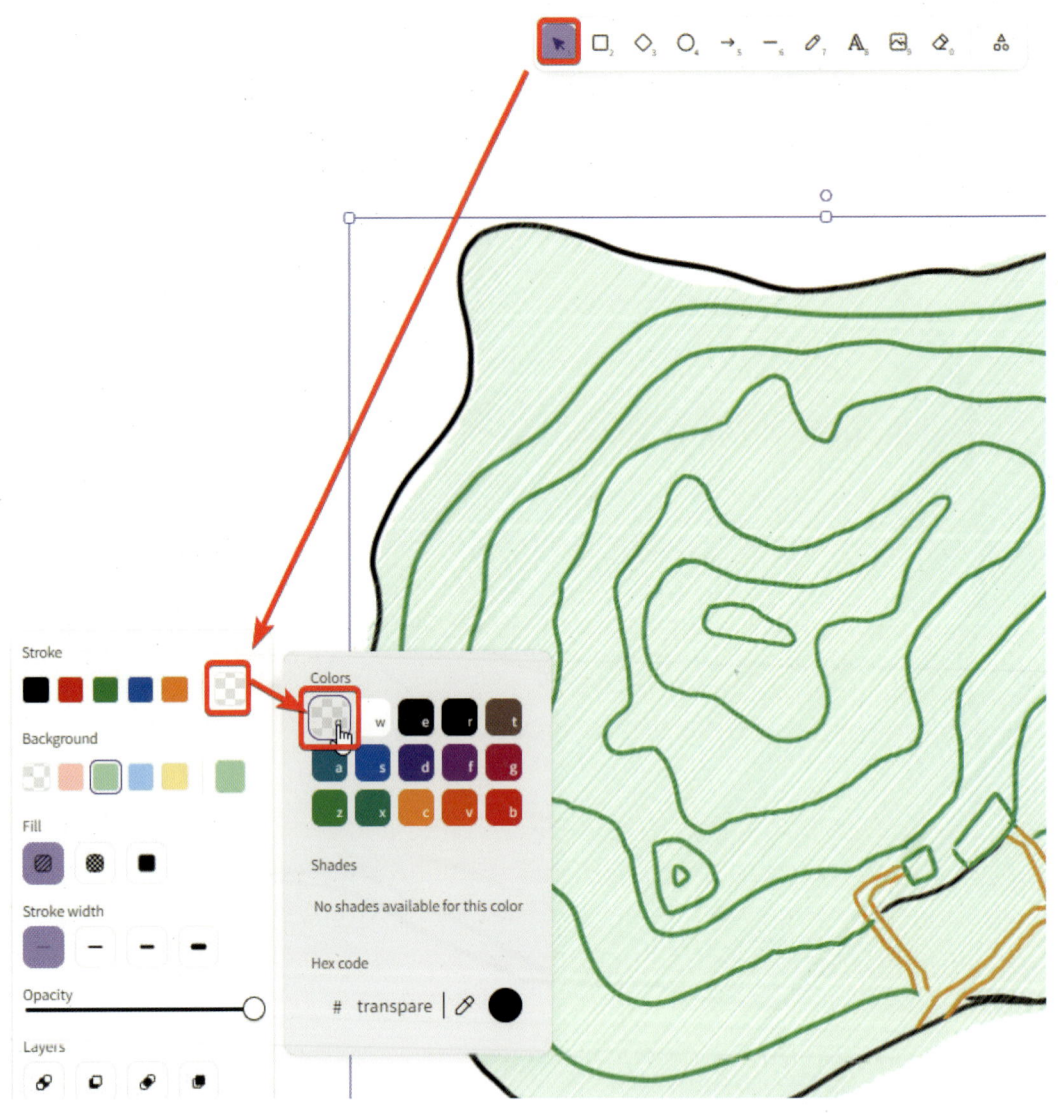

> 💎 **처음부터 외곽선을 투명하게 하고 그리면 안 되나요?**
>
> 처음부터 외곽선을 투명하게 할 경우 끝점끼리 연결되어 있는지 확인하기 힘듭니다. 안전을 위해 선의 색을 눈에 보이도록 하고 칠한 뒤 제거하는 쪽이 더 쉽습니다.

SECTION 5 지도를 하나로 묶기 - 그룹화

지도가 완성되었습니다. 하지만 이대로 두면 선과 면이 따로 놀게 됩니다.

분리된 선과 면을 하나로 합칠 필요가 있습니다.

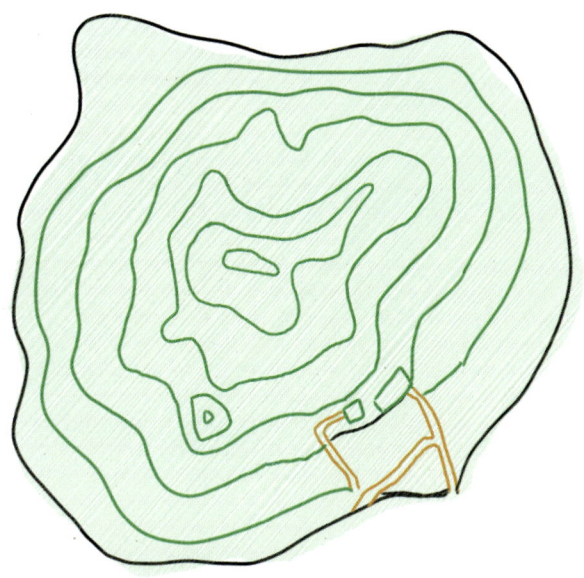

선택 툴을 이용해 모든 지도를 선택한 다음, 마우스 우클릭 → Group Selection을 선택해 하나로 묶습니다.

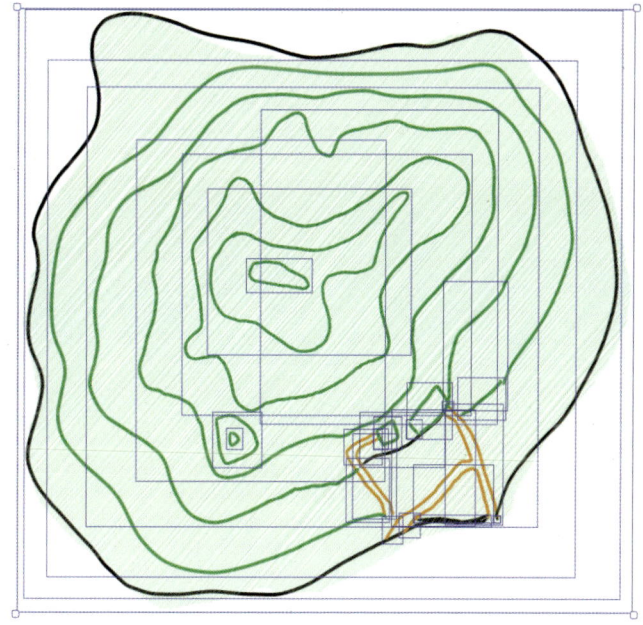

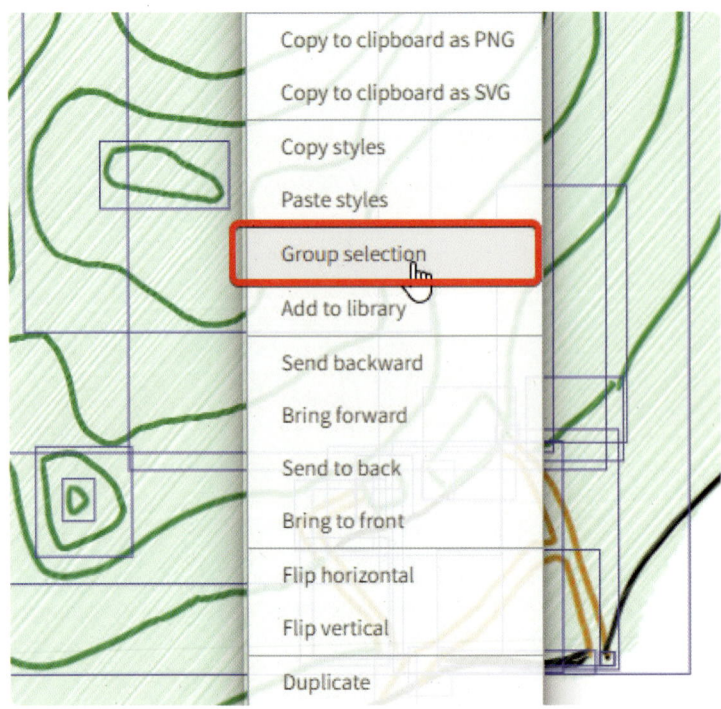

그룹화된 지도는 하나의 덩어리로 취급되어 관리가 편해집니다. 또한 한 번에 제거하거나 복사 기능을 이용해 통째로 복사할 수도 있습니다.

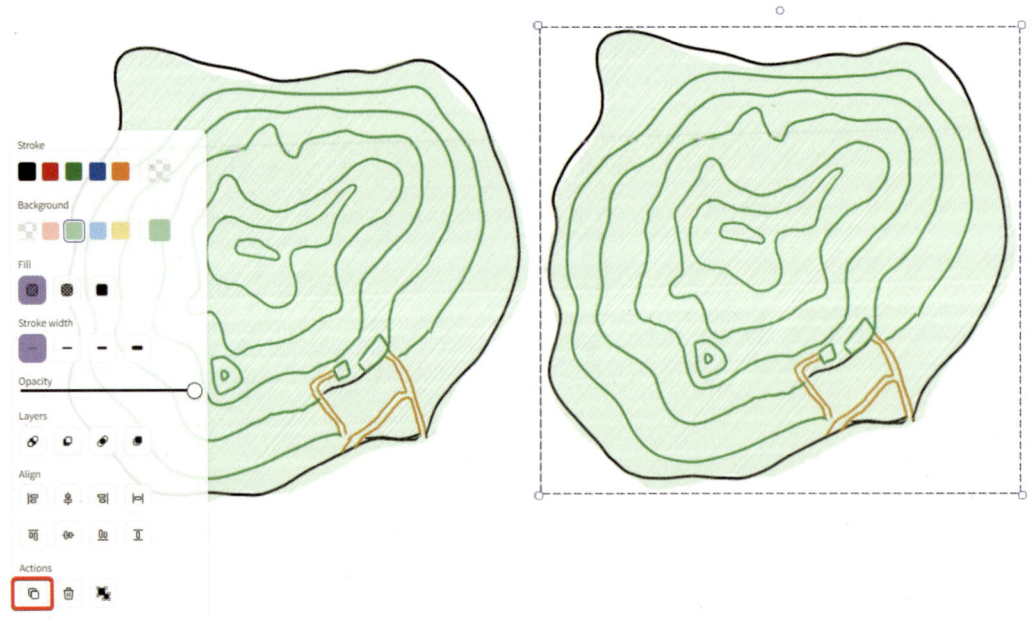

그룹화된 지도는 언제든 마우스 우클릭 → UnGroup을 선택해 그룹을 해제할 수 있습니다.

글씨 툴을 이용해 지도 상단에 '벚꽃비녀 사건 지도' 라고 제목을 입력하면 사건 지도가 완성됩니다. 펜 툴로 글자 근처에 장식을 달면 더 그럴 듯합니다.

🔸 손으로 지도를 그리기 어려워요.

그림에 서툴거나 손으로 그린 그림이 마음에 들지 않는다면, 인터넷의 판타지 지도 이미지를 사용해 보세요. 특히 Pinterest에서 fantasy map 혹은 fantasy local map으로 검색하면 꽤 쓸 만한 자료가 많답니다.

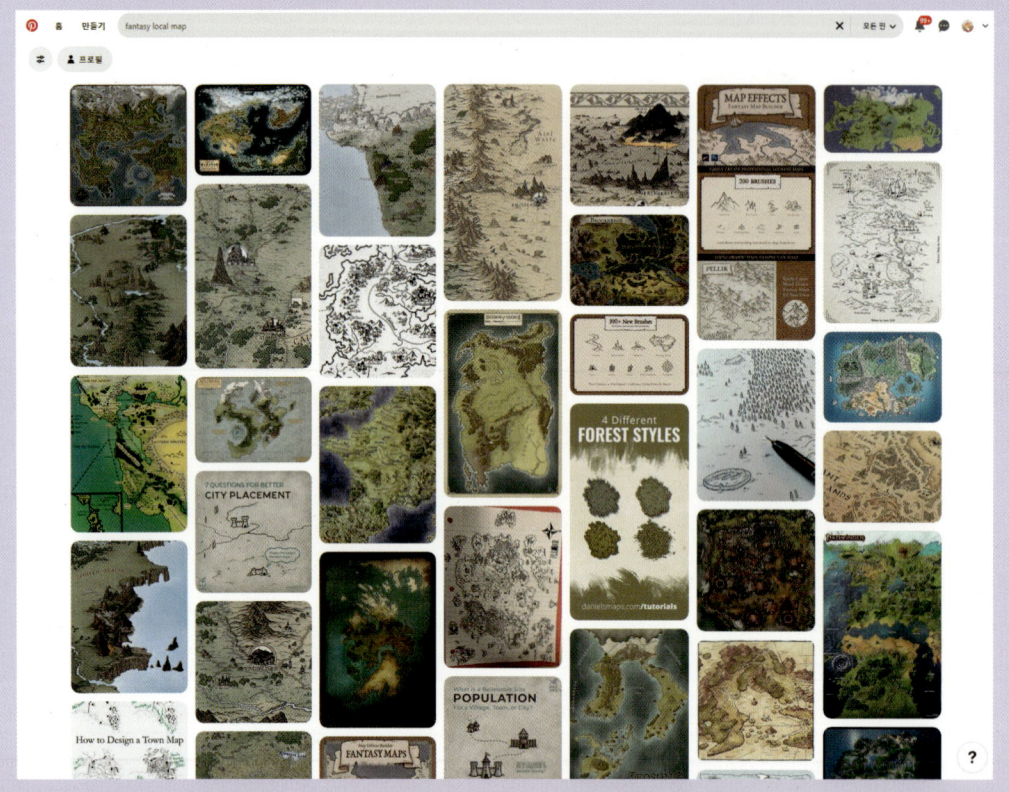

또한 fantasyMaps 폴더에 독자분들이 사용할 수 있도록 다양한 맵 이미지를 넣어두었습니다. 자유롭게 사용하세요.

SECTION 6 지도 위에 장소 아이콘 배치하기

지형 지도가 완성되었으니 이제 마을, 교회 등의 아이콘을 배치해 사건에 필요한 장소를 지정해 봅시다. OS에서 제공하는 예쁜 아이콘이 있으니 이번에는 이 아이콘을 이용해 봅시다.

글자 툴을 선택한 다음, 화면 적당한 곳을 클릭하면 텍스트를 입력할 수 있습니다.

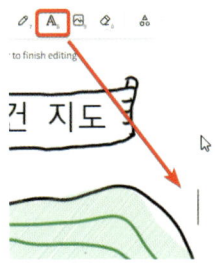

Win+. 키를 눌러 아이콘 창을 띄웁니다.

원하는 건물을 검색한 다음 선택합니다. 저는 교회 건물을 선택하였습니다.

지도 아이콘이 생성되었습니다. 이제 지도 위의 생각했던 곳에 배치합니다.
저는 산골짜기를 원했기에 해당 위치에 배치하였습니다.

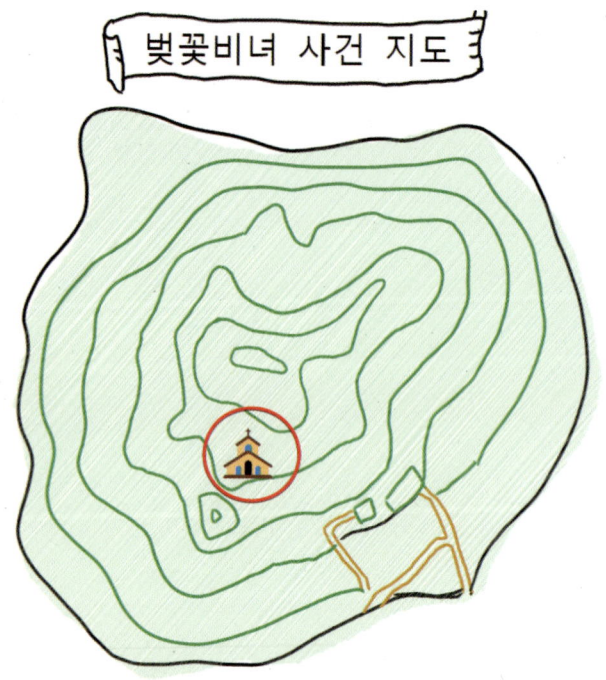

같은 방법으로 영혼의 무덤, 민가 아이콘을 배치하였습니다.

SECTION 7 장소 문서 포함하기

ExcaliDraw 플러그인의 멋진 점은 작성한 문서를 그림 안에 넣을 수 있다는 점입니다. ExcaliDraw 오른쪽 아이콘들 중 문서 삽입 아이콘을 선택합니다.

문서를 삽입할 수 있는 입력창이 열립니다.

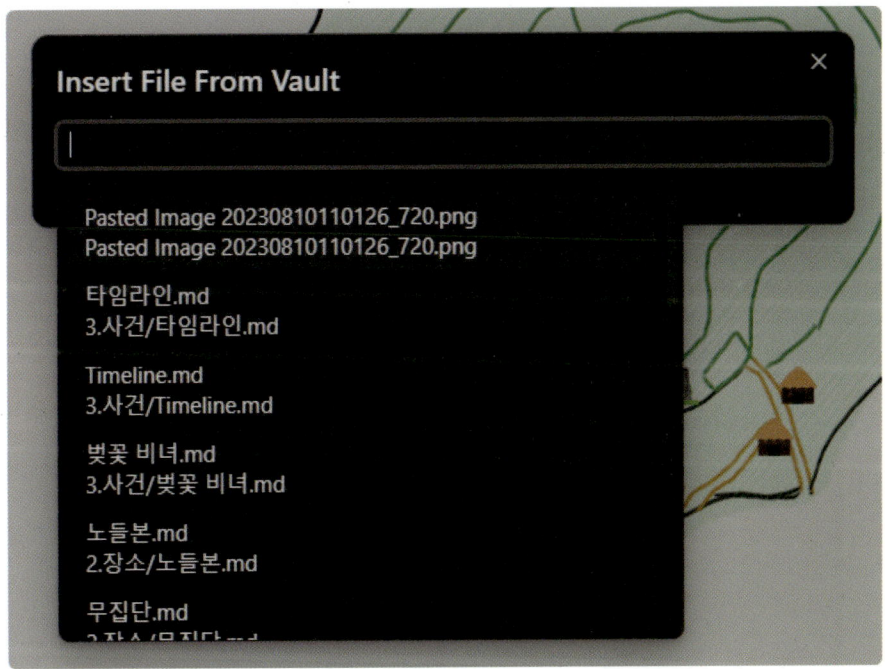

장소 문서 이름을 입력하고 선택합니다. 저는 교회(벚꽃비녀)를 선택하였습니다.
선택하고 나면 옵션이 추가됩니다.

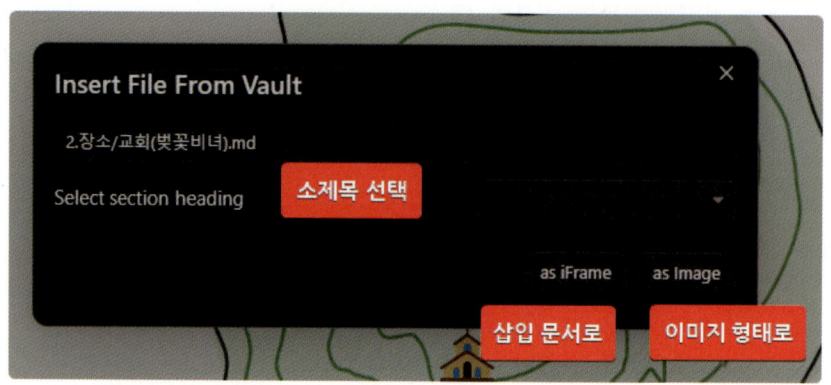

옵션	기능
Select section heading	원하는 소제목만 선택해서 삽입할 수 있습니다.
as iFrame	문서 형태로 삽입됩니다. ExcaliDraw 안에서 편집이 가능합니다.
as Image	이미지 형태로 삽입됩니다.

목적에 맞춰 삽입하세요. 저는 as iFrame 형태로 선택하였습니다.

화살표 툴을 이용해 문서와 교회 아이콘을 연결해 마무리합니다.

자, 이제 우리는 교회의 위치뿐만 아니라 그 교회가 스토리에서 어떤 의미를 가지고 있는지도 알 수 있게 되었습니다. 멋지군요.

SECTION 8 지도 위에 캐릭터의 이동 경로 그려보기

사건에는 장소와 함께 캐릭터의 행동도 필요합니다. 캐릭터의 이동을 지도 위에 그려 넣음으로써, 머릿속에 더 생생한 장면을 떠올릴 수 있습니다. 또한 이를 통해 캐릭터들이 어디로 이동했는지, 어떤 순서로 장소를 방문했는지 한눈에 파악할 수 있습니다.

벚꽃 비녀 스토리에서 제가 상상한 주인공의 경로는 아래와 같습니다.

> 마을에 들러 마을 사람들에게 이상 현상을 듣고, 여인의 무덤으로 향함.
> 여인의 무덤에서 영혼에게 자초지종을 들은 무령은 영혼과 함께 교회로 이동
> 교회에서 신부를 만나 전투를 벌임

즉, 민가에서 무덤을 거쳐 교회로 가는 여정입니다. 이 과정을 지도에 넣어봅시다.

여정을 그리기 위해 선 툴을 선택한 다음, 빨간색 굵은 점선으로 설정을 변경합니다.

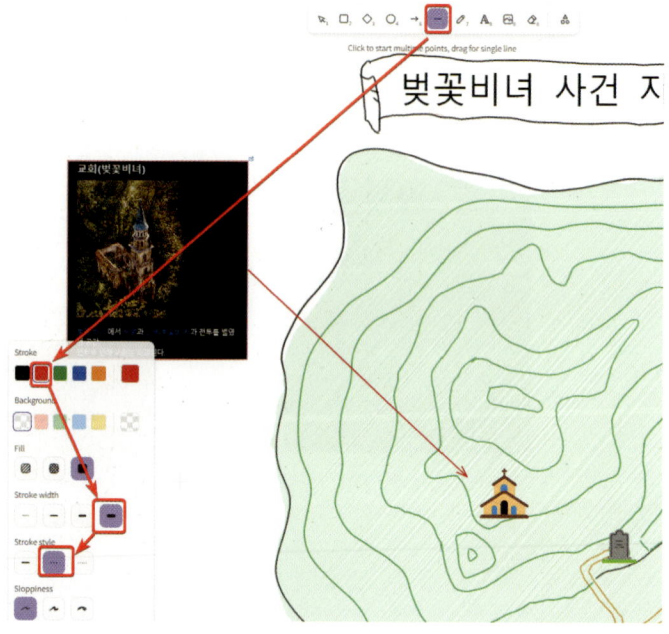

Ctrl+마우스휠 을 이용해 확대한 다음 경로를 그려 넣습니다.

이렇게 실제 지도 위에 경로를 넣으면 실제 스토리텔링을 할 때 시각적인 디테일이 더해집니다.

주인공 무령이 민가를 지나 길가에서 산 중턱에 있는 무덤을 발견하는 장면이 눈에 그려집니다. 우거진 풀숲을 지나 골짜기 사이의 교회로 도착하는 여정도 보이는 것 같습니다.

SECTION 9 주인공 노트와 장면 이미지 삽입하기

주인공의 경로가 들어갔지만, 정작 누구의 경로인지 표시되지 않아 알기 어렵습니다. 앞서 교회 노트처럼 주인공 무령의 노트를 삽입하되 소제목 '무령(요약)' 항목으로 추가합니다. 이처럼 긴 문서의 경우 일부분만 삽입할 수 있어 편리합니다.

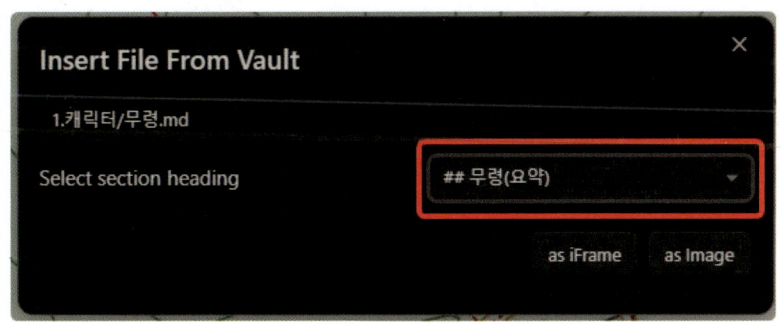

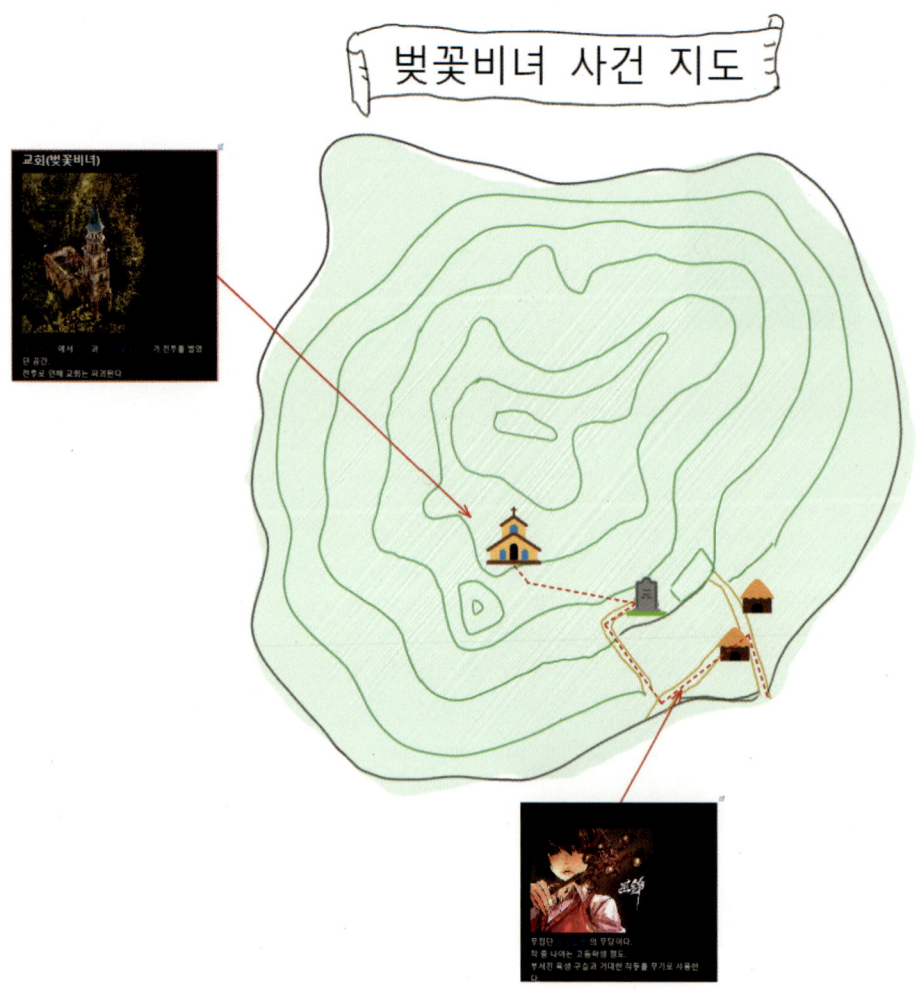

다른 캐릭터들도 추가합니다. 혹시 미리 만들어 둔 주요 장면이 있으신가요? 등장인물과 함께 배치하면 더욱 매력적인 사건 지도가 될 것입니다.

SECTION 10 사건 지도 다른 문서에 삽입하기

사건 지도를 멋지게 만들었습니다. 하지만 이대로 지도만 덩그러니 따로 두면 쓰임새가 약합니다. 시나리오 노트에 삽입하면 더 유용할 것 같습니다. 옵시디언에서 ExcaliDraw로 만든 이미지는 일반적인 이미지처럼 다른 문서에 삽입할 수 있습니다. 벚꽃 비녀 시놉시스 문서를 엽니다.

등장 캐릭터 위쪽에 `## 사건지도` 라고 입력해 소제목을 만듭니다.

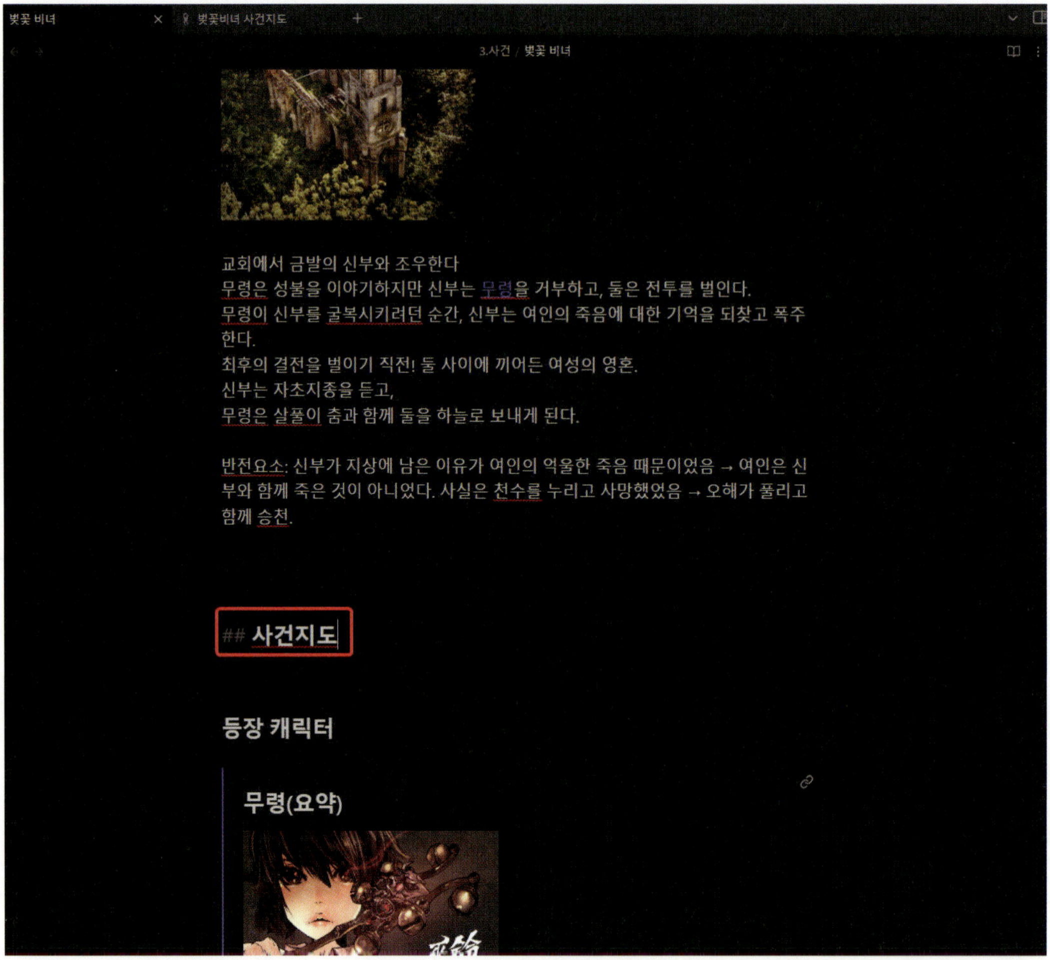

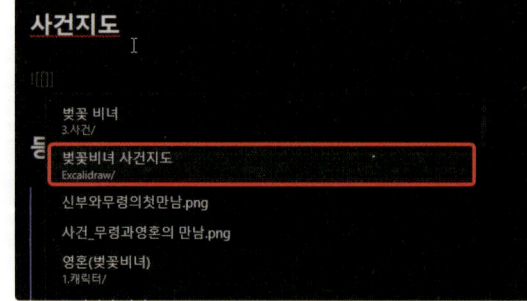

ExcaliDraw 이미지 삽입은 기존 이미지 삽입과 동일하며, 최근 리스트에 해당 노트가 보여 손쉽게 삽입할 수 있습니다.

`![[ExcaliDraw 파일 이름]]`

사건지도

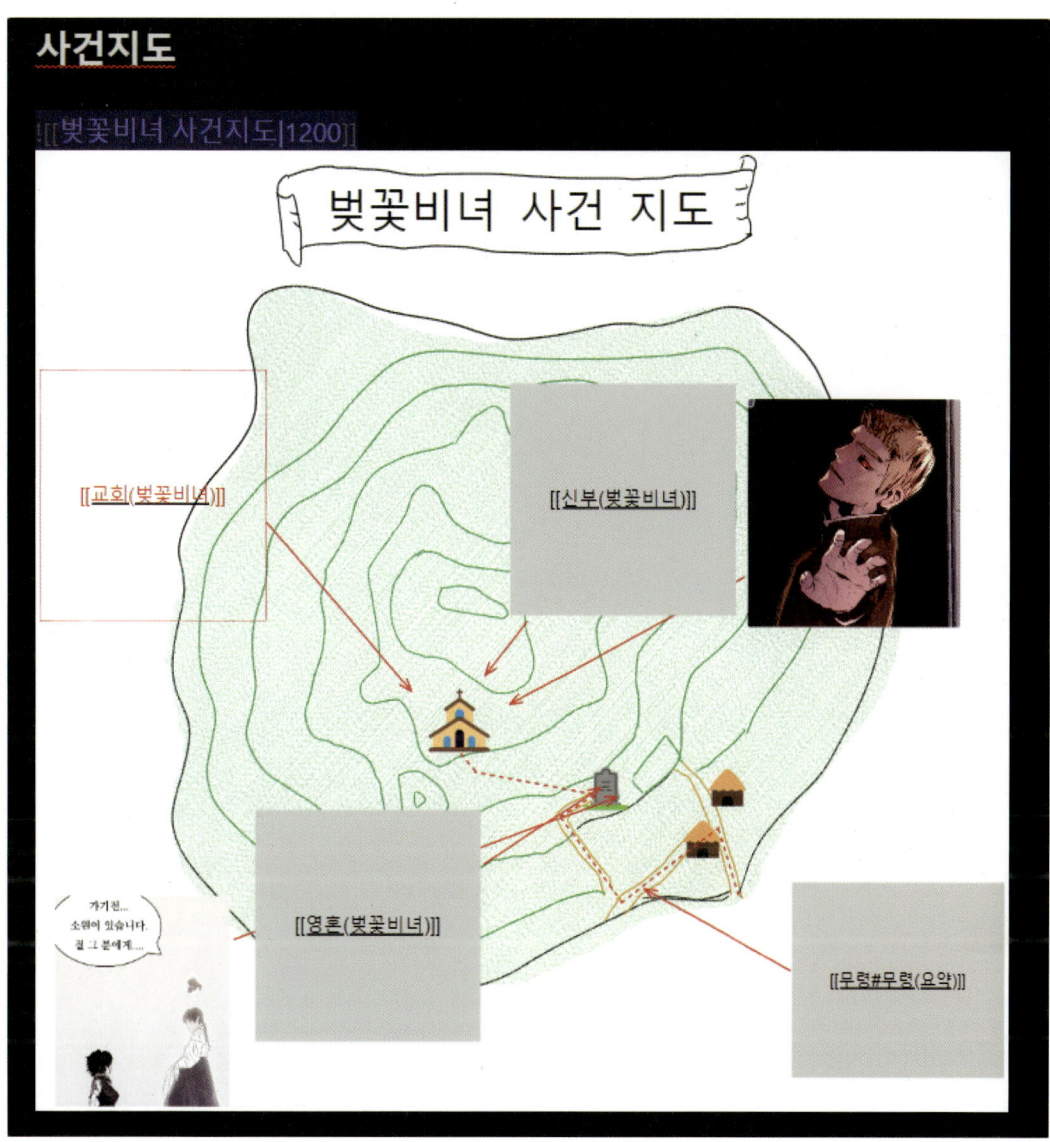

잘 삽입됩니다. 하지만 삽입한 노트가 빈칸으로 나오는 문제가 있군요!

이는 as iFrame으로 삽입한 노트에서 발생하는 문제로, as Image로 삽입해야 정상적으로 보이게 됩니다. 다시 사건 지도로 돌아가 as iFrame으로 넣었던 캐릭터 & 장소 노트들을 as Image 형태로 교체합니다.

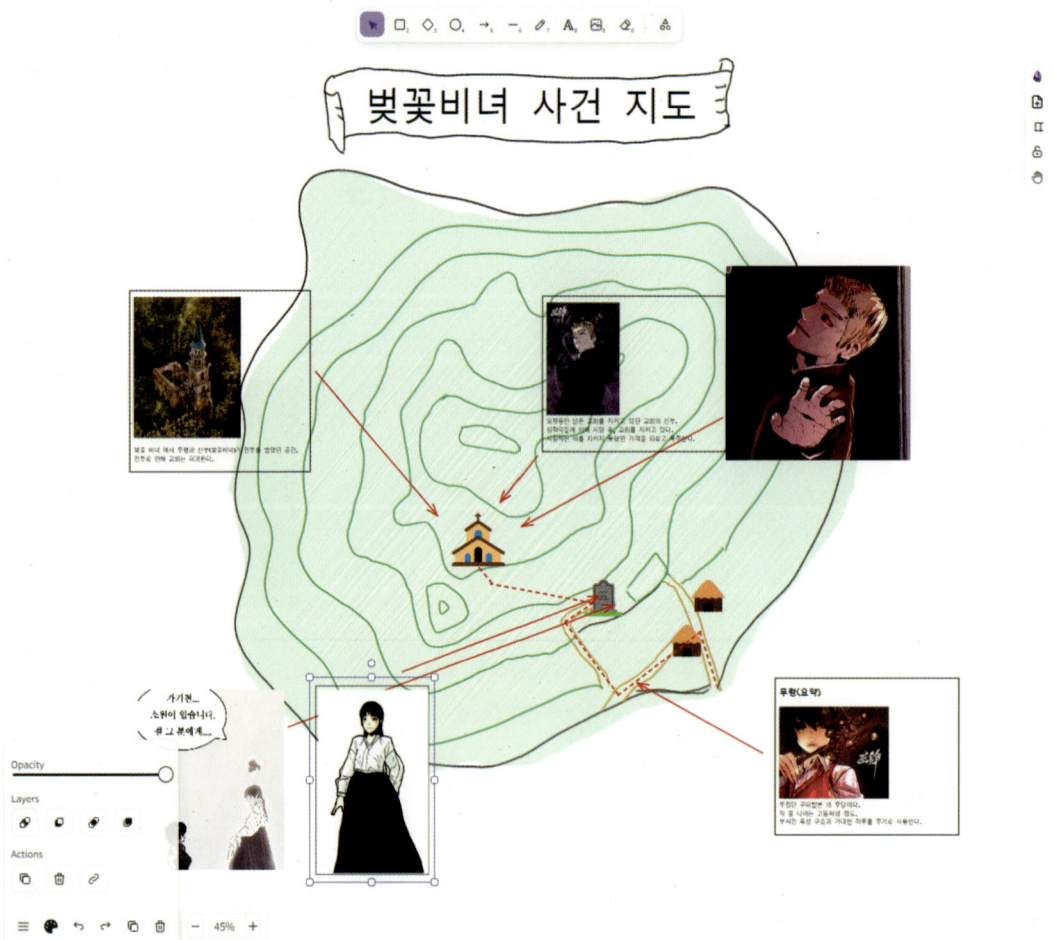

다시 시나리오 노트로 돌아오면 수정된 부분이 실시간 반영된 것을 확인할 수 있습니다. 노트 내용도 잘 나오는군요.

사건지도

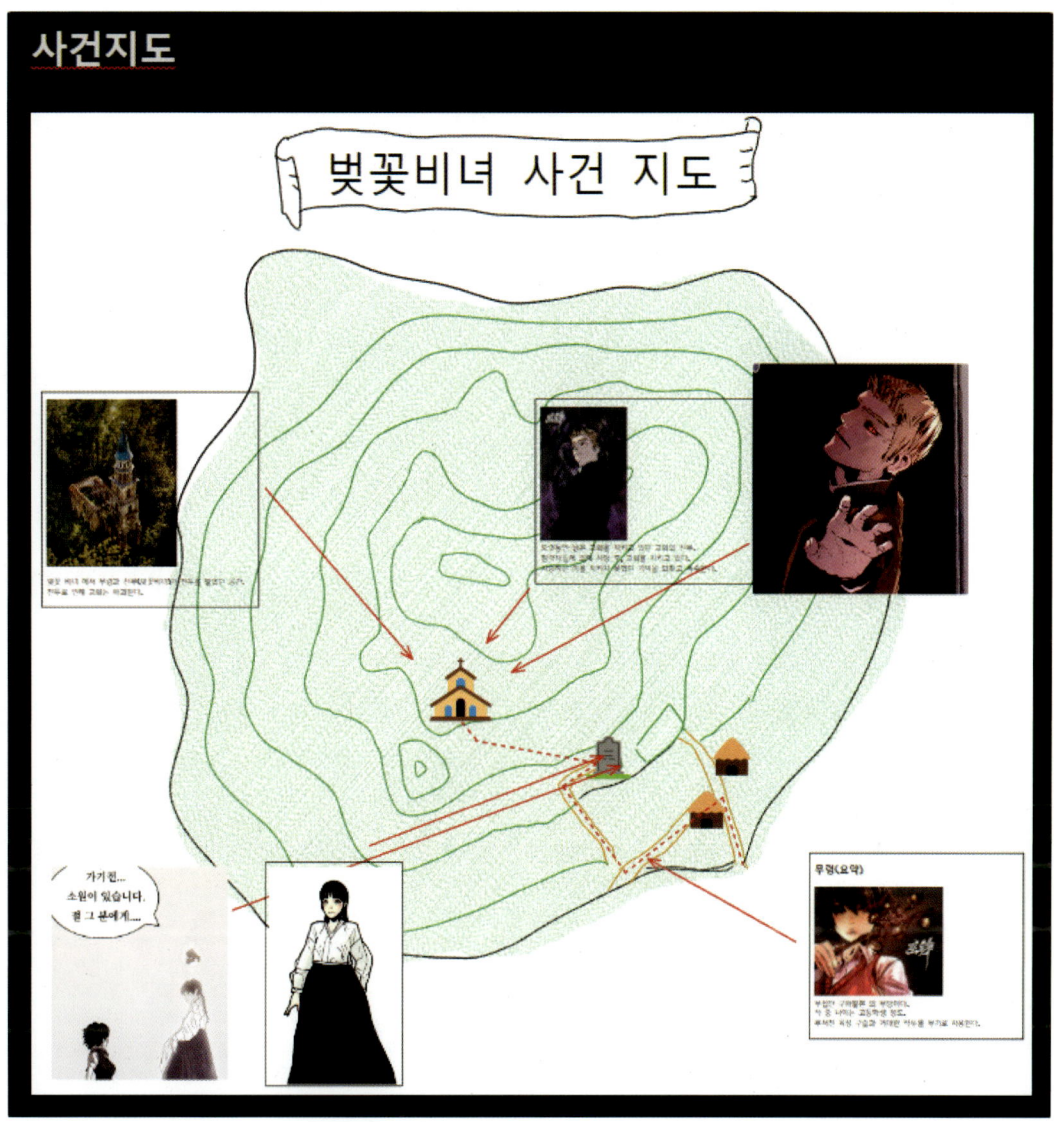

이처럼 ExcaliDraw를 사용하면 멋진 사건 지도를 만들고, 수정할 수도 있습니다.

사건 지도는 스토리텔링 과정에서 유용한 참조 자료가 될 수 있습니다. 특히, 복잡한 이야기 라인을 다루는 경우, 사건 지도는 캐릭터들의 움직임과 이야기의 흐름을 명확하게 이해하는 데 도움을 줄 수 있습니다.

이처럼 옵시디언의 Excalidraw 플러그인을 이용하면, 자신만의 이야기를 더욱 풍부하게 만들 수 있습니다. 여러분만의 세계를 만들고, 그 안에서 이동하는 캐릭터들의 경로를 그려보세요.

CHAPTER 5.3
Canvas를 이용한 캐릭터 관계도 만들기

SECTION 1 이 캐릭터가 누구더라...

세계관이 넓어질수록 캐릭터는 늘어갑니다. 그리고 어느새 내가 관리하지 못하는 수준까지 증가하기 마련입니다. 열심히 만들어 놓고 기억하지 못해서 써먹지 못하는 경우가 종종 있습니다. 이럴 때는 옵시디언의 캔버스를 이용해 캐릭터 관계도를 만들어 보세요. 캐릭터가 아무리 많이 늘어나더라도 서로의 관계를 파악해 가며, 엑스트라 하나도 놓치지 않을 수 있습니다.

SECTION 2 이야기는 캐릭터 사이에 존재합니다.

옵시디언을 통해 세계관을 성장시키면서 많은 캐릭터 노트들을 만드셨으리라 생각됩니다. 하지만 세계관 속에서 캐릭터들은 홀로 존재하는 것이 아닙니다. 누군가를 만나 웃음 짓고 슬퍼하며, 대립하고 갈등하며 이야기를 만들어 나갑니다. 그렇기에 우리는 세계관 속 캐릭터 사이의 관계를 잘 파악하고 있어야 합니다.

이번 시간에는 옵시디언의 캔버스(Canvas) 기능을 이용해 이러한 캐릭터 간의 관계를 정리하는 방법을 알아보도록 하겠습니다.

> 🪨 **캔버스(Canvas)란**
>
> 캔버스는 문서를 자유롭게 배치하고 연결할 수 있는 옵시디언 기능입니다. ExcaliDraw처럼 노트를 눈에 보이는 형태로 배치할 수 있습니다. 반면, ExcaliDraw와 다르게 손쉬운 연결에 중점이 맞추어져 있다는 것이 차이점입니다.

SECTION 3 새 캔버스 만들기

새 캔버스는 왼쪽 탭의 새 캔버스 만들기 버튼 을 클릭해 만들 수 있습니다.
새 캔버스가 열렸습니다.

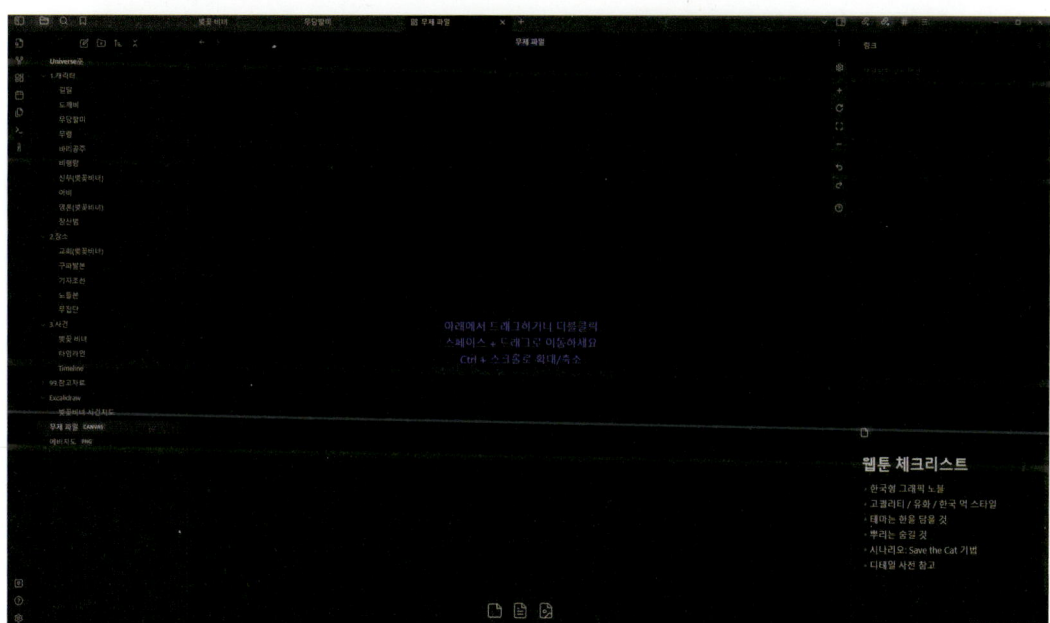

SECTION 4 캔버스 사용 방법 알아보기

캔버스의 레이아웃은 ExcaliDraw보다 훨씬 단순한 편입니다.

오른쪽의 사이드 버튼바는 설정 및 확대/축소를 담당합니다.

메뉴	기능
확대	화면을 확대합니다.
확대 초기화	확대 상태를 100%로 조정합니다.
화면 맞춤 확대	화면에 캔버스 내용이 꽉 차도록 조정합니다.
축소	화면을 축소합니다.
실행 취소	실행한 내역을 취소합니다.
다시 실행	취소한 내역을 다시 실행합니다.
캔버스 도움말	캔버스 도움말을 봅니다.

하단의 문서 추가 버튼은 다양한 문서를 추가할 수 있습니다.

메뉴	기능
드래그로 문서 추가	화면에 직접 노트를 추가할 수 있습니다.
드래그로 보관서의 문서 추가	캐릭터 등 보관소에 있는 노트를 추가할 수 있습니다.
드래그로 보관서의 미디어 추가	이미지 등 보관소에 있는 미디어를 추가할 수 있습니다.

SECTION 5 노트 제목 설정하기

노트 제목은 단축키 F2 를 눌러 수정할 수 있습니다.

제목을 캐릭터 관계도로 수정합니다.

백문이 불여일견! 캐릭터 노트를 삽입해 봅시다.

아래 하단의 문서 추가 버튼에서 드래그로 보관서의 문서 추가 버튼 을 클릭하세요.

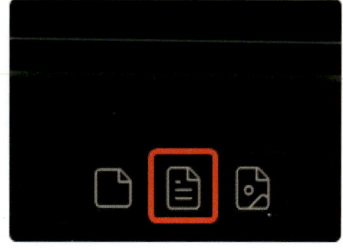

클릭하면, 삽입하는 노트를 고를 수 있는 리스트바가 나옵니다. 선택 & 검색어 입력을 통해 원하는 노트를 선택하세요. 저는 무령 노트를 선택하였습니다.

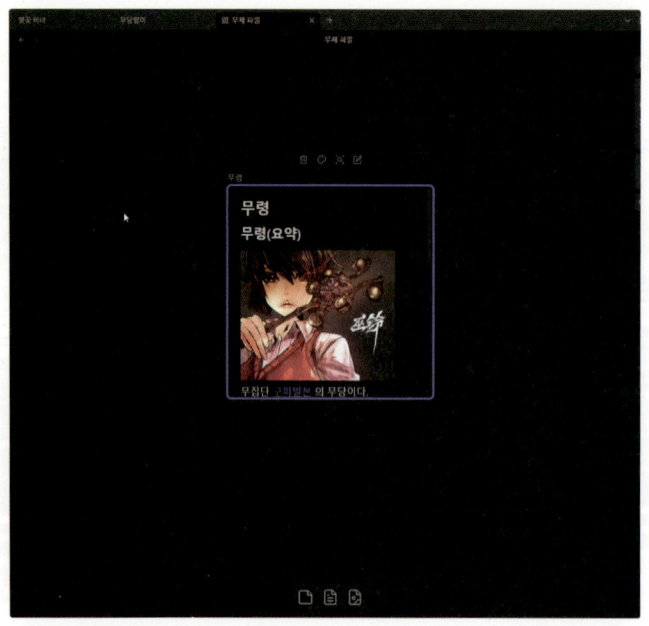

무령 노트가 삽입되었습니다.

삽입된 노트는 노트 상단의 버튼바를 통해 디자인을 변경할 수 있습니다. 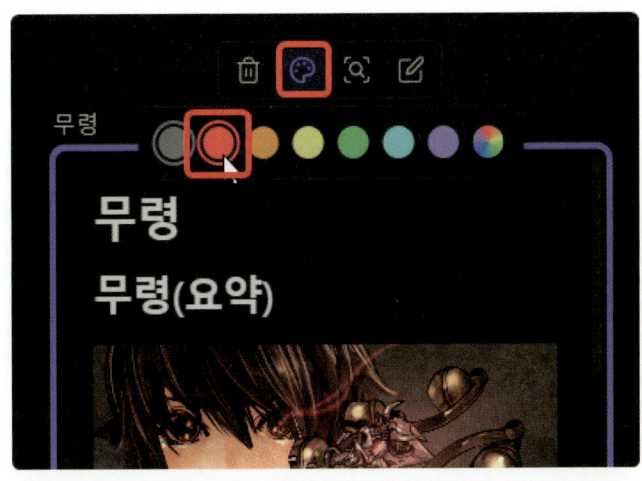버튼을 클릭해 색상을 붉은색으로 변경해 봅시다.

노트가 너무 크게 보인다면 오른쪽 버튼바의 확대·축소 버튼 혹은 단축키 Ctrl+마우스휠 을 사용해 확대 & 축소합니다.

삽입한 노트는 드래그로 이동 가능합니다. 다른 캐릭터들도 같은 방법으로 삽입한 뒤 적절히 배치해 봅시다.

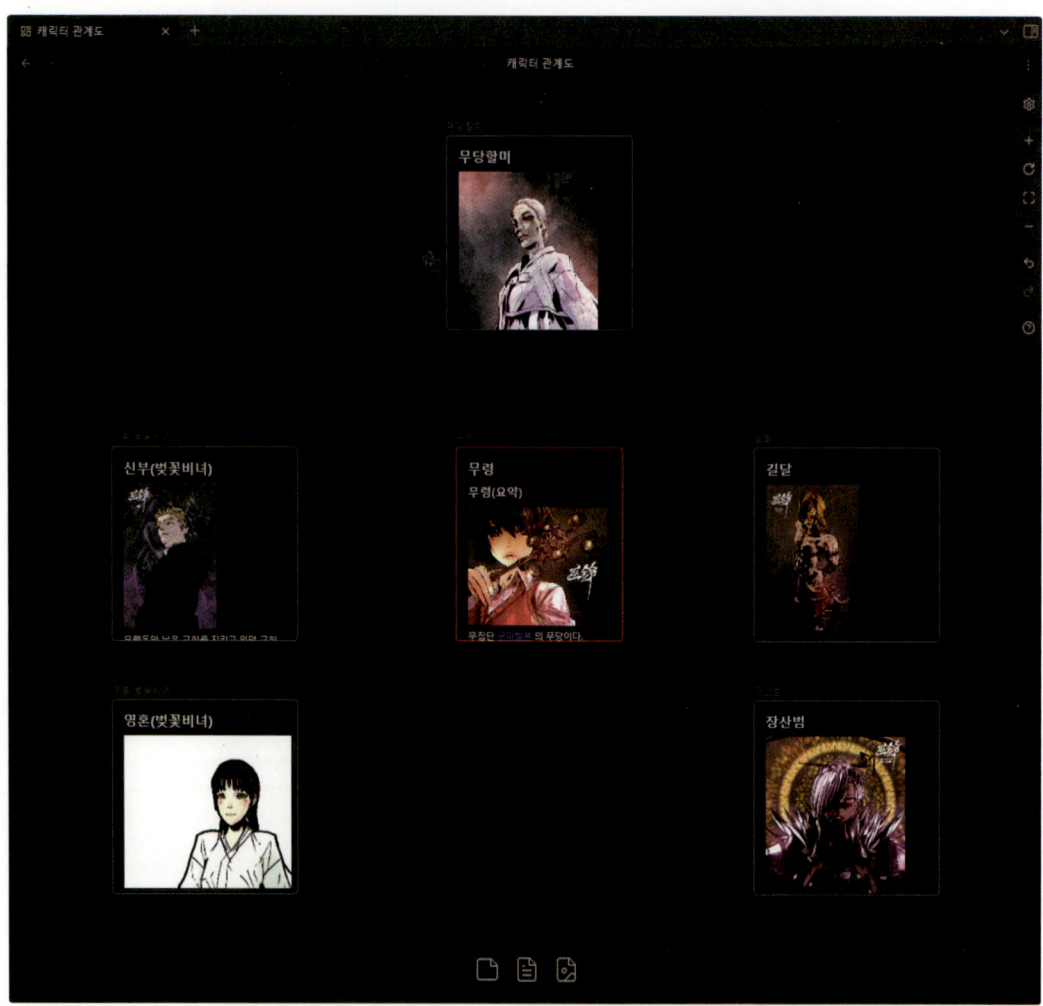

이렇게만 놔두어도 꽤 그럴듯해 보입니다. 이제 캐릭터 간의 관계를 정리해 봅니다.

SECTION 6 노트 연결하기

노트 외곽 라인에 커서를 가져가면 점이 보입니다. 이 점에서 시작해 다른 노트로 드래그하면, 노트가 화살표로 연결됩니다.

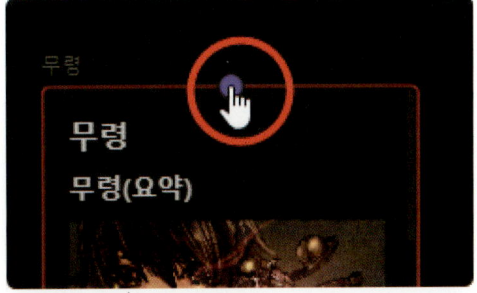

연결된 화살표는 시작점 → 끝점으로 연결됩니다.

SECTION 7 연결선 꾸미기

노트끼리 선으로 연결은 되었지만, 그것만으로는 서로 어떤 관계인지 알 수 없습니다. 선에 '무령의 할머니' 같은 추가 설명이 있으면 좋을 것 같습니다. 굳이 선에 화살표도 없어도 될 것 같습니다.

연결선을 수정하려면 선의 설정 버튼바를 사용하면 됩니다. 노트와 마찬가지로 연결선을 클릭하면 유사한 버튼바가 등장합니다.

화살표 버튼을 눌러 선의 방향을 변경해 봅시다. 양방향 / 단방향 / 무방향이 있습니다. 가족 관계는 일방적이지 않으니, 무방향으로 설정합니다.

화살표가 사라진 것을 볼 수 있습니다.

선을 더블클릭하거나, 편집 버튼을 누르면 선에 설명을 넣을 수 있습니다. '무령의 할머니'라고 입력합니다.

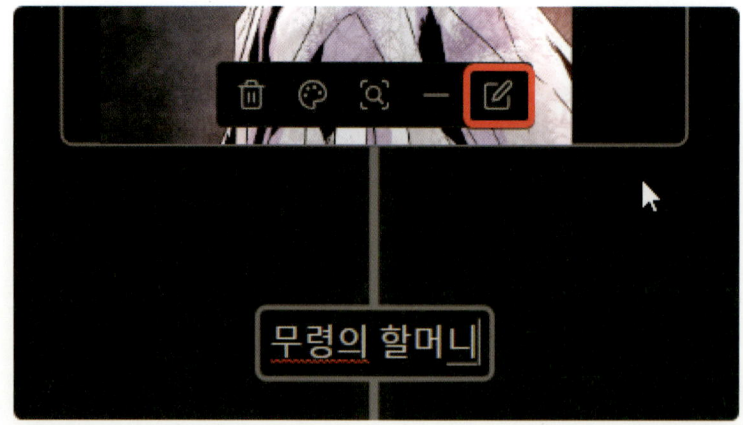

깔끔하게 정리가 되었습니다.

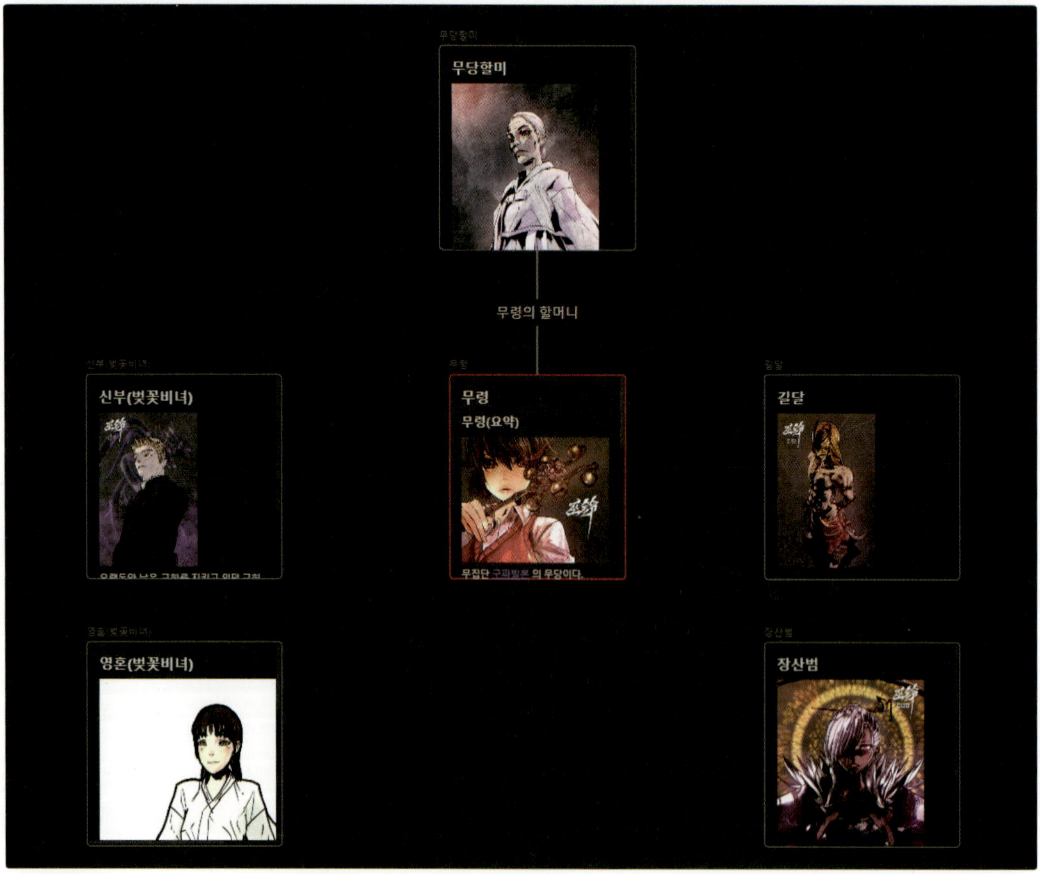

다른 캐릭터들도 비슷한 방법으로 연결해 보았습니다. 한눈에 캐릭터 간의 관계를 알 수 있습니다.

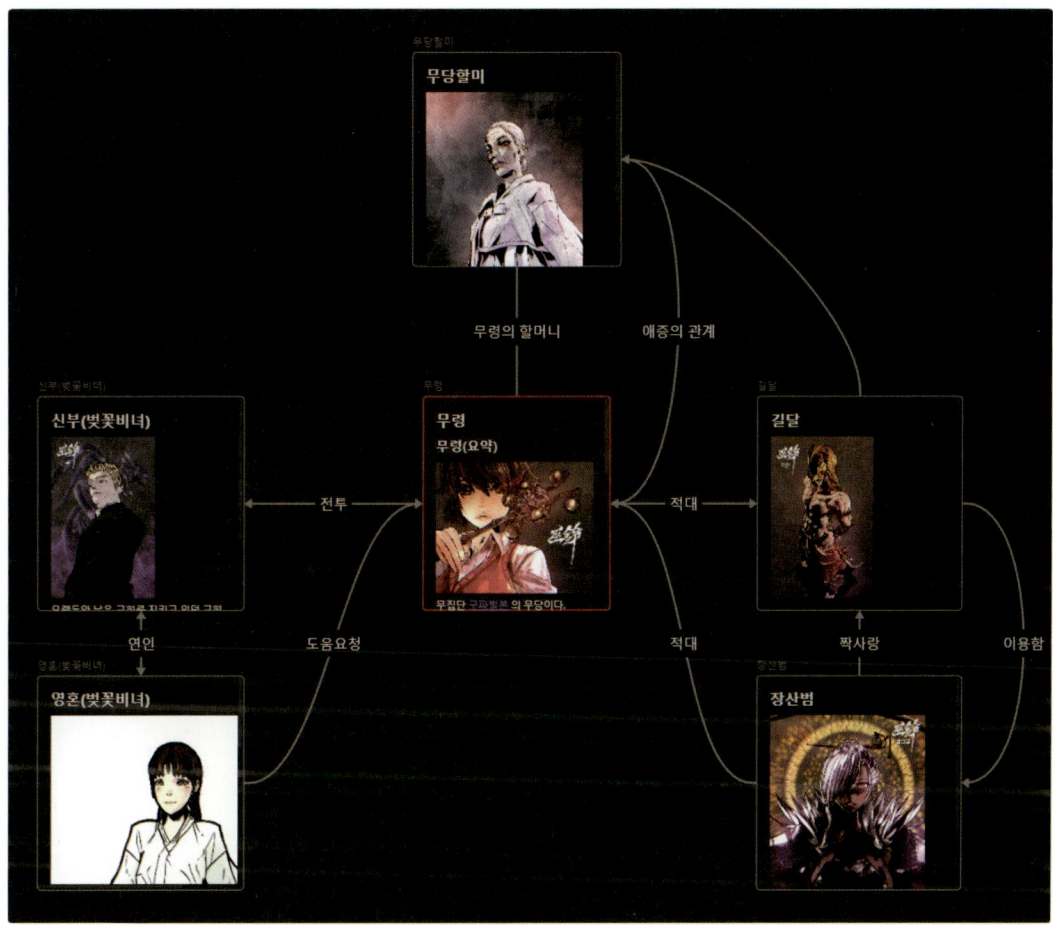

SECTION 8 조직, 사건별로 그룹화하기

캐릭터들은 각자 관계를 가지고 있기도 하지만, 특정 분류에 따라 캐릭터끼리 묶을 수도 있습니다. 특정 사건에 등장한다든가, 특정 집단에 묶여 있다든가 하는 식이죠. 이런 분류를 포함하려면 그룹 기능을 사용하면 됩니다.

무령과 무당할미는 같은 '구파발본' 무당파에 속해 있습니다. 이 둘을 묶어봅시다. 캔버스에서 드래그로 함께 선택을 합니다.

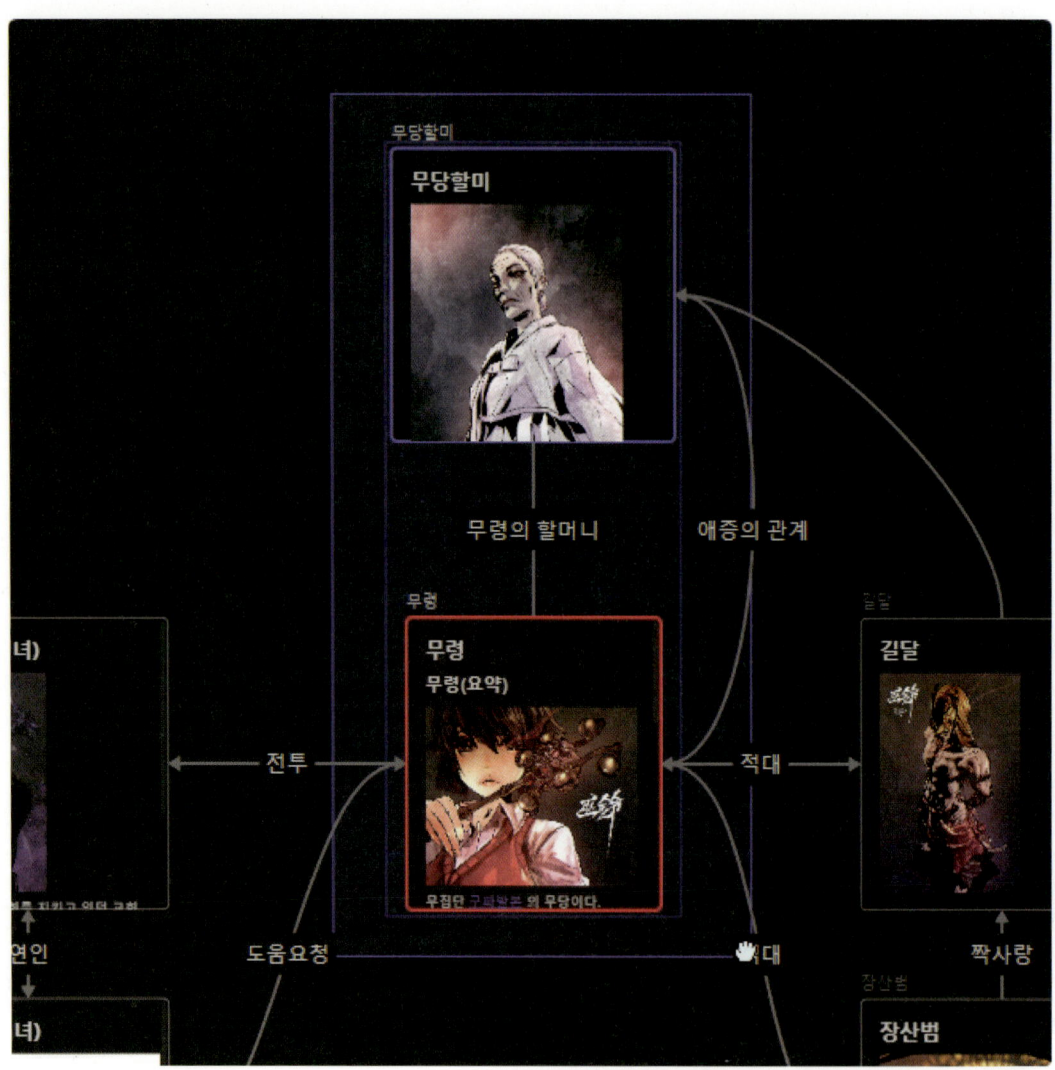

선택하면 버튼바에 그룹 생성 버튼이 생깁니다

그룹 생성 버튼을 누르면 새로운 그룹이 생성되며 이름을 입력할 수 있는 입력 칸이 나타납니다. '구파발본'으로 이름을 변경합니다.

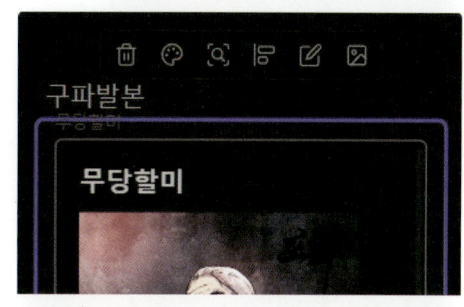

생성된 그룹도 노트와 같이 색상을 바꿀 수 있습니다. 팔레트 툴을 이용해 원하는 색으로 변경해 보세요.

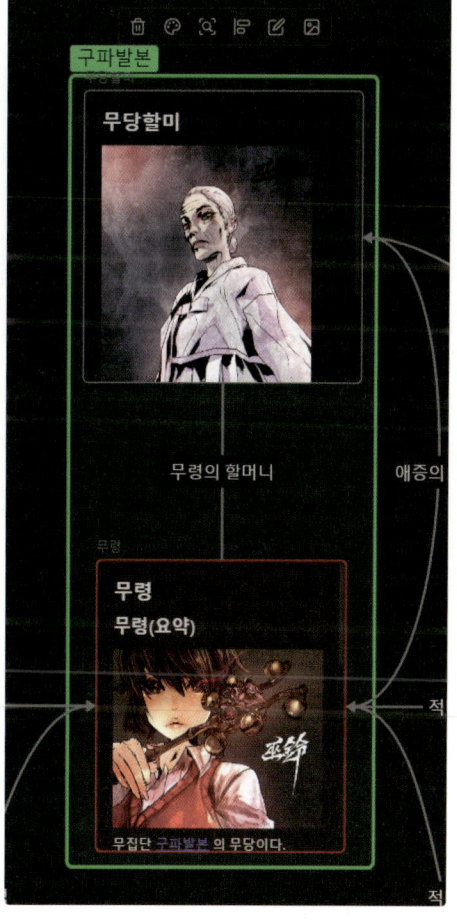

다른 그룹들도 만들어봅시다. 벚꽃 비녀 시나리오에 등장하는 인물들은 '벚꽃비녀'로, 장산범 시나리오에 등장하는 인물은 '장산범'으로 묶어보았습니다.

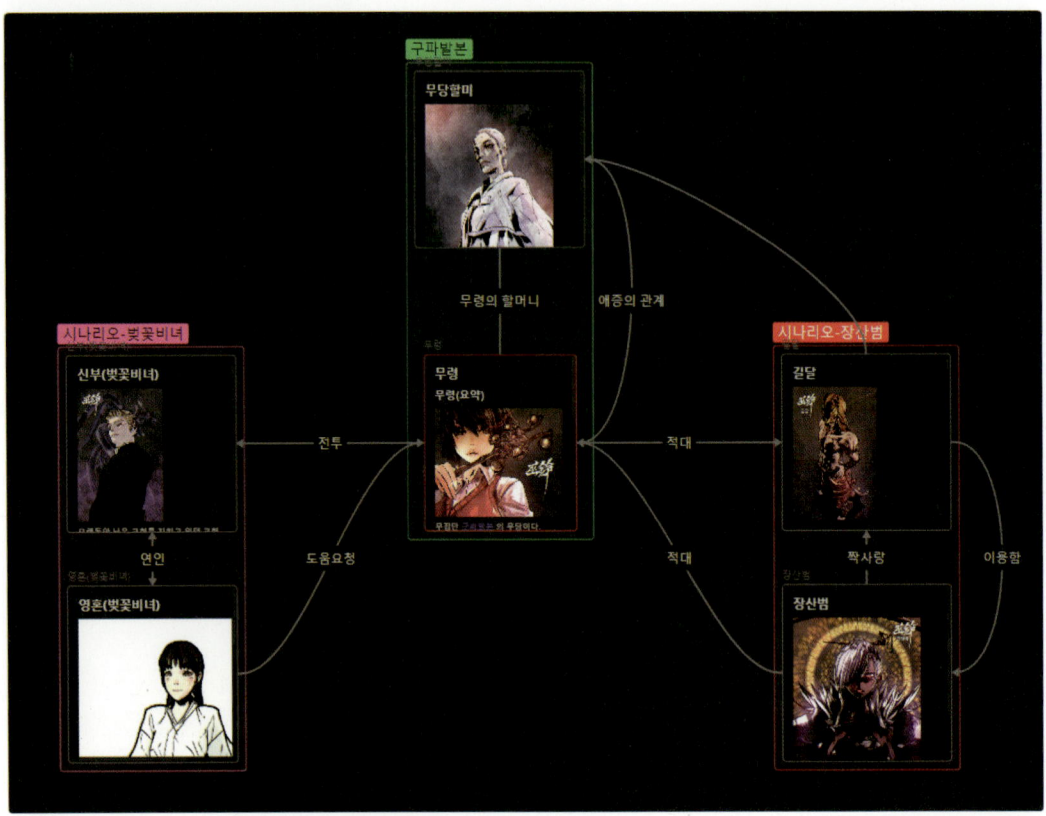

SECTION 9 점점 성장시켜 보세요.

새로운 등장인물이 생겨날 때마다 캐릭터 관계도에 등장인물을 추가해 보세요. 5.2 ExcaliDraw로 사건 지도 만들기에서 만든 사건 지도도 넣어보세요. 점점 커가면서도 전체 흐름을 한눈에 확인하실 수 있을 것입니다.

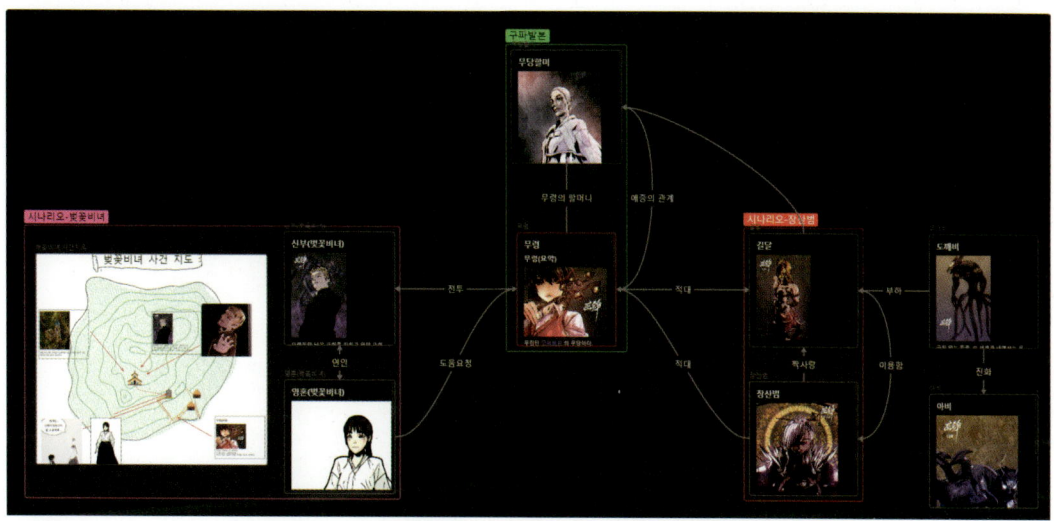

> ◆ **다양하게 활용해 보세요**
>
> 캔버스에서는 노트 간의 관계를 눈으로 쉽게 확인할 수 있습니다. 이번 예시에서는 캐릭터 관계도를 사용했지만, 캐릭터 고유의 기술표를 만들거나 시놉시스 흐름을 정리하는 데도 탁월합니다. 필요에 따라 자유롭게 응용해 보세요.

 CHAPTER 5.4
타임라인 만들기

> 🔹 **살아온 시간이 이야기를 만듭니다.**
>
> 대부분의 이야기는 며칠 사이의 짧은 시간만을 다룹니다. 그렇다고 해서 이야기 속 인물이 며칠 사이만 살아 있는 것은 아닙니다. 이야기 속의 인물의 행동은 그가 그 시점까지 살아온 시간과 경험이 만들어 낸 결과입니다. 그리고 독자는 그 과정을 통해 이 인물의 미래까지 상상하게 됩니다.

SECTION 1 세계관의 흐름, 타임라인

세계관 구성에서 타임라인은 등장하는 모든 인물과 모든 사건을 기록하는 도구입니다. 과거 어떻게 행동했는지 그로 인해 어떤 감정과 아픔과 트라우마가 있는지 확인하고, 이를 통해 실제 스토리에서 더욱 현실적으로 행동하는 캐릭터를 구현할 수 있습니다.

이번 시간에는 옵시디언에서 멋진 타임라인을 만들어 보는 시간을 가져보도록 하겠습니다.

SECTION 2 Timeline 플러그인

타임라인을 만들 수 있는 플러그인은 몇 종류가 있습니다. 우리는 그중에서도 George Butco의 Timeline 플러그인을 사용할 예정입니다.

1. Obsidian을 열고, 설정(Settings)에 들어갑니다.
2. '커뮤니티 플러그인' 섹션을 클릭합니다.
3. '탐색'을 클릭하고, '검색'에 'Timeline'을 입력합니다.
4. 나타나는 결과에서 'Timeline'을 찾아 '설치' 버튼을 클릭합니다.
5. 설치가 완료되면, '활성화' 토글을 클릭하여 활성화합니다.

3.3 플러그인 설치하는 방법을 참고해서 플러그인을 설치합니다.

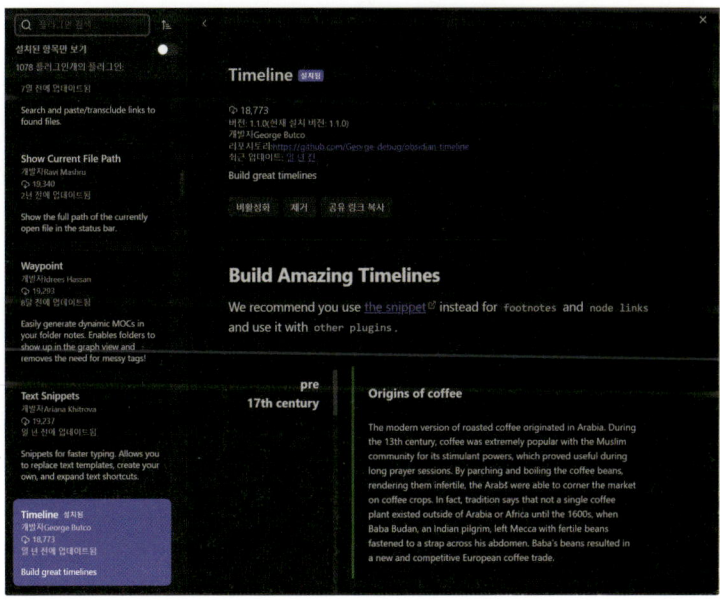

SECTION 3 타임라인 문서 만들기

Timeline 플러그인을 설치하셨나요? 그렇다면 타임라인용 새 문서를 만듭니다. 이름은 '타임라인'으로 설정하세요

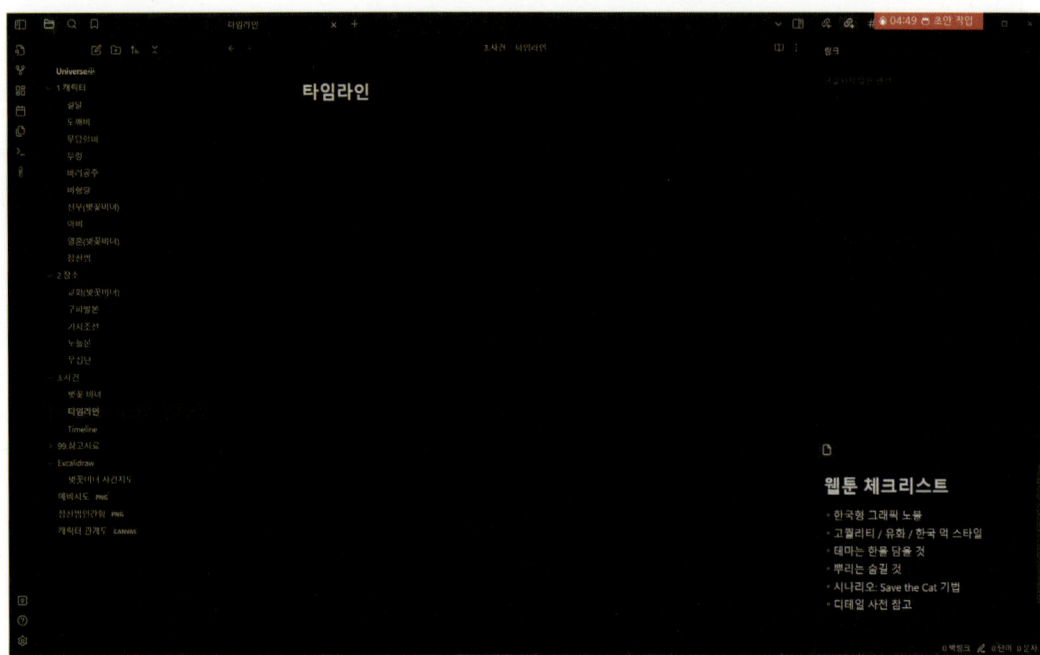

SECTION 4 타임라인 설정하기

Timeline 플러그인은 코드 문법을 이용해 타임라인을 만들게 됩니다. Timeline을 쓰기 위한 기본 설정은 아래와 같습니다. 백틱(역따옴표, 1번 키 옆에 있어요.)을 3개 쓰고 timeline이라고 입력하세요. 아래와 같이 입력합니다.

```timeline
[line-3, body-2]

```

[line-3, body-2] 가 의미하는 것은 입력을 위해 3개의 라인을 사용하고, 본문은 두번째 라인부터라는 의미로 타임라인 플러그인 기본 설정입니다.

SECTION 5 첫 번째 타임라인 입력하기

첫 번째 타임라인을 입력해 봅시다.

아래와 같이 입력합니다.

타임라인 코드 외부를 클릭하면, 타임라인 코드가 타임라인 이미지 형태로 바뀝니다.

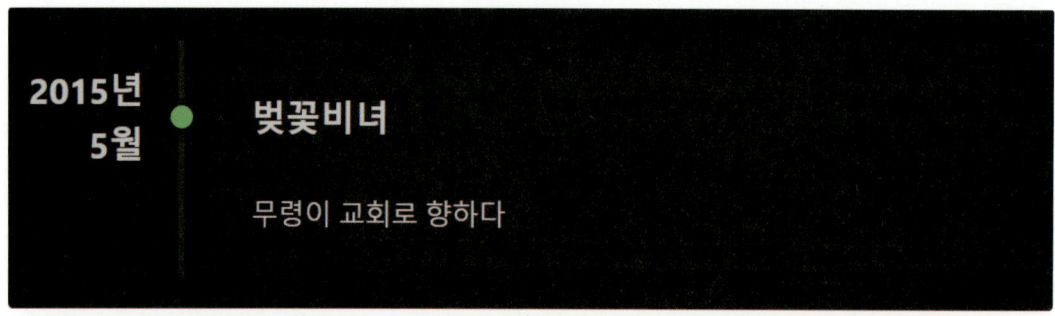

입력한 내용을 간단히 살펴봅시다. 처음 이야기한 것처럼 타임라인은 3개의 라인으로 이루어져 있습니다. 첫 번째 라인은 왼쪽 시간 부분입니다. 두 번째 라인에는 타임라인의 제목을 입력합니다. 세 번째 라인에는 설명을 입력합니다. 타임라인에서 두 줄을 쓰기 위해서는
을 입력합니다.

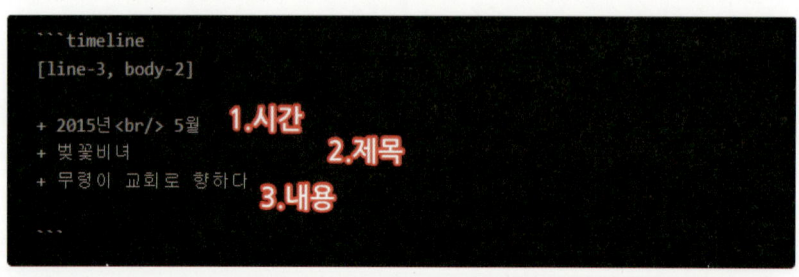

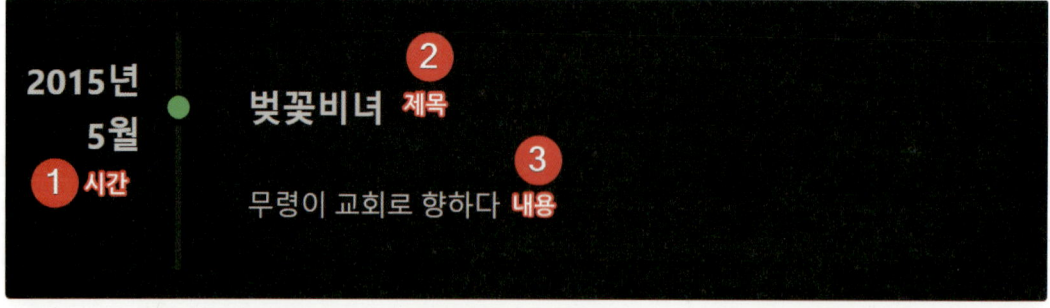

만들어진 타임라인을 다시 편집하려면 타임라인 오른쪽 상단 버튼을 누르시면 됩니다.

이어서 시간의 구성을 상상해 가며 타임라인을 계속 추가해 봅시다. 제 세계관은 기원전부터(!) 시작되고 있습니다.

```
```timeline
[line-3, body-2]


+ 기원전<br/> 3012년
+ 환인의 서자
+ 환웅이 천부인과 3000천의 도깨비를 거느리고 지상으로 내려온다. 지상의 법을 뜻하는 웅녀, 하늘의 자유로움을 뜻하는 꼬리 아홉 달린 천호와 맺어진다.

+ 기원전<br/> 2333년
+ 단군이 왕에 오르다
+ 단군이 왕이 되며, 배다른 동생인 달기와 마찰을 일으키고, 달기는 상나라로 떠난다.

+ 기원전</br> 1100년
+ 환인의 자손들
+ 길달과 기자가 단군에게 몸을 의탁하기 위해 5000여명의 도깨비를 이끌고 단군조선으로 이동한다. 단군은 배다른 형제인 도깨비들을 받아들인다.

+ 625년
+ 홍익인간 서장
+ 홍익인간 = '인간의 시대'. 진흥왕의 명령으로 도깨비들을 몰아내는 비형랑. 길달은 반대하지만, 결국 비형랑에 의해 기억의 꼬리를 잃고 패퇴한다.

+ 2010년 4월
+ 무령의 각성
+ 무령이 작두를 얻게 되는 스토리

+ 2015년
+ 형랑의 각성
+ 형랑이 단군의 신물을 얻게 되는 스토리
```
```

타임라인을 추가하였습니다. 기원전부터 시간 순서대로 사건을 파악할 수 있습니다. 멋지군요!

타임라인

기원전 3012년

환인의 서자

환웅이 천부인과 3000천의 도깨비를 거느리고 지상으로 내려온다. 지상의 법을 뜻하는 웅녀, 하늘의 자유로움을 뜻하는 꼬리 아홉 달린 천호와 맺어진다.

기원전 2333년

단군이 왕에 오르다

단군이 왕이 되며, 배다른 동생인 달기와 마찰을 일으키고, 달기는 상나라로 떠난다.

기원전 1100년

환인의 자손들

길달과 기자가 단군에게 몸을 의탁하기 위해 5000여명의 도깨비를 이끌고 단군조선으로 이동한다. 단군은 배다른 형제인 도깨비들을 받아들인다.

625년

홍익인간 서장

홍익인간 = '인간의 시대'. 진흥왕의 명령으로 도깨비들을 몰아내는 비

SECTION 6 사건 노트와 연결하기

옵시디언 타임라인(Timeline) 플러그인의 멋진 점은, 타임라인을 다른 노트와 연결할 수 있다는 점입니다. 타임라인을 보다가 필요한 노트를 빠르게 확인할 수 있어 편리합니다.

타임라인 내용 중 벚꽃 비녀 항목을 찾아봅시다.

```
+ 2015년
+ 형랑의 각성
+ 형랑이 단군의 신물을 얻게 되는 스토리

+ 2015년<br/> 5월
+ 벚꽃비녀|
+ 무령이 교회로 향하다

...
```

옵시디언에서 다른 노트를 연결할 때 어떻게 하는지 이제 다들 아시리라 생각합니다. 잊어버리셨다면 4.5 기존 노트 연결하기를 다시 한번 확인해 주세요.

두 번째 줄, 제목 내용을 제거하고 대괄호를 연속으로 입력해 링크 창을 엽니다. 노트 제목 일부만 입력해도 원하는 노트를 입력할 수 있습니다.

```
+ 2015년<br/> 5월
+ [[벚꽃]]
+ 무
        벚꽃 비녀
...     3.사건/

        벚꽃비녀 사건지도
        Excalidraw/
```

입력된 링크는 타임라인에서도 링크로 보입니다. Ctrl을 누른 채 링크 위에 커서를 올리면 미리보기 형태로 내용을 확인할 수 있습니다.

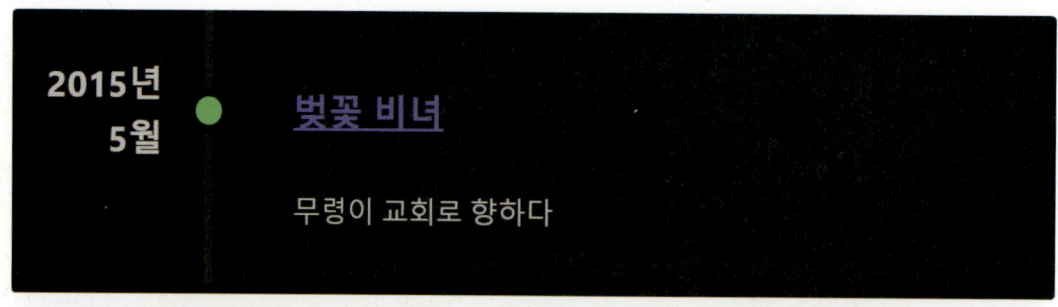

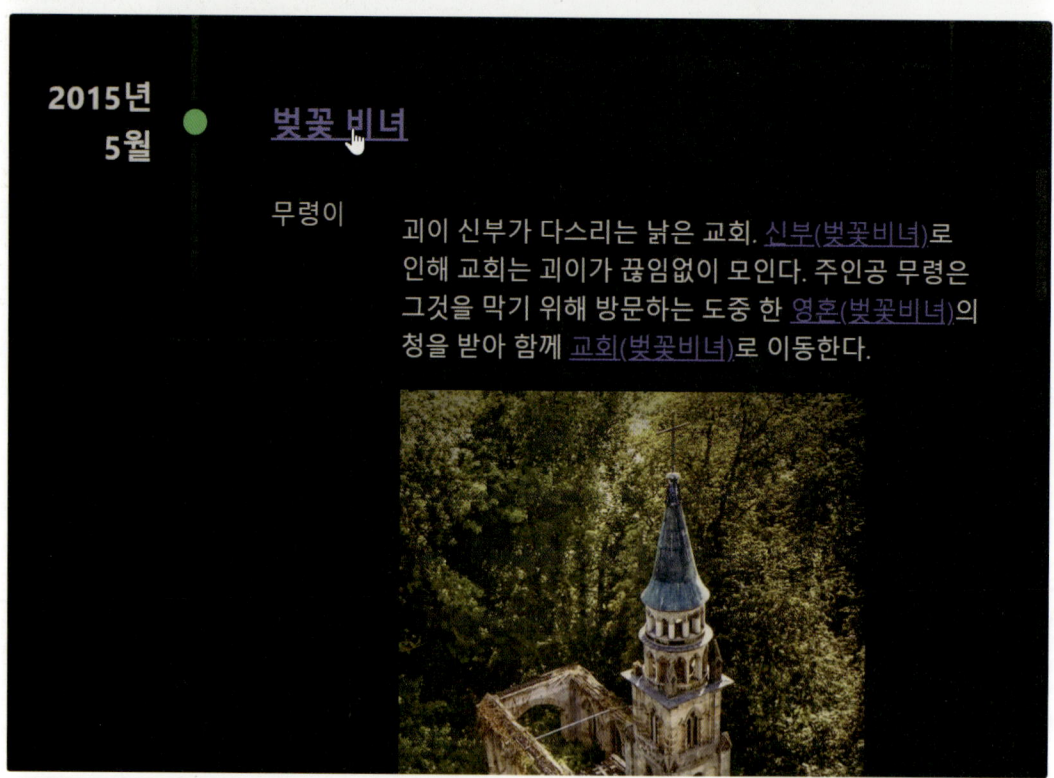

SECTION 7 타임라인에 이미지 삽입하기

타임라인에는 노트 링크뿐만 아니라 이미지도 삽입할 수 있습니다. 이미지를 이용해 타임라인을 더 멋지게 활용해 봅시다.

이미지 삽입은 옵시디언 이미지 넣듯이 하시면 됩니다. 3번째 줄, 내용 부분에 🖼를 입력해서 이미지 리스트 창을 연 뒤, 원하는 이미지를 선택합니다.

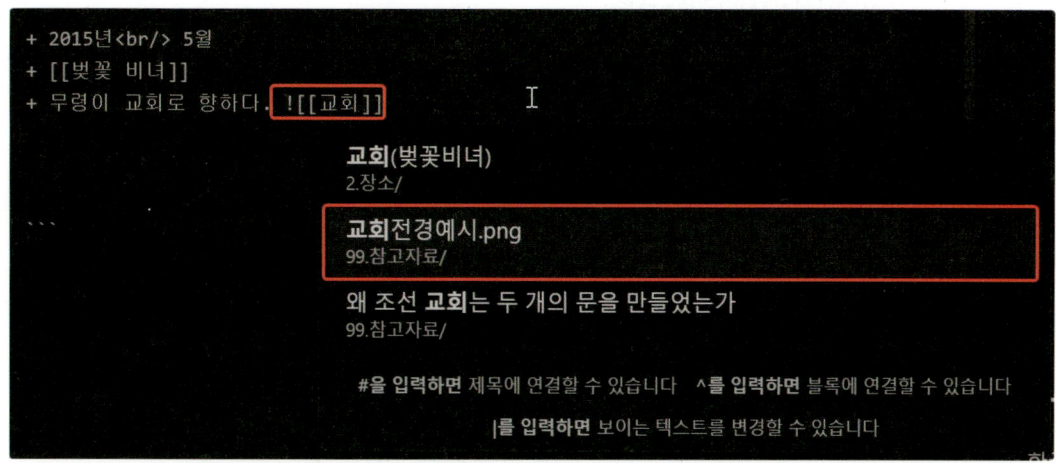

이미지가 삽입되었습니다. 더더욱 타임라인을 파악하기 좋아졌습니다.

> 🪨 **이미지 외에도 넣을 수 있나요?**
>
> 당연히 이미지 이외에 노트나 영상을 삽입하는 것도 가능합니다. 한번 시도해 보세요!

SECTION 8 완성된 타임라인을 사이드바에 배치해 보자.

타임라인은 세계관 전체를 한눈에 파악하기 좋습니다. 매번 타임라인 노트를 열지 않고 세계관을 만들면서 항상 볼 수 있으면 활용성이 더 좋아질 것 같습니다.

문서의 탭 제목 부분을 드래그해서 사이드바로 이동하면, 사이드바에 배치되므로, 항상 타임라인을 보면서 원하는 노트를 작업할 수 있습니다.

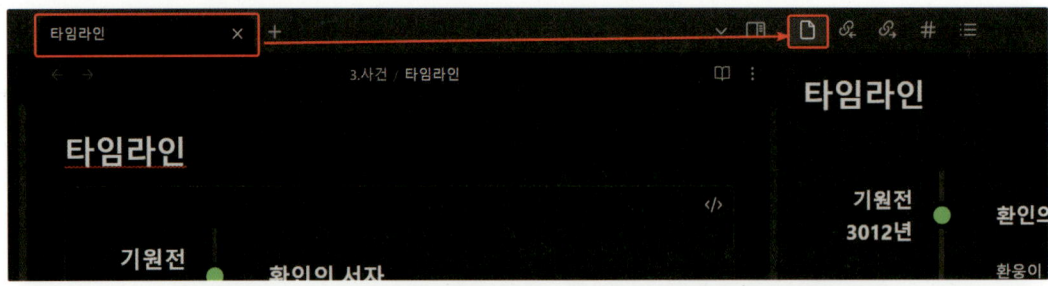

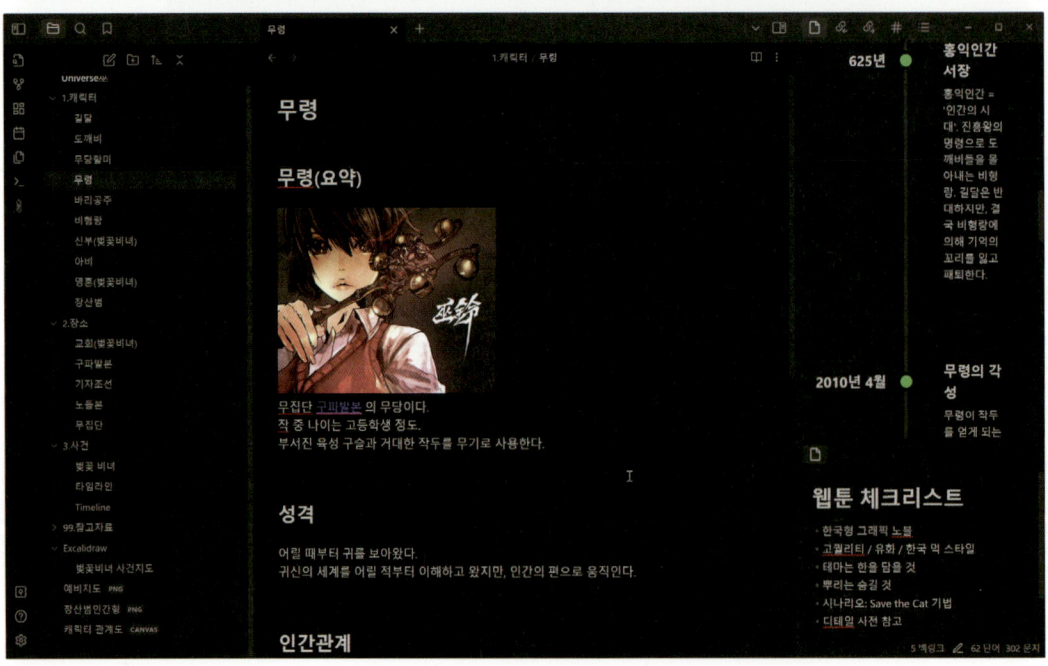

삽입한 타임라인은 다른 문서로 바뀌지 않도록 핀으로 고정해 두세요.
아이콘 위 마우스 우클릭 → 핀을 선택하면 고정됩니다.

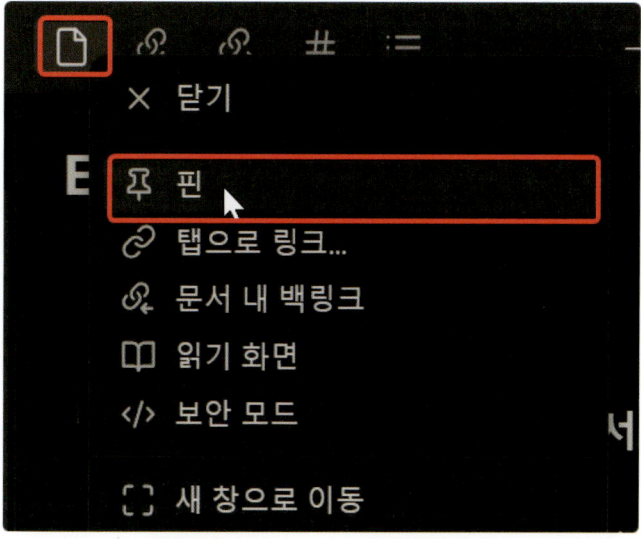

이제 어떤 노트를 작업하든지, 타임라인을 확인하고 수정해 가며 작업할 수 있게 되었습니다. 타임라인을 통해 복잡한 세계관 작업이 훨씬 편해질 것입니다.

마인드맵을 이용한 신규 캐릭터 검토하기

SECTION 1 마인드맵이란?

마인드맵이란 영국의 토니 부잔이 개발한 생각 정리 도구로서 중심 주제에서 생각이 꼬리에 꼬리를 물고 이어지는 생각 정리 도구입니다. 자유로운 연상과 이를 정리해 나가는 과정을 통해 새로운 아이디어를 만들고, 생각을 구체화할 수 있습니다. 머릿속이 정리되지 않을 때는 마인드맵을 이용해 머릿속에 있는 것들을 모두 꺼낸 다음 연결시키다 보면 어느새 복잡한 생각이 정리되거나 새로운 아이디어가 튀어나오게 됩니다.

옵시디언의 마인드맵 플러그인을 이용하면, 기본적인 마인드맵 기능을 이용할 수 있을 뿐만 아니라 기존 노트들을 연결해서 사용할 수도 있습니다. 이를 통해 세계관에 관련된 생각을 더 자유롭게 펼치고 정리할 수 있습니다.

SECTION 2 **마인드맵 플러그인 MarkMind**

마인드맵은 유명한 생각 정리 도구로, 옵시디언용 마인드맵 플러그인 역시 다양합니다. 그중에서도 추천하는 것은 MarkMind라는 플러그인입니다. 자유롭게 마인드맵을 만들 수 있으며, 이전에 만든 노트나 이미지를 연결할 수 있습니다. 내부적으로는 마크다운 문서이므로, MarkMind를 사용하지 않아도 문서를 확인할 수 있다는 장점이 있습니다.

SECTION 3 **MarkMind 설치하기**

1. Obsidian을 열고, 설정(Settings)에 들어갑니다.
2. '커뮤니티 플러그인' 섹션을 클릭합니다.
3. '탐색'을 클릭하고, '검색'에 'MarkMind'를 입력합니다.
4. 나타나는 결과에서 'MarkMind'를 찾아 '설치' 버튼을 클릭합니다.
5. 설치가 완료되면, '활성화' 토글을 클릭하여 활성화합니다.

3.3 플러그인 설치하는 방법을 참고해서 MarkMind를 설치합니다.

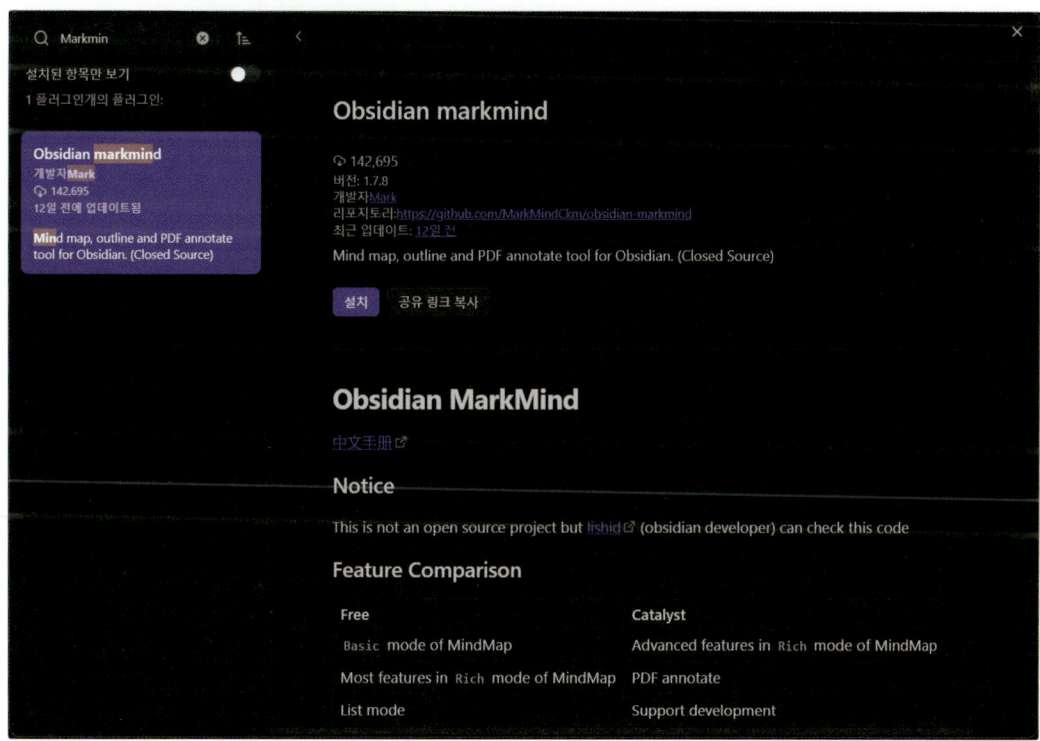

SECTION 4 MarkMind 설정하기

MarkMind에서 딱히 추가로 설정할 만한 요소는 없습니다.

바로 새 마인드맵 만들기로 넘어갑시다.

SECTION 5 마인드맵 보관용 새 폴더 만들기

마인드맵은 세계관 구성을 위해 도움이 되지만, 직접적으로 사용하지는 않는 요소입니다.

마인드맵같이 생각을 위한 노트들을 위해 0.BrainStorming 폴더를 생성합니다.

이곳은 세계관을 위해 우리가 고민한 흔적을 보관하는 곳이 될 것입니다.

3.4 폴더 아이콘 예쁘게 변경하기를 참고해서 예쁜 아이콘도 넣어보세요.

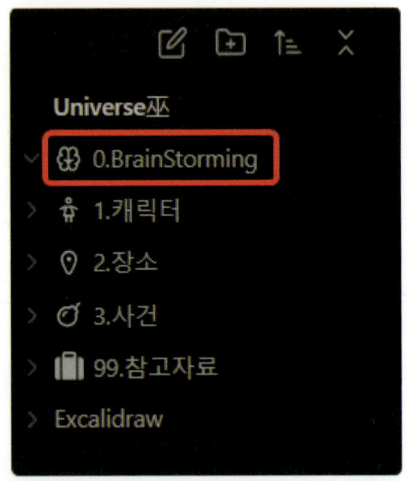

SECTION 6 새 마인드맵 만들기

0.BrainStorming 폴더에 마우스 우클릭을 하면 이전에 없던 New mindmap board 메뉴가 등장합니다. 클릭하면 새로운 마인드맵을 만들 수 있습니다.

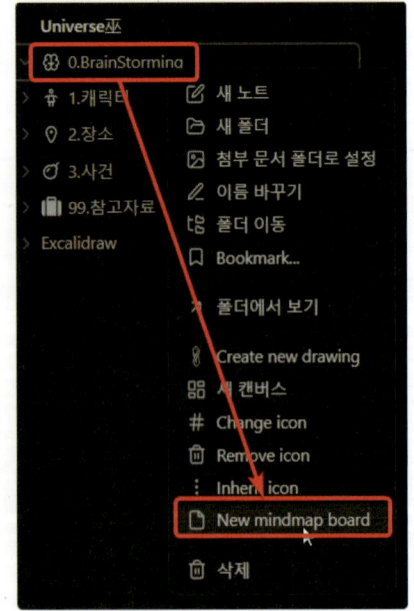

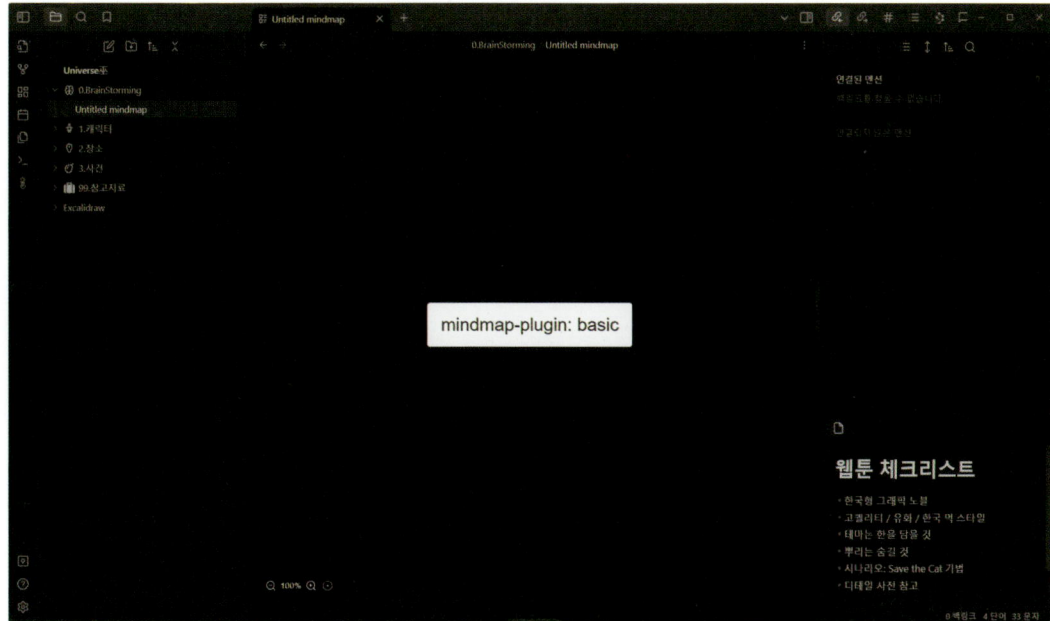

SECTION 7 마인드맵 기본 사용법

마인드맵을 사용하는 방법은 아래와 같습니다.

행동	기능
클릭	해당 블록을 선택합니다.
더블클릭	해당 블록을 수정합니다.
Tab키	자식 블록을 만듭니다.
Enter키	형제 블록을 만듭니다.
드래그	다른 블록으로 이동합니다.

SECTION 8 마인드맵으로 신규 캐릭터 검토하기

먼저 가운데 있는 블록을 더블클릭해서 내용을 수정해 봅시다. 수정 후 Enter 키를 누르면 입력됩니다.

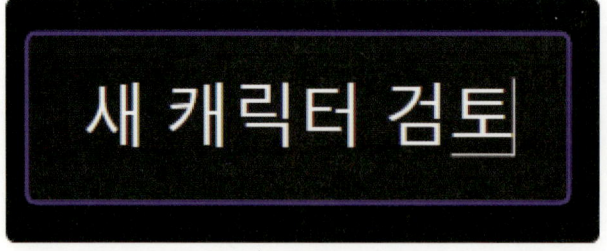

그리고 Tab 키를 누르면 자식 블록이 생성됩니다. 생성되면 바로 편집 모드가 되므로, 바로 수정이 가능합니다. 이름이라고 변경하고 Enter 키를 눌러 마무리합니다.

그 상태에서 Enter 키를 누르면 형제 블록이 만들어집니다. 이번에는 성격이라고 입력합니다.

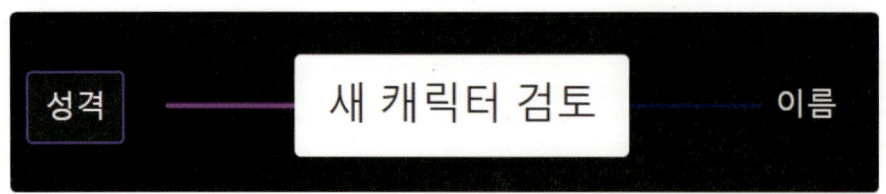

다시 이름 블록을 선택한 다음 Tab 키를 눌러 자식 블록을 만들고, 생각한 이름 후보를 적습니다. 저는 제니, 유라, 한영이라는 후보들을 작성했습니다. 여러 블록을 만들려면 하나를 입력한 뒤, Enter 키를 눌러 형제 노드를 만들면 됩니다.

생각해 보니, 이 이름들 중 유라가 더 어울리는 것 같습니다. 드래그로 간단히 위치를 옮길 수 있습니다. 유라 블록을 드래그해서 제니 블록 위로 이동합니다.

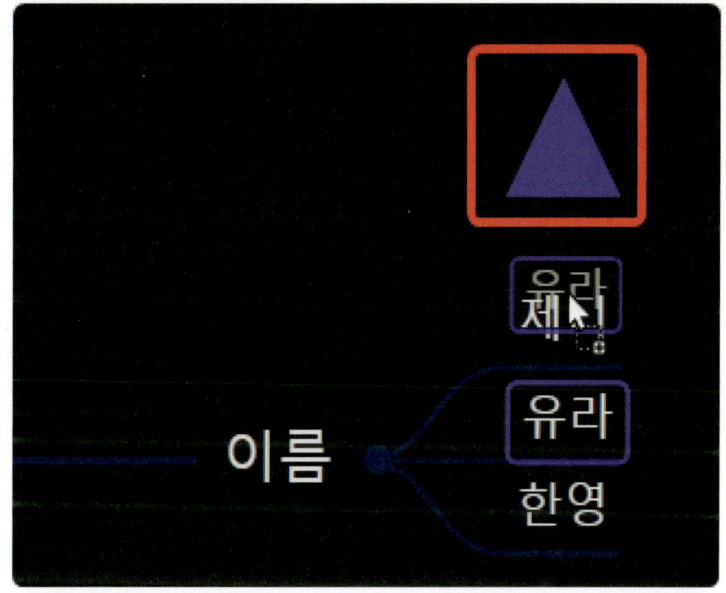

블록을 드래그하면 화살표가 나와 이 블록을 기준으로 어디에 배치되는지 확인할 수 있습니다.

SECTION 9 마인드맵에 이미지 삽입하기

새 캐릭터 검토 블록을 클릭해 선택한 다음 Tab 키를 눌러 자식 블록을 만들고 이름을 외모라고 설정합니다.

인터넷에서 캐릭터에 어울리는 인물 사진을 검색한 다음 이미지를 복사합니다.

외모 블록을 클릭해 선택한 다음 Tab 키를 눌러 새 자식 블록을 만듭니다. 그 상태에서 Ctrl+V를 눌러 붙여넣기 하면, 이미지가 붙여지며, ![[png/파일명]](파일명) 형태로 삽입되는 것을 볼 수 있습니다.

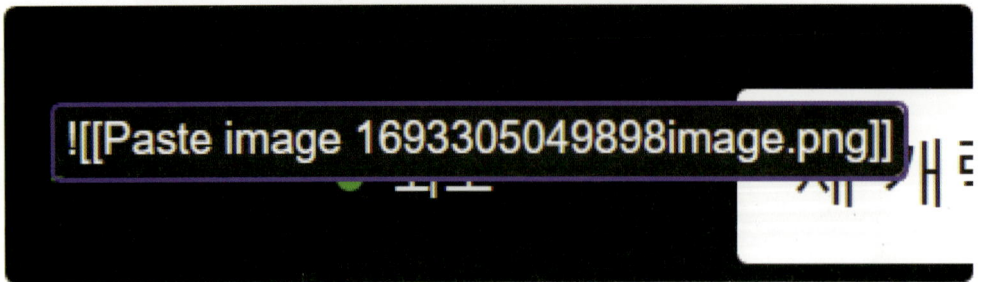

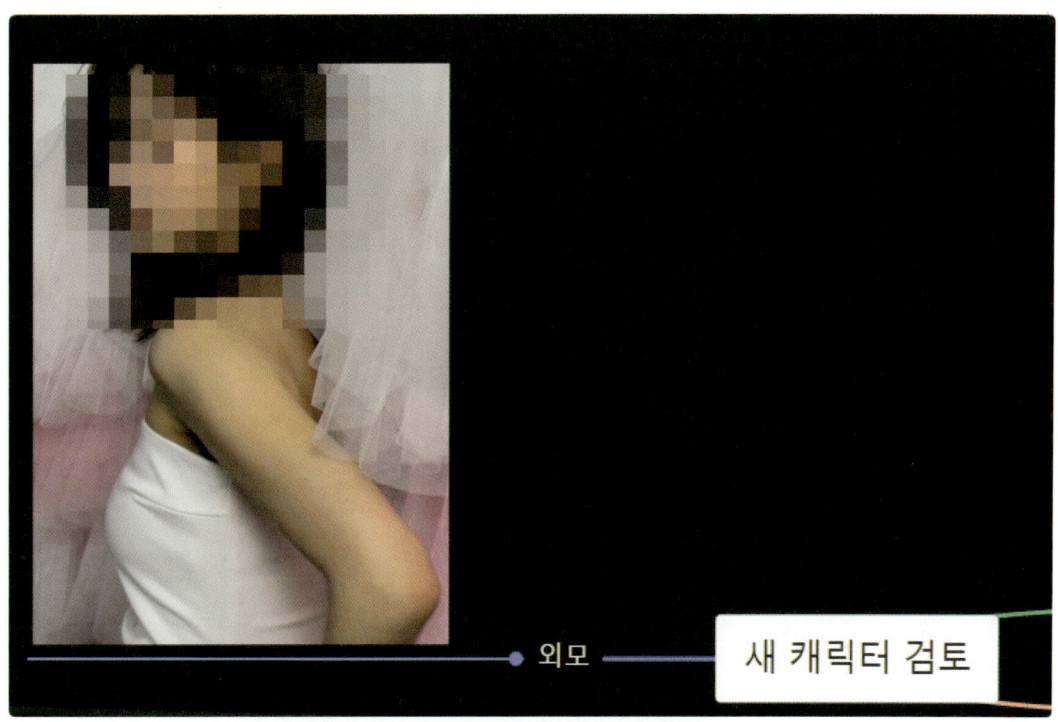

시간, 날짜 형태로 들어간 이미지 이름은 역시, 탐색기에서 선택해 직접 변경이 가능합니다.

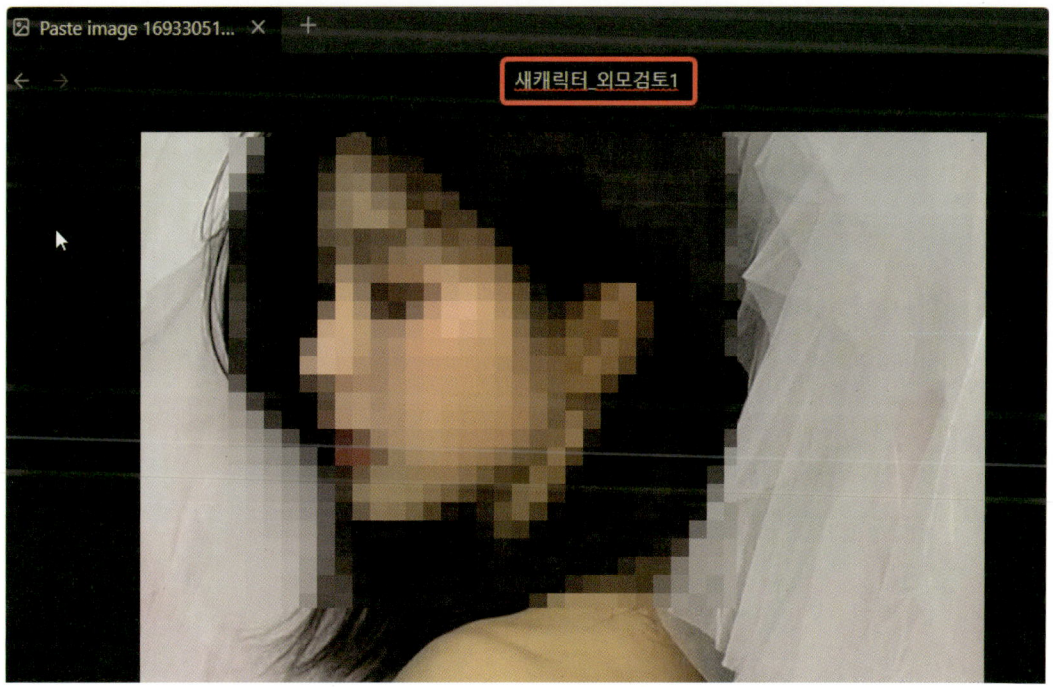

다른 외모 후보도 추가해 봅시다.

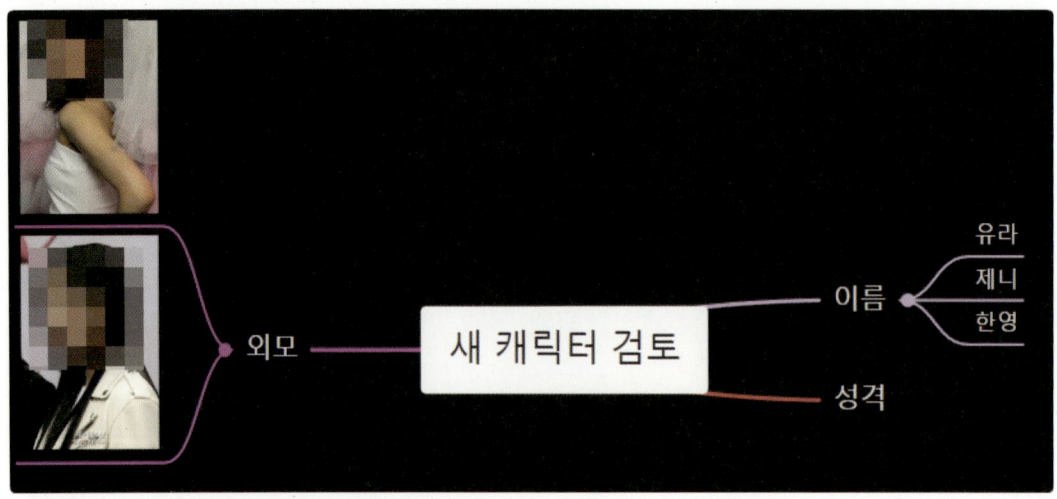

SECTION 10 다른 노트 삽입하기

옵시디언 MarkMind 마인드맵은 다른 노트를 삽입하는 것도 가능합니다.
먼저 친구 블록을 추가합니다.

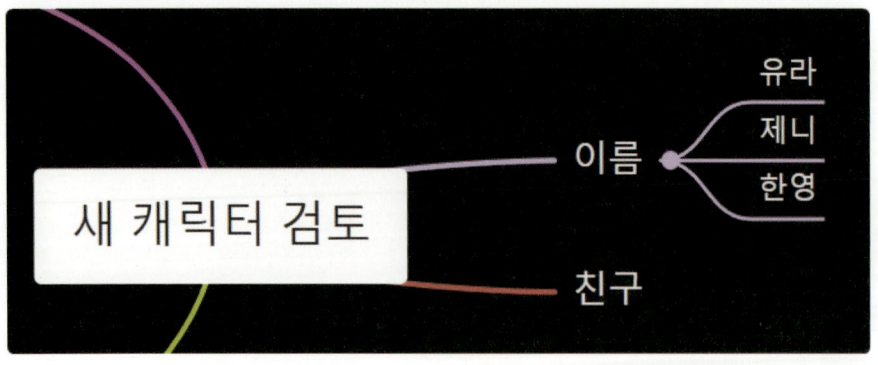

친구 블록을 선택한 채로 Tab 키를 눌러 새 블록을 만들고 ![[png/]]를 입력하고, 원하는 노트 이름을 입력합니다.

그러면 기존 노트를 선택하는 리스트 창이 보입니다.

원하는 기존 캐릭터 노트를 선택해 입력합니다. 저는 무령 노트의 무령요약 항목을 사용하였습니다.

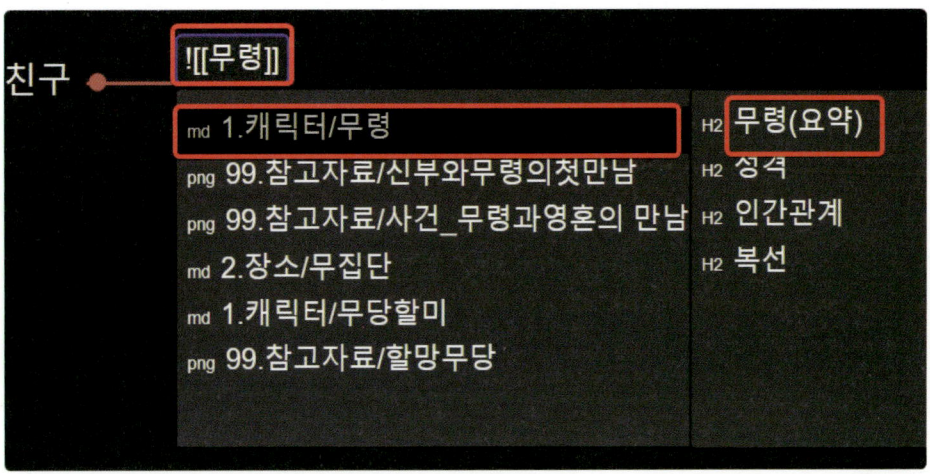

무령 항목이 입력된 것을 볼 수 있습니다.

이처럼 기존에 만든 노트를 삽입해 볼 수 있는 것은 옵시디언 마인드맵만의 매력입니다.

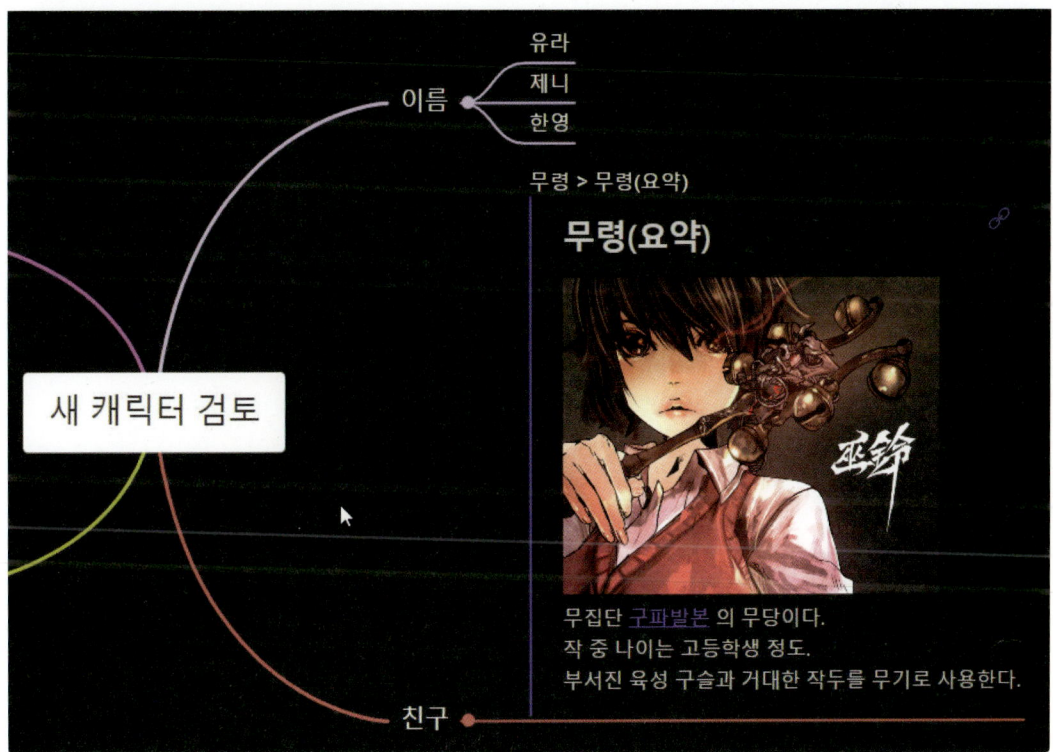

5장. 세계관을 그림으로 그려보다   **273**

무령 블록을 선택한 채로 Tab 키를 누르면 다시 자식 블록을 만들 수 있습니다. 이를 통해 무령과 새 캐릭터가 어떤 관계인지를 추가로 검토할 수 있습니다. 검토한 내용은 나중에 캐릭터 노트를 새로 만들 때 참고할 수 있을 것입니다.

이렇게 점점 형제 블록과 자식 블록을 늘려 나가면서 마인드맵을 점점 확장할 수 있습니다. 자신만의 마인드맵을 만들며 생각을 펼쳐보시기 바랍니다.

Tip 마인드맵을 일반 노트 형태로 보기

MarkMind로 만들어진 마인드맵은 겉으로 보기엔 마인드맵이지만, 사실 다른 노트와 동일한 마크다운 문서입니다. 마인드맵을 일반 노트 형태로 보려면 노트 오른쪽 상단의 3점 아이콘을 클릭한 다음, Open as Markdown 메뉴를 선택하면 됩니다.

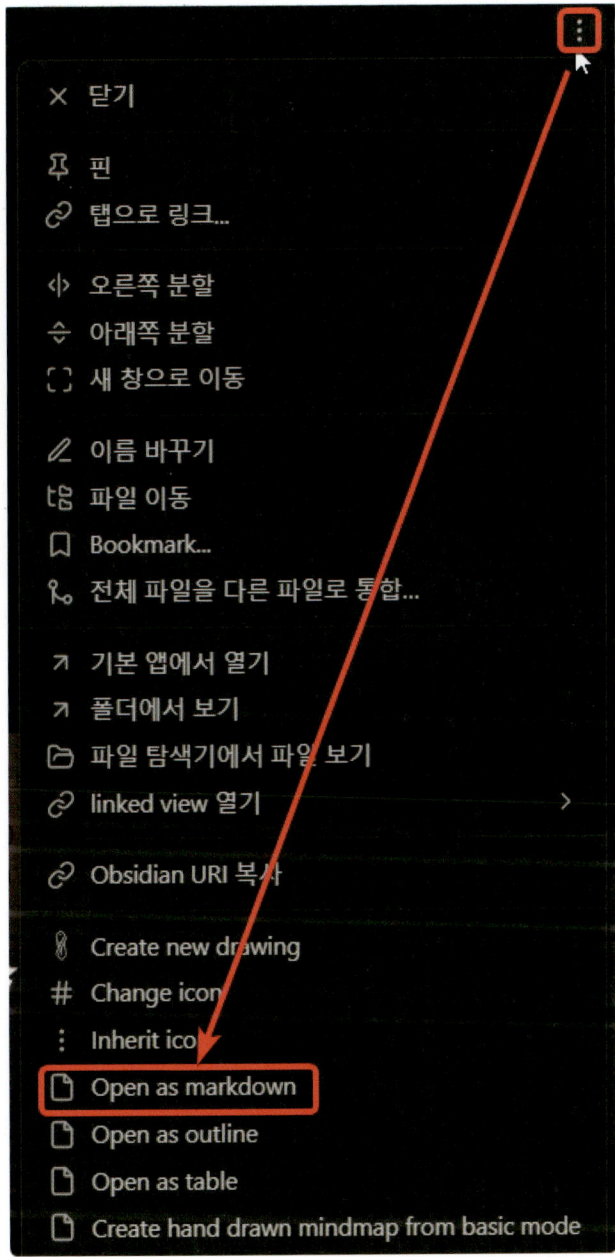

Open as markdown을 클릭하면, 아래처럼 마크다운 노트로 열립니다. 원래 대로 돌리려면 역시 3점 아이콘 → Open as mindmap을 선택하시면 됩니다.

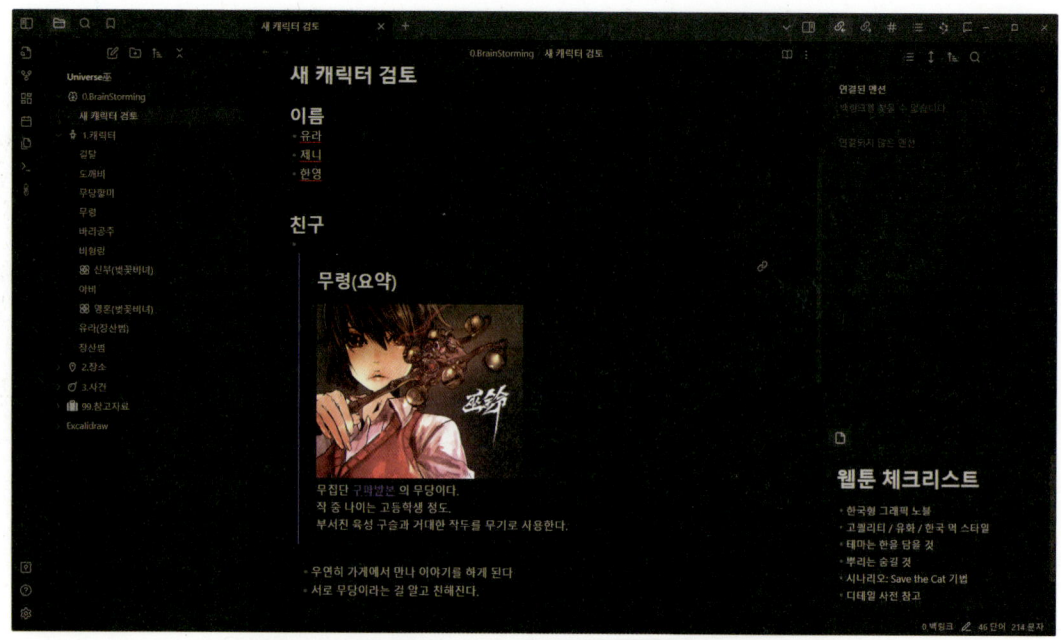

CHAPTER 5.6
프로퍼티를 이용한 캐릭터 정보 입력하기

캐릭터들은 다들 다양하지만, 성별·키·종족·혈액형·MBTI 등등 공통적으로 분류할 수 있는 정보들을 가지고 있습니다. 옵시디언에서는 이러한 다양한 속성을 정리하는 요소를 지원합니다. 이를 프로퍼티(Property)라고 부르며, yaml구조로 생성됩니다.

> 💎 **YAML이란?**
>
> YAML은 'YAML Ain't Markup Language'의 줄임말로, 구조적인 데이터를 기록하고 공유하는 데에 사용되는 인간 친화적인 데이터 직렬화 표준입니다. 옵시디언에서, YAML 메타 데이터 블록은 노트의 본문과 분리되어 있으며, 노트의 세부 정보를 저장하는 데 사용됩니다.

예전에는 이러한 속성을 일일이 수동으로 입력해야 했지만, 옵시디언 1.4부터 메뉴 형태로 편리하게 입력할 수 있도록 개선되었습니다.

그럼, 정보를 입력해 볼까요?

SECTION 1 주인공 성별 입력하기

먼저 주인공의 다양한 정보를 입력해 봅시다.

정보를 입력할 노트를 여세요. 저는 무령 캐릭터 노트를 열었습니다.

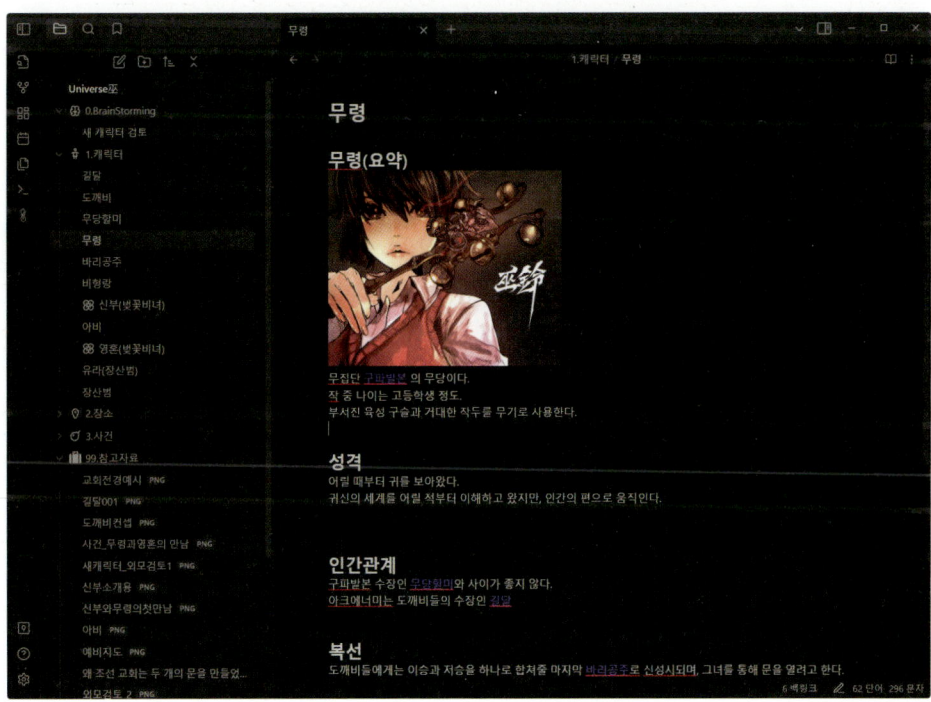

오른쪽 상단 점3 메뉴를 마우스 클릭 → Add file property를 선택합니다.

(혹은 단축키 Ctrl+; 을 누르셔도 됩니다.)

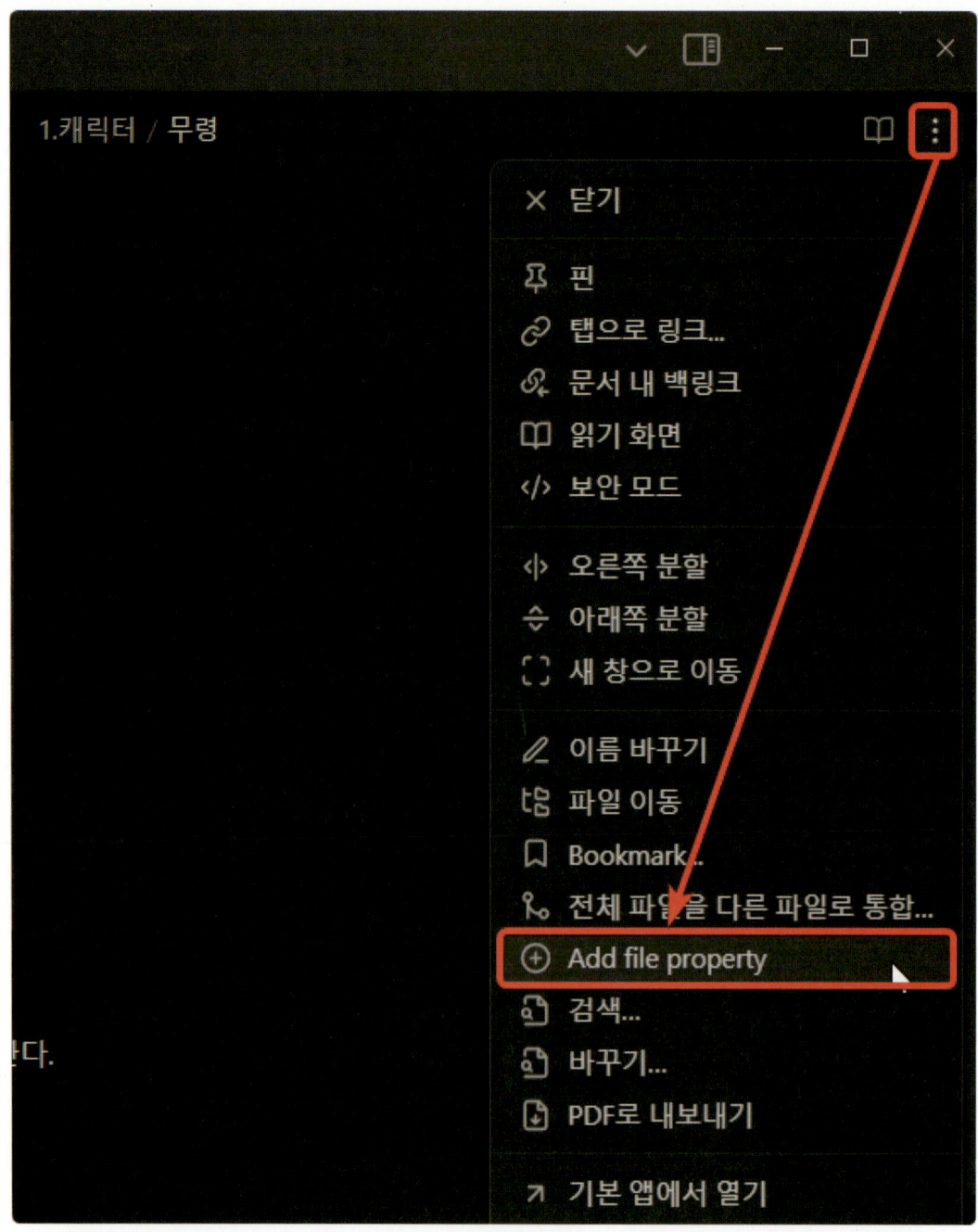

Add file property를 선택하면, 문서 제목 아래에 Property라는 항목이 추가되며, 정보를 입력할 수 있는 공간이 나타납니다. 노션을 사용하셨다면 익숙한 모습일 수 있을 것 같습니다.

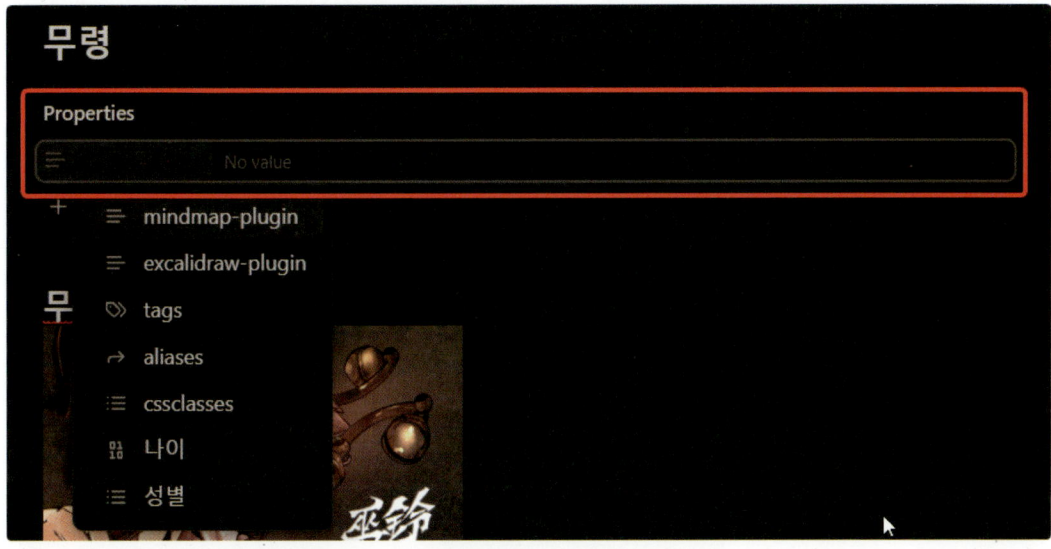

먼저 성별부터 입력해 보겠습니다. 프로퍼티 이름에 성별이라고 입력합니다.

무령의 성별은 '여성'입니다. No value라고 적혀있는 곳이 값을 입력하는 곳입니다. 여성이라고 입력합니다.

이제 무령의 성별 정보가 입력되었습니다. 이 정보는 클릭해서 언제든 수정할 수 있습니다.

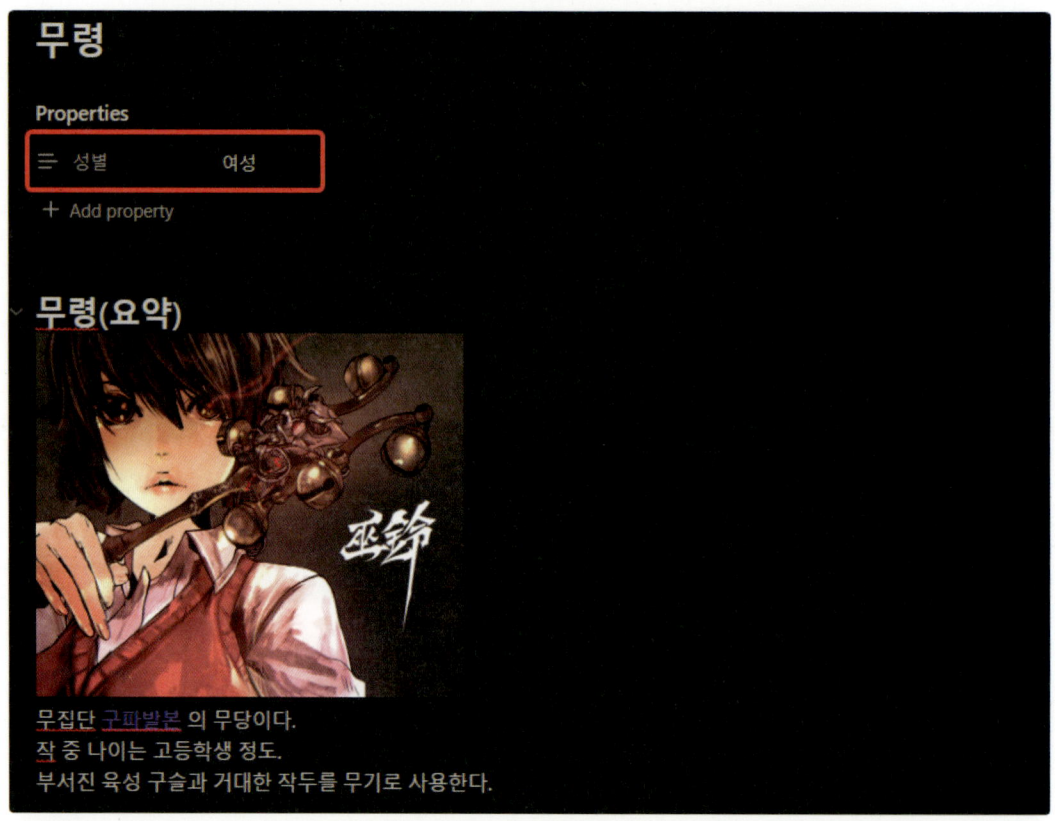

이제 다른 정보도 입력해 볼까요? 이번에는 태어난 정보인 생년월일을 입력해 봅시다.

SECTION 2 프로퍼티 타입 변경으로 생년월일 입력하기

정보는 필요에 따라 텍스트·숫자·리스트·날짜 등 다양한 타입으로 나뉩니다. 성별은 텍스트로 입력하면 됩니다. 하지만 생년월일은 날짜 형태가 더 잘 어울릴 것입니다. 옵시디언의 프로퍼티(Property)는 다양한 타입을 설정할 수 있어, 정보 분류에 편리합니다.

주인공의 생년월일을 입력해 봅시다. 프로퍼티 탭 아래에 Add property 라는 버튼이 보일 것입니다. 새로운 프로퍼티를 추가하는 버튼입니다.

누르면 새 라인이 추가됩니다. 생년월일이라고 입력합니다.

이제 프로퍼티 타입을 변경해 봅시다. 생년월일 왼쪽 아이콘을 클릭하면 메뉴가 열립니다.

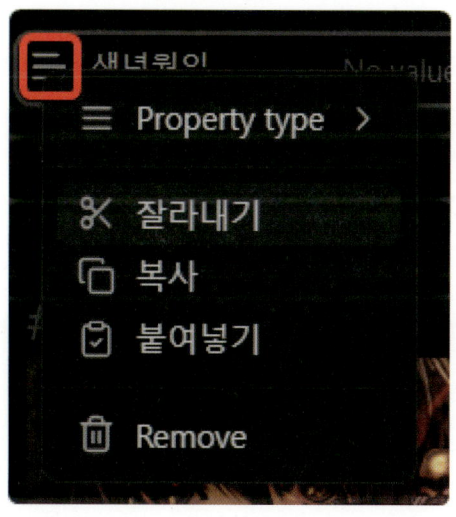

프로퍼티 타입을 변경하기 위해 Property type을 클릭합니다. 선택할 수 있는 프로퍼티 타입 메뉴가 열립니다.

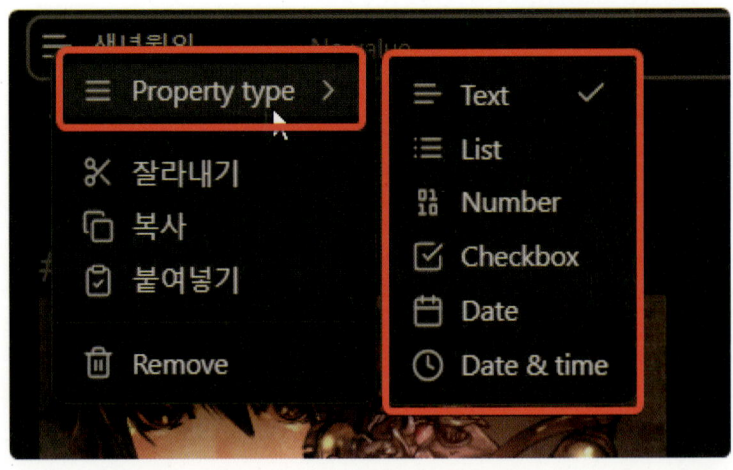

각 종류는 아래를 참고하세요.

타입명	설명
Text	성별, MBTI 등 텍스트 형태의 정보를 입력할 수 있습니다.
List	좋아하는 음식 등 리스트 형태의 정보를 입력할 수 있습니다.
Number	나이 등 숫자 형태의 정보를 입력할 수 있습니다.
Checkbox	결혼 여부 등 예/아니오로 답할 수 있는 정보를 입력할 수 있습니다.
Date	생년월일, 일정 등 날짜 정보를 입력할 수 있습니다.
Date&time	사건, 시간 등 날짜와 함께 시간 정보를 입력할 수 있습니다.

생년월일에는 Date가 어울릴 것 같습니다. Date를 선택합니다.

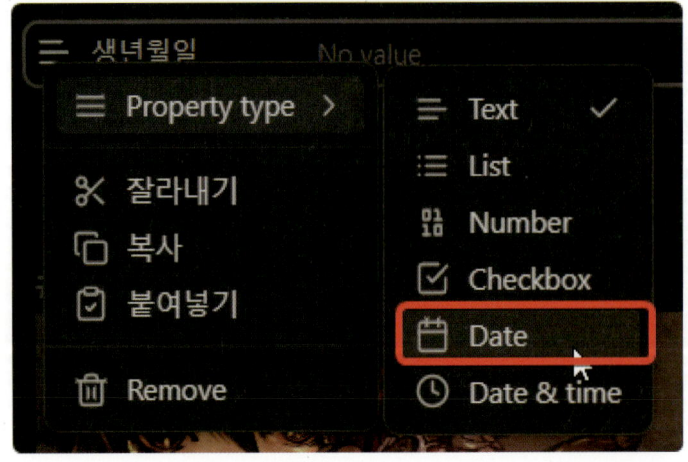

선택하면, 타입과 함께 아이콘이 변경된 것을 알 수 있습니다. 이 아이콘 변경을 통해 어떤 타입인지 손쉽게 확인할 수 있습니다.

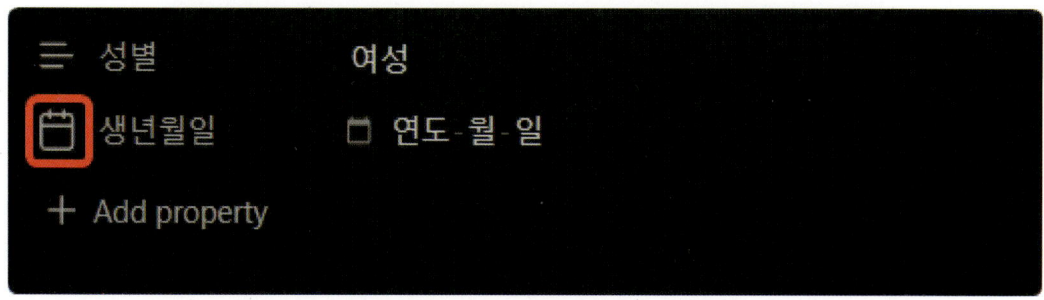

값 부분 역시 연도, 월, 일 형태로 바뀌었습니다. 클릭하면 날짜 입력 칸이 열리며 원하는 날짜를 입력할 수 있습니다. 이제 원하는 날짜를 입력합니다.

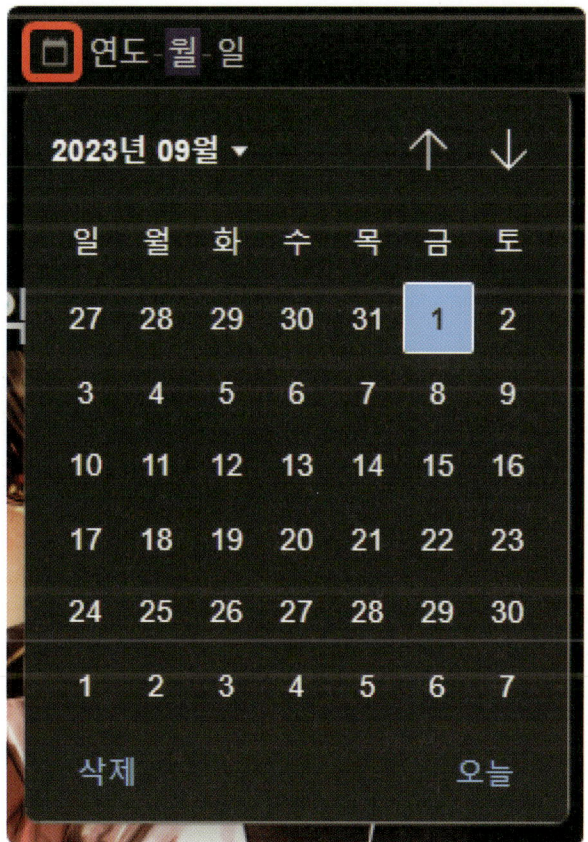

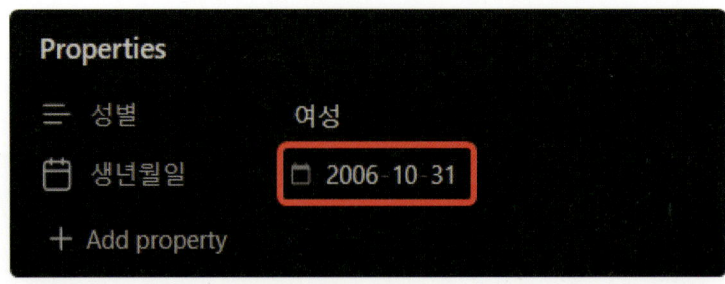

이번에는 리스트 형태 정보를 입력해 봅시다. 좋아하는 음식 정도가 좋을 것 같습니다. Add Property 버튼을 눌러 새 프로퍼티를 추가한 다음, 좋아하는 음식이라고 입력합니다.

제목 옆 아이콘을 클릭한 다음 리스트 형태로 변경합니다.

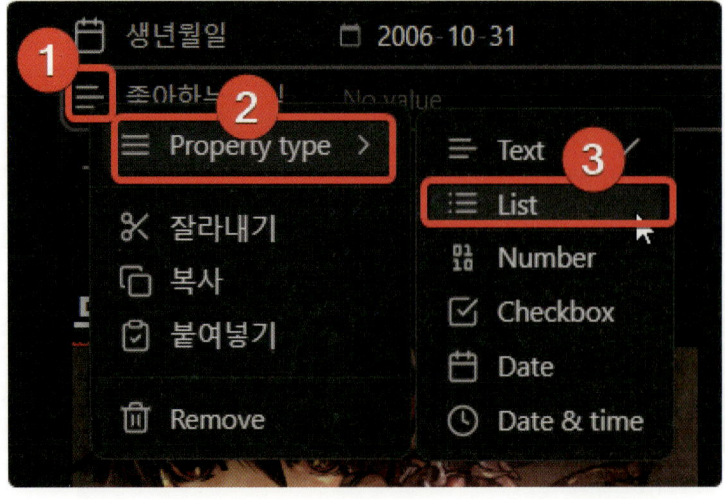

원하는 값을 입력한 뒤 Enter 키를 눌러 등록한 다음 이어서 여러 번 입력할 수 있습니다.

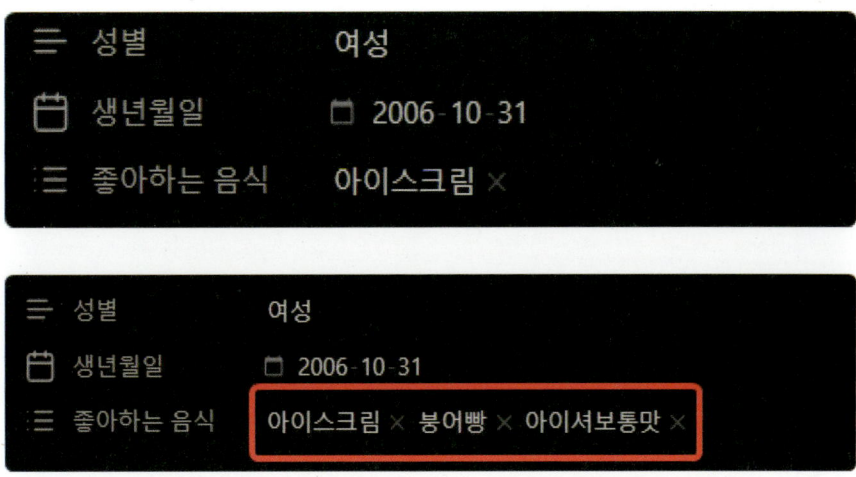

그중 원하지 않는 값은 옆의 x 버튼을 클릭해 제거할 수 있습니다.

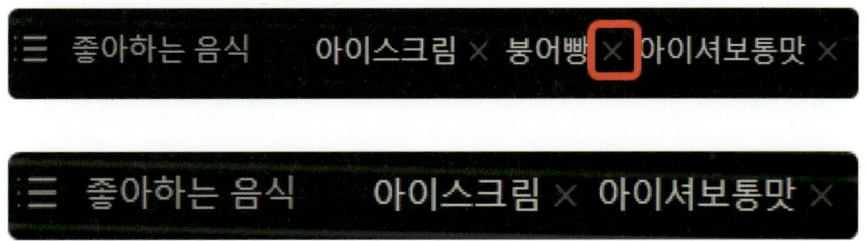

같은 방식으로 종족, 혈액형, MBTI 등등 필요한 정보를 입력해 봅시다.

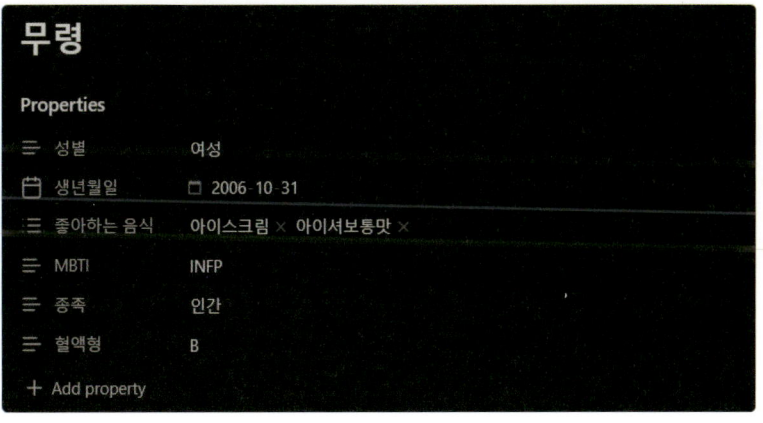

SECTION 3 노트를 프로퍼티 값으로 설정하기

프로퍼티는 일반 텍스트뿐만 아니라, 노트 형태나 태그 형태도 가능합니다. 입력은 노트 링크를 입력하는 기본 방법인 [[(겹대괄호)를 사용하며, 익숙한 리스트 창으로 입력할 수 있습니다.

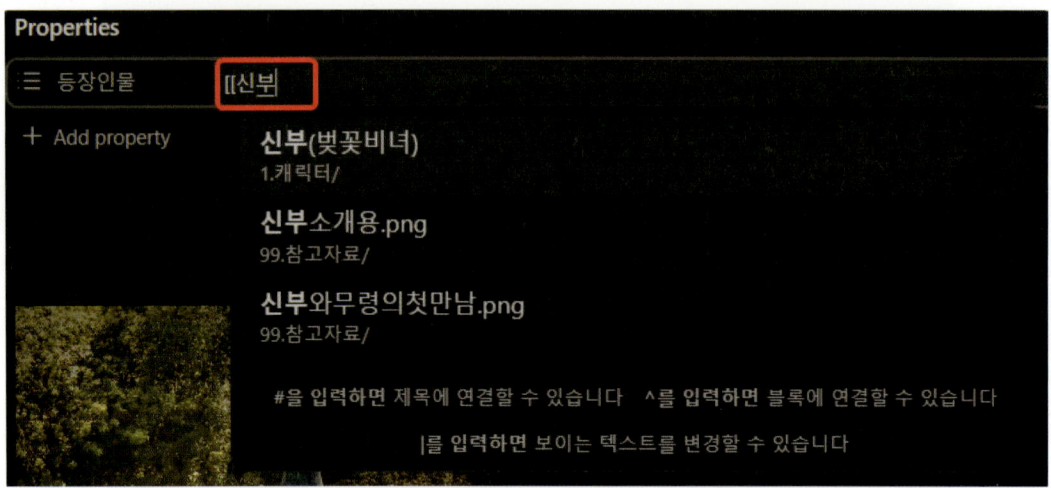

무령 노트에도 적용해 봅시다. 무령은 구파발본이라는 무당 집단에 속해 있습니다. 집단을 표시하기 위해 새 프로퍼티를 만들고, 집단이라고 제목을 입력합니다.

프로퍼티값에 [[를 입력한 다음 소속 집단인 구파발본을 입력합니다.

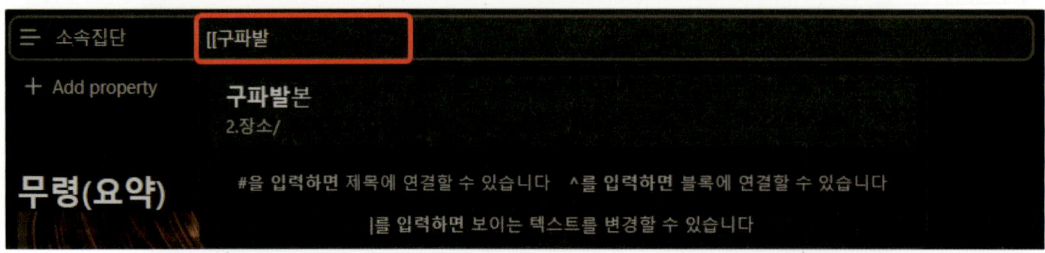

입력된 노트는 링크 형태로 보이게 됩니다. 링크를 클릭해서 노트를 열거나, Ctrl+커서 로 미리보기 역시 가능합니다.

노트를 프로퍼티로 등록하면 기존의 정보를 편하게 연결할 수 있습니다. 시놉시스 노트라면 등장인물 노트를 연결하는 방식으로, 캐릭터라면 소속 집단이나 사용하는 필살기를 필살기 설명 노트와 연결해 사용할 수 있을 것입니다.

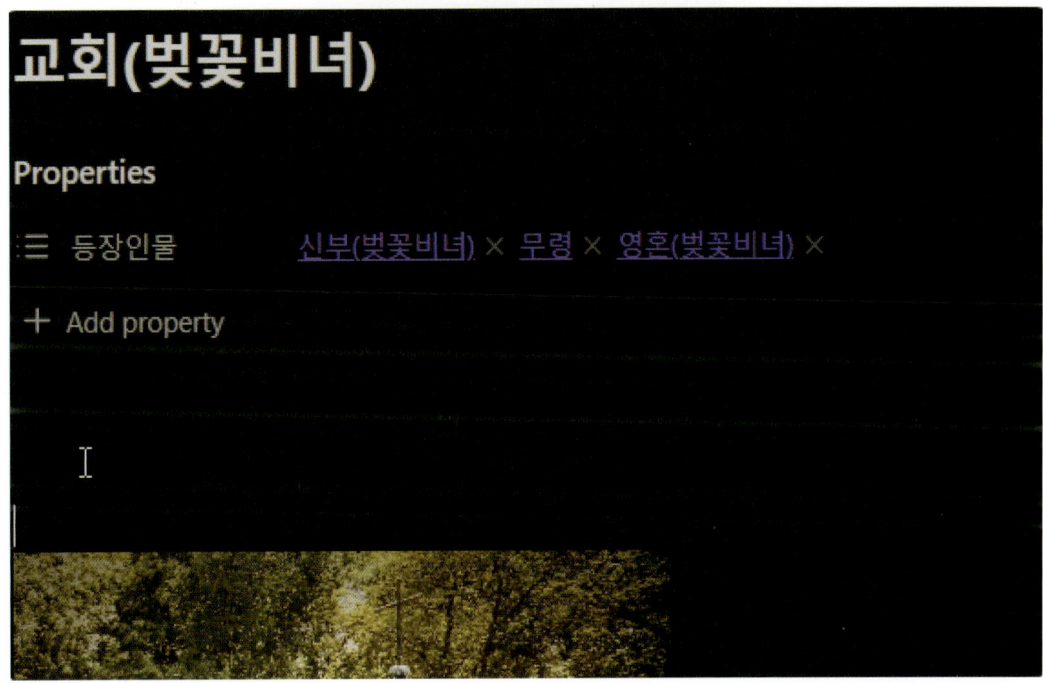

SECTION 4 사용하지 않는 프로퍼티 삭제하기

사용하지 않는 프로퍼티는 제목 옆 아이콘을 클릭해 열리는 메뉴 중 Remove를 사용해 제거할 수 있습니다.

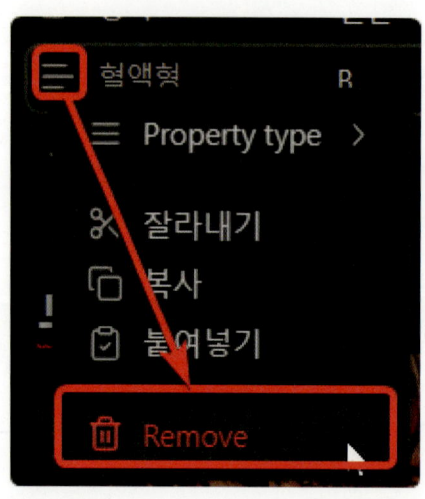

SECTION 5 캐릭터 정보 두 배로 활용하기

이렇게 프로퍼티를 사용하면 정보를 깔끔하게 정리하고 필요한 양식으로 입력할 수 있습니다. 다른 노트와 연결도 가능합니다. 하지만 프로퍼티의 실제 위력은 Dataview 플러그인과 결합했을 때 비로소 드러납니다. Dataview는 옵시디언의 노트에 저장된 데이터를 검색하고 정리하는 데 사용되는 강력한 플러그인입니다. 이어서, 5.7 dataview로 캐릭터 표 만들기를 통해 Dataview를 이용하는 방법에 대해 알아보도록 하겠습니다.

CHAPTER 5.7
Dataview로 캐릭터 표 만들기

SECTION 1 DataView 플러그인이란?

DataView는 옵시디언의 프로퍼티를 이용해 다양한 작업을 할 수 있는 멋진 플러그인입니다. 예를 들어, 모든 캐릭터의 이름과 생년월일, MBTI를 목록으로 나열하거나 특정 성별이나 나이대의 캐릭터만 필터링할 수도 있습니다. 이렇게 하면 캐릭터 데이터를 유용하고 효율적인 방식으로 이용하고 조작할 수 있습니다. 옵시디언의 Property와 Dataview플러그인은 스토리텔링을 위한 세계관을 검토하고, 포함된 정보를 재조합할 수 있는 강력한 도구입니다. 캐릭터 정보를 쉽게 정리하고 접근할 수 있게 해주며, 이를 통해 더 깊고 복잡한 세계를 만들 수 있게 해줍니다.

SECTION 2 DataView 플러그인 설치하기

1. Obsidian을 열고, 설정(Settings)에 들어갑니다.
2. '커뮤니티 플러그인' 섹션을 클릭합니다.
3. '탐색'을 클릭하고, '검색'에 'Dataview'를 입력합니다.
4. 나타나는 결과에서 'Dataview'를 찾아 '설치' 버튼을 클릭합니다.
5. 설치가 완료되면, '활성화' 토글을 클릭하여 활성화합니다.

자세한 내용은 3.3 플러그인 설치하는 방법을 참고하세요.

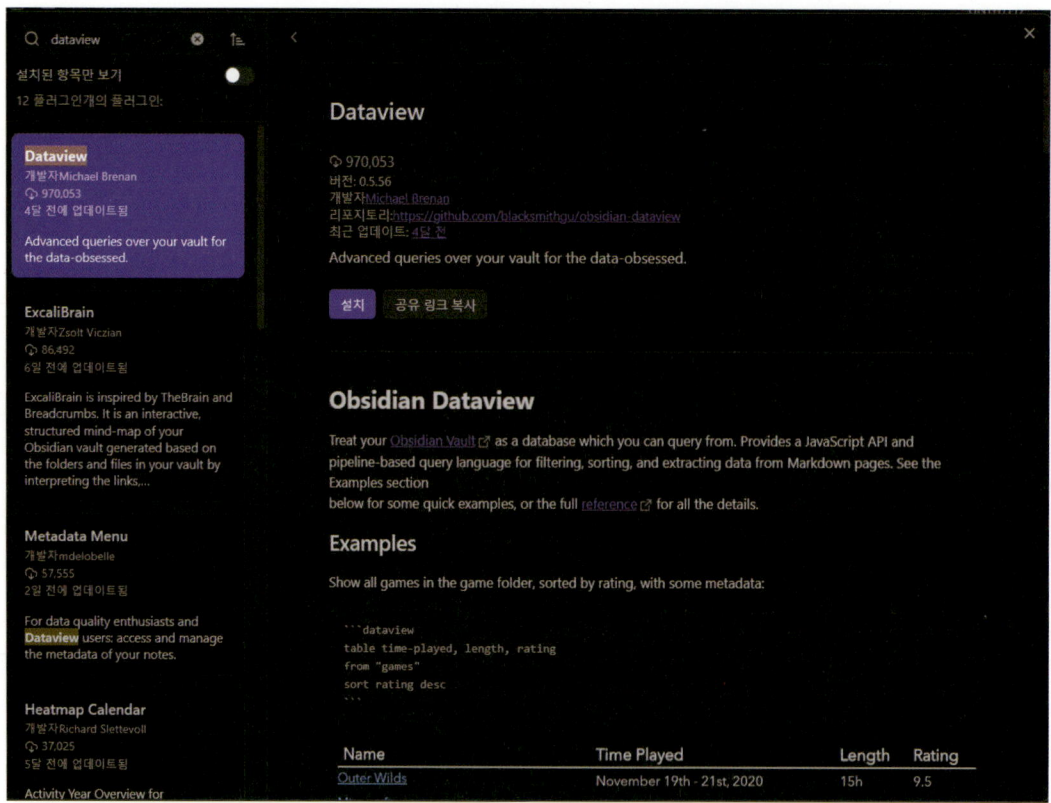

SECTION 3   DataView 플러그인 기본 사용법

Dataview는 마크다운의 코드 문법(백틱 3개)을 사용하며, 기본 구조는 아래와 같습니다.

```dataview
Table|List|Task <field> [AS "Column Name"], <field>,...,<field>
FROM <source>
WHERE <expression>
SORT <expression> [ASC/DESC]
...other data command
```

DataView는 DVQ(dataview query)라는 sql 기반 언어를 사용합니다. 뭔가 복잡해 보이는 내용입니다. 하나하나 살펴봅시다.

코드	기능
Table, List, Task	어떤 식으로 보여줄지 결정합니다. 테이블(Table), 리스트(List), 할 일(Task) 방식 중 하나를 선택할 수 있습니다.
field	보여줄 열을 결정합니다. 표시하고 싶은 Property 이름을 선택합니다. 콤마를 통해 여러 개를 사용 가능합니다. AS "이름"을 사용해 다른 이름으로 변경도 가능합니다.
FROM	어디서 가져올지를 결정합니다. 폴더 등을 입력합니다. "/폴더1/폴더2"
WHERE	필터링할 조건을 설정합니다.
SORT	무엇으로 정렬할지 결정합니다.

실제 예시를 통해 내용을 살펴봅시다.

SECTION 4 DataView를 이용한 캐릭터 표 만들기

캐릭터의 정보가 담긴 캐릭터 표를 보고 싶습니다.

표에는 종족과 소속 집단을 포함할 예정입니다.

99. 참고자료 폴더에 캐릭터 표 노트를 하나 만듭니다.

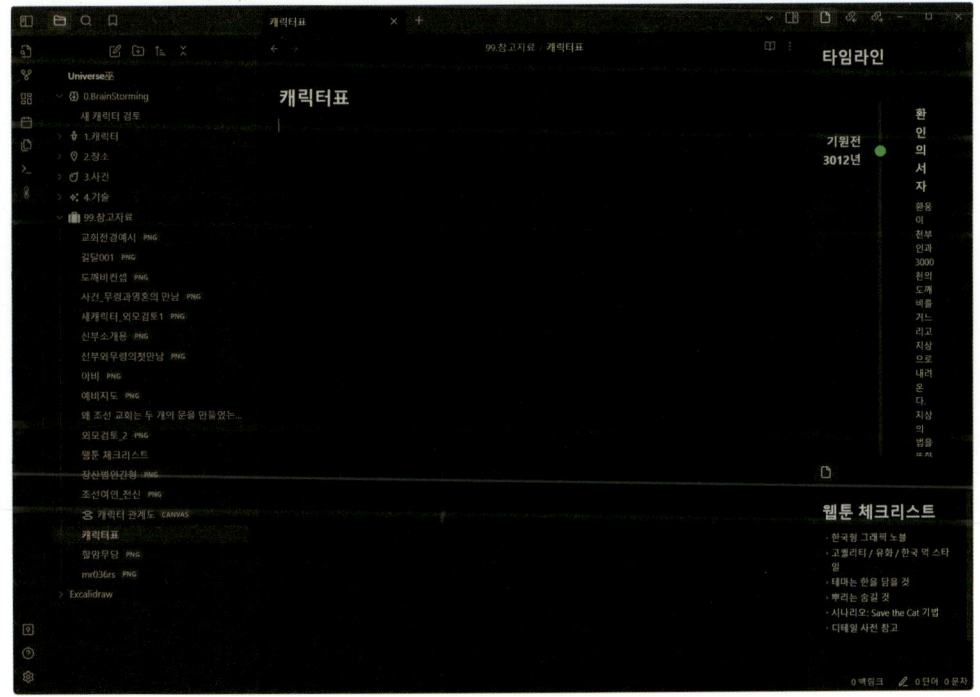

표 형태로 보여야 하니 Table을 사용합니다. 열에는 종족과 소속 집단을 추가하였습니다. 캐릭터 폴더의 캐릭터 노트에서만 가져올 예정이라 From 은 "1.캐릭터"를 입력하였습니다. 모든 캐릭터를 다 보여줄 예정이므로 Where, Sort는 제외합니다.

```
dataview
Table 종족,소속집단
From "1.캐릭터"
```

위와 같이 입력하고 결과를 보면, 1.캐릭터 폴더에 있는 모든 노트가 표로 보입니다. 필드로 입력한 종족과 소속 집단도 함께 보입니다.

File (11)	종족	소속집단
길달	도깨비	어둑달
무당할미	인간	구파발본
무령	인간	구파발본
도깨비	도깨비	어둑달
바리공주	인간	-
신부(벚꽃비녀)	도깨비	교회(벚꽃비녀)
비형랑	인간	신라
유라(장산범)	인간	완산골
영혼(벚꽃비녀)	유령	송단마을
장산범	지신	어둑달
아비	도깨비	어둑달

SECTION 5 종족별로 정렬하기

이 캐릭터 표에는 다양한 종족들이 있습니다. 그런데 다양한 종족들이 뒤섞여 있으니 보기 좋지 않은 것 같습니다. 보기 좋게 종족별로 정렬해 봅시다.

dataview 코드 안에 `Sort 종족`을 추가하였습니다.

```dataview
Table 종족,소속집단
From "1.캐릭터"
Sort 종족
```

종족별로 정렬되었습니다. 좀 더 보기 깔끔해졌습니다.

캐릭터표

File (11)	종족	소속집단
길달	도깨비	어둑달
도깨비	도깨비	어둑달
신부(벗꽃비녀)	도깨비	교회(벗꽃비녀)
아비	도깨비	어둑달
영혼(벗꽃비녀)	유령	송단마을
무당할미	인간	군파발본
무령	인간	군파발본
바리공주	인간	-
바형랑	인간	신라
유라(장산범)	인간	완산골
장산범	지신	어둑달

정렬 순서를 뒤집고 싶다면 DESC(역순 정렬)를 끝에 추가하면 됩니다.

```
```dataview
Table 종족,소속집단
From "1.캐릭터"
Sort 종족 DESC
```
```

역순으로 바뀐 것을 확인할 수 있습니다.

캐릭터표

File (11)	종족	소속집단
장산범	지신	어둑달
무당할미	인간	구파발본
무령	인간	구파발본
바리공주	인간	-
비형랑	인간	신라
유라(장산범)	인간	완산골
영혼(벚꽃비녀)	유령	송단마을
길달	도깨비	어둑달
도깨비	도깨비	어둑달
신부(벚꽃비녀)	도깨비	교회(벚꽃비녀)
아비	도깨비	어둑달

SECTION 6 특정 집단만 보는 필터링 기능

특정 집단만 파악하는 등 일부 카테고리만 따로 보고 싶다면 Where를 사용하면 됩니다. 예를 들어 무령의 집단인 구파발본에 어떤 다른 캐릭터가 있는지 궁금하다면?

아래처럼 소속 집단 = [[구파발본]] 을 추가하면 됩니다.

```dataview
Table 종족,소속집단
From "1.캐릭터"
Where 소속집단 = [[구파발본]]
Sort 종족 DESC
```

그러면 아래처럼 소속 집단이 구파발본인 캐릭터만 필터링됩니다.

캐릭터표

File (2)	종족	소속집단
모당할미	인간	구파발본
무령	인간	구파발본

이러한 정보들을 캐릭터 노트 안에 같은 소속 집단이라는 소제목으로 넣으면, 전투 장면 등의 위기 상황에서 주인공을 도우러 올 캐릭터를 결정하는 데 큰 도움이 됩니다.

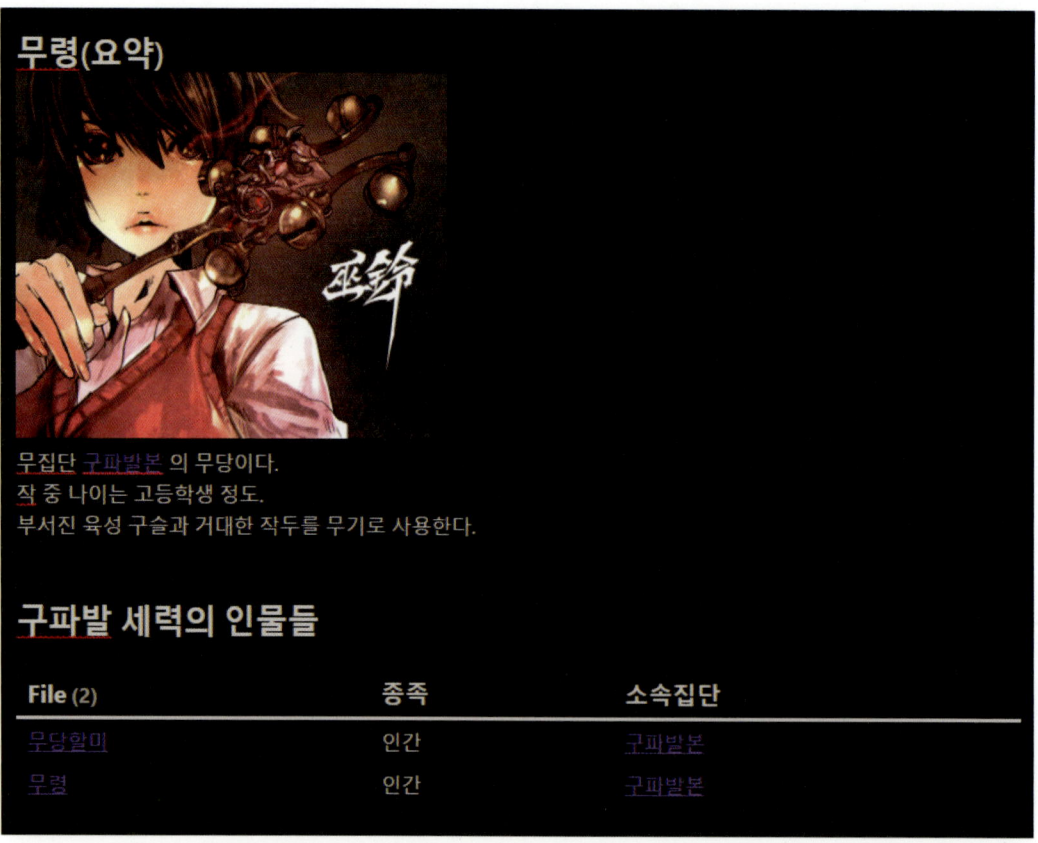

무집단 구파발본 의 무당이다.
작 중 나이는 고등학생 정도.
부서진 육성 구슬과 거대한 작두를 무기로 사용한다.

구파발 세력의 인물들

File (2)	종족	소속집단
무당할미	인간	구파발본
무령	인간	구파발본

SECTION 7 다양한 사용 방법

위의 간단한 예시 이외에도 사용할 수 있는 다양한 예시들이 있습니다. 직접 한번 사용해 보세요.

■ a) 생일이 5월인 캐릭터만 보여주기

```
table 이름, 생년월일
from "1. 캐릭터"
where date(생년월일).month = 5
sort 생년월일
```

- b) 나이로 분류한 뒤, 그룹화하기

```
table
  (if(나이 < 20, "10-19",
   if(나이 < 30, "20-29",
   if(나이 < 40, "30-39",
   "40+")))) as "나이그룹",
  count(나이) as "숫자"
from "1.캐릭터"
group by "나이그룹"
```

- c) 많은 스킬을 가진 캐릭터 순서대로 정렬하기

```
table 이름, 종족, length(기술) as "기술개수", 기술
from "1.캐릭터"
sort "기술개수" desc
```

그 외에도 다양한 방법을 사용할 수 있습니다.

Dataview에 대해 더 자세히 알고 싶으신 분들은 Dataview문서(https://blacksmithgu.github.io/obsidian-dataview/)를 참고하세요.

> **Dataview 규칙이 어려워요**
>
> Dataview는 원하는 형태로 추출하기 어려운 감이 있습니다.
>
> 저는 chatGPT에 물어보는 방식을 선호합니다. 머리 아픈 복잡한 형태도 잘 만들어 줍니다. 여기 사용된 예시들도 chatGPT의 도움을 많이 받았습니다.

템플릿으로 반복 작업 줄이기

SECTION 1 반복 작업의 어려움

앞서 5.7 dataview로 캐릭터 표 만들기에서 설명한 Property와 Dataview 플러그인은 매우 편리하긴 하지만, 큰 단점이 있습니다. 새로운 노트를 만들 때마다 필요한 Property를 모두 기억했다가 다시 입력해야 한다는 점입니다. 만약 캐릭터 노트의 틀을 만들어두고, 반복해서 사용할 수 있다면 매우 편리할 것입니다.

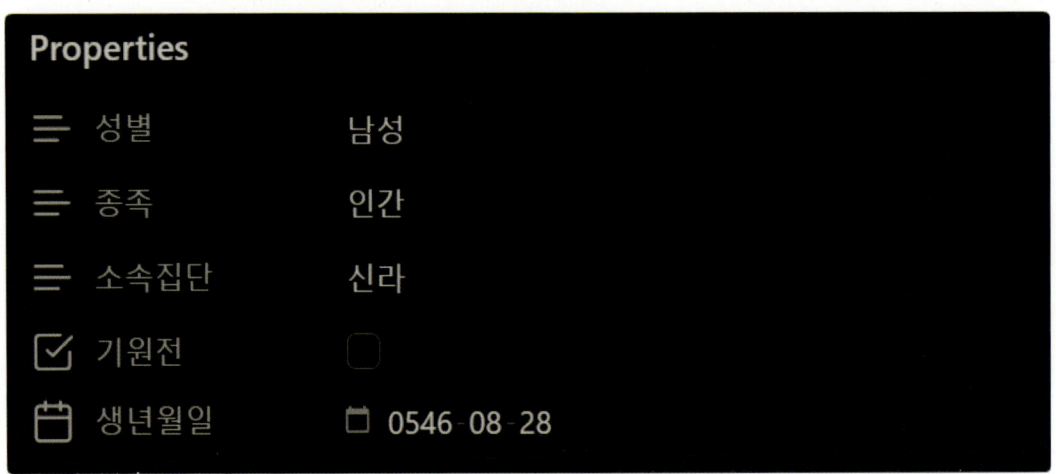

매번 일일이 입력하는 것도 일입니다.

SECTION 2 템플릿(Template) 기능

옵시디언에는 이러한 '틀'을 미리 만들어두고 재사용하는 편리한 기능이 있습니다. 이를 '템플릿(Template)'이라고 합니다. 옵시디언의 템플릿 기능은 기본적으로 활성화되어 있으므로, 따로 플러그인을 설치할 필요가 없습니다.

만약 템플릿 기능이 활성화되어 있지 않을 경우 옵션 → 코어 플러그인 → 템플릿의 토글 버튼을 눌러 활성화할 수 있습니다.

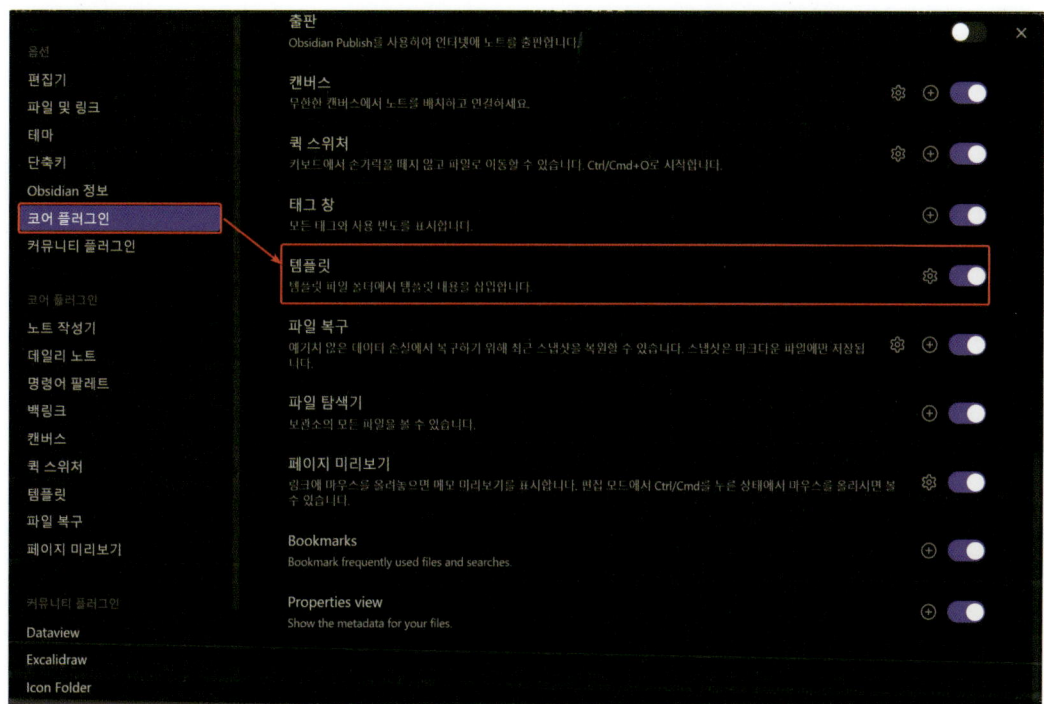

SECTION 3 템플릿 설정하기

템플릿 기능을 사용하려면, 먼저 템플릿을 보관할 폴더가 있어야 합니다.

새 폴더 만들기 아이콘을 클릭해 새 폴더를 만들고 98.템플릿 폴더로 이름을 변경합니다.

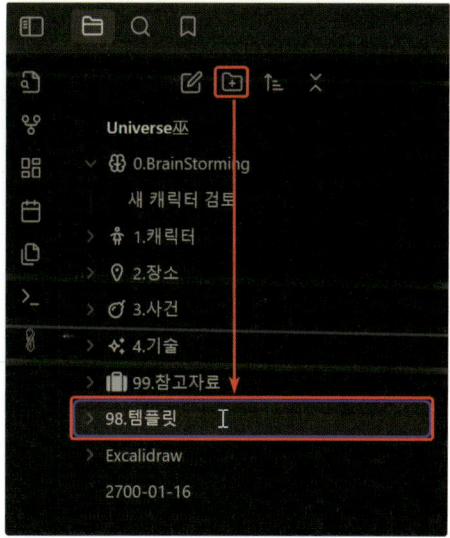

템플릿 폴더를 설정하기 위해 설정 → 템플릿 탭을 선택합니다. 우리가 수정해야 할 부분은 템플릿 폴더 경로 섹션입니다.

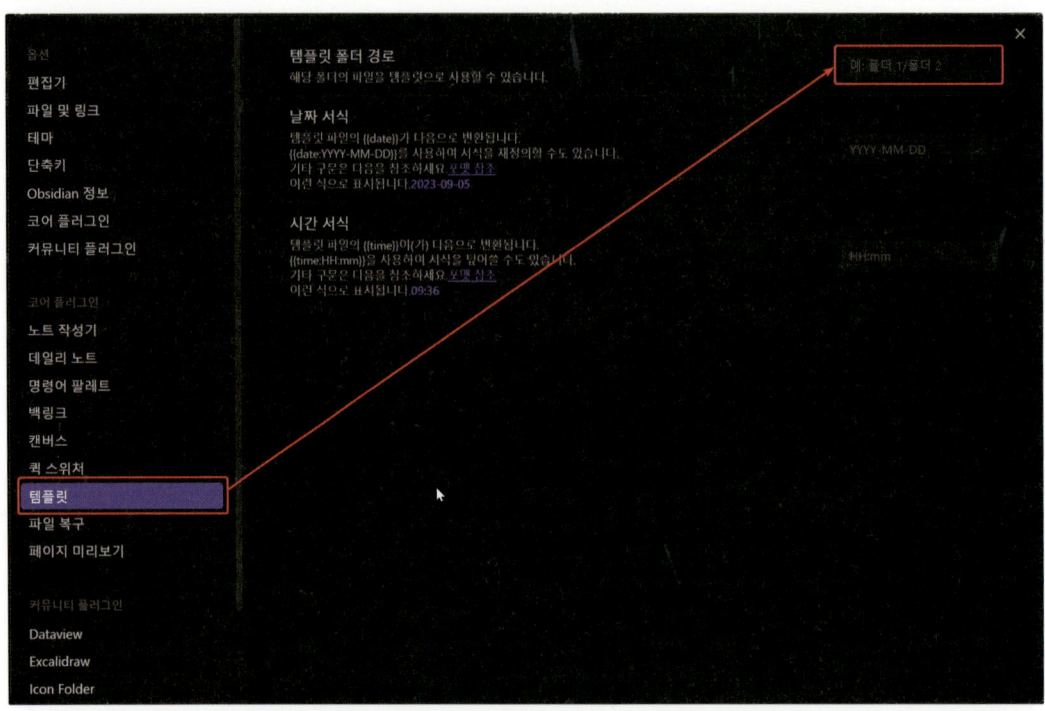

폴더 입력창에 방금 만든 98.템플릿 폴더를 설정합니다.

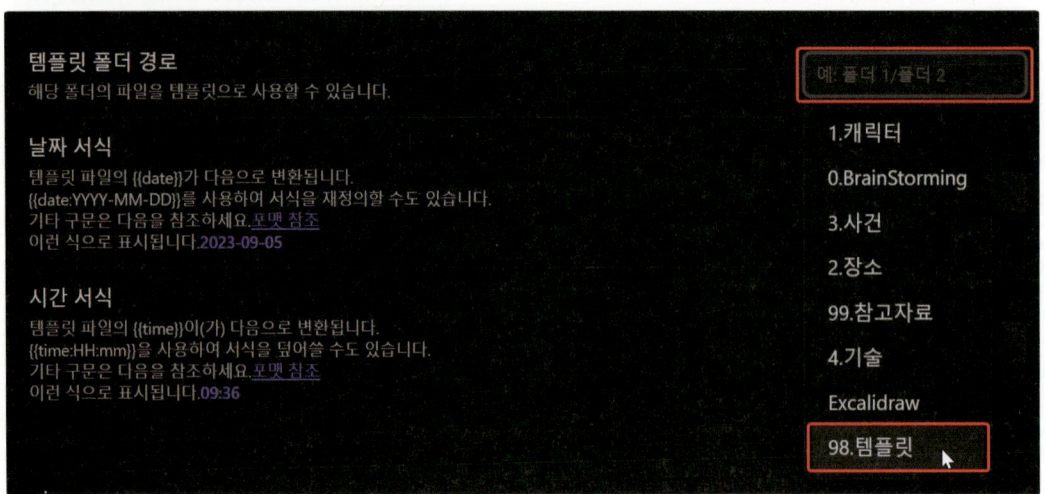

템플릿 폴더 경로
해당 폴더의 파일을 템플릿으로 사용할 수 있습니다.   98.템플릿

SECTION 4 템플릿 노트 만들기

캐릭터용 템플릿 노트를 만들어봅시다.

98.템플릿 폴더에 '캐릭터' 노트를 새로 만듭니다.

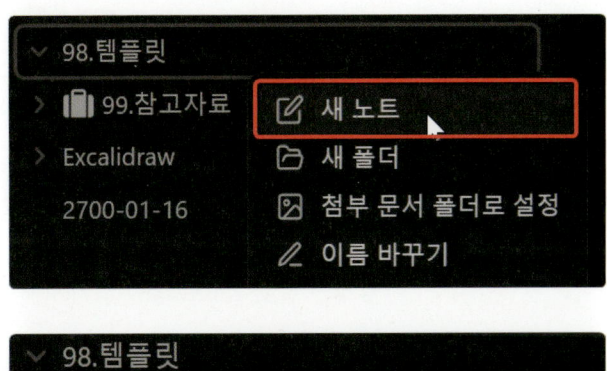

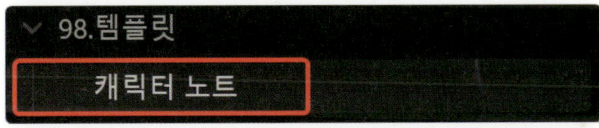

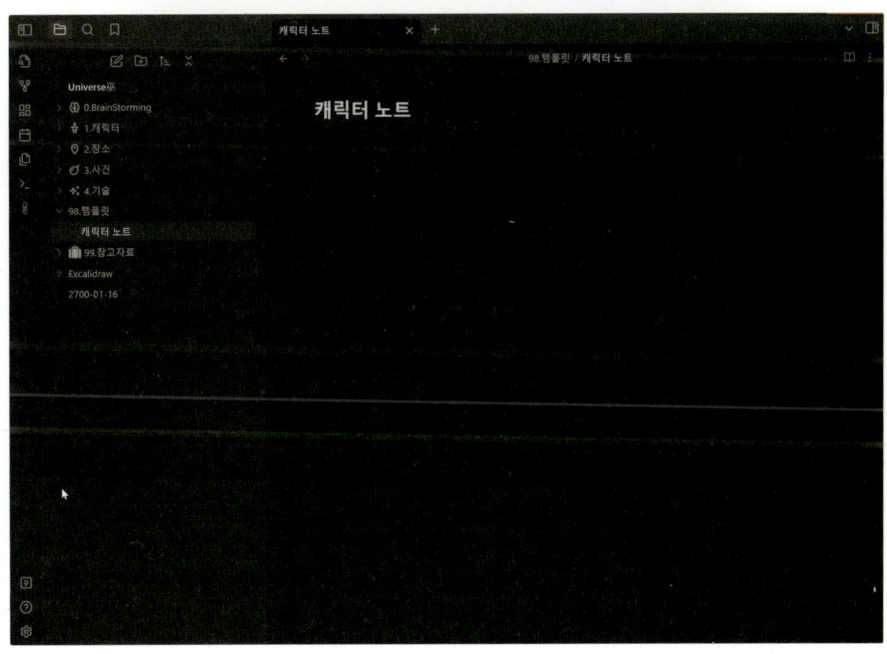

이 캐릭터 노트는 우리가 앞으로 만들 캐릭터 노트의 틀이 될 예정입니다. 캐릭터 노트에 공통적으로 들어갈 내용을 입력해 봅시다. 먼저 속성(Property)부터 입력해 볼까요?

캐릭터에 공통적으로 들어갈 속성(Property)을 생각해 봅시다. 기본적으로 성별 · 종족 · 생년월일은 포함되면 좋을 것 같습니다. 단축키 Ctrl+;를 눌러 Property를 추가합니다. 속성 이름을 입력하되, 내용은 비워둡니다. 내용은 캐릭터마다 다를 테니까요.

대제목에는 {{title}}이라고 입력합니다. 이렇게 중괄호 2개로 쌓인 글자 부분은 변수 혹은 동적 정보라고 하며, 템플릿으로 노트를 만들 때 필요한 내용으로 대체되는 부분입니다. {{title}}의 경우 노트 제목으로 바뀝니다. 이런 변수 항목을 사용하면 일일이 캐릭터 이름을 입력하지 않아도 되어 편리합니다.

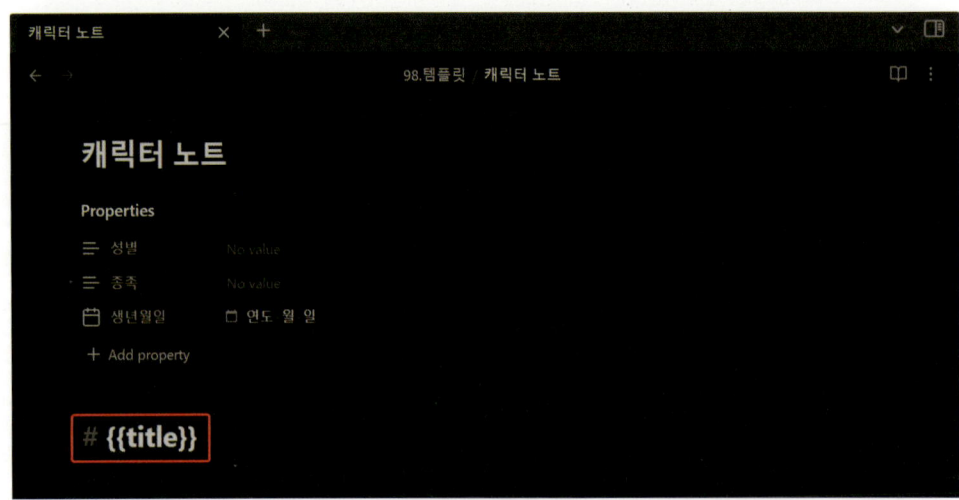

아래는 사용할 수 있는 변수 예시입니다.

변수	설명
{{title}}	활성 메모의 제목입니다.
{{date}}	오늘 날짜. 기본 형식: YYYY-MM-DD.
{{time}}	현재 시간. 기본 형식: HH:mm.

이어 캐릭터의 노트에 일반적으로 들어가는 내용도 추가하면 좋을 것 같습니다. 저는 요약·성격·관계라는 소제목을 추가하였습니다. 어떤 내용이 들어가면 좋을지도 미리 설명을 적어두면 실제 캐릭터 노트를 작성할 때 새로 떠올리지 않아도 되어 편리합니다.

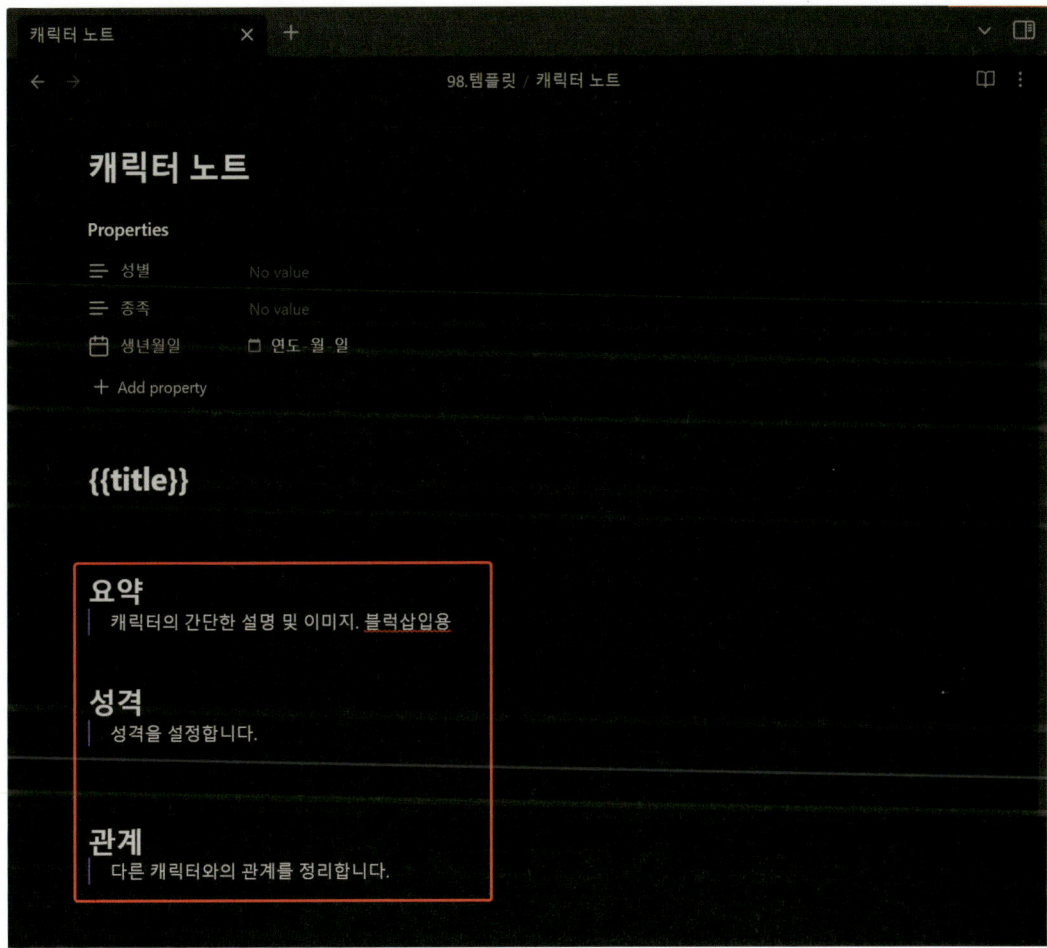

아래는 완성된 템플릿 노트입니다

```
---
성별:
종족:
생년월일:
---
# {{title}}


## 요약
> 캐릭터의 간단한 설명 및 이미지. 블록 삽입용

## 성격
> 성격을 설정합니다.



## 관계
> 다른 캐릭터와의 관계를 정리합니다.
```

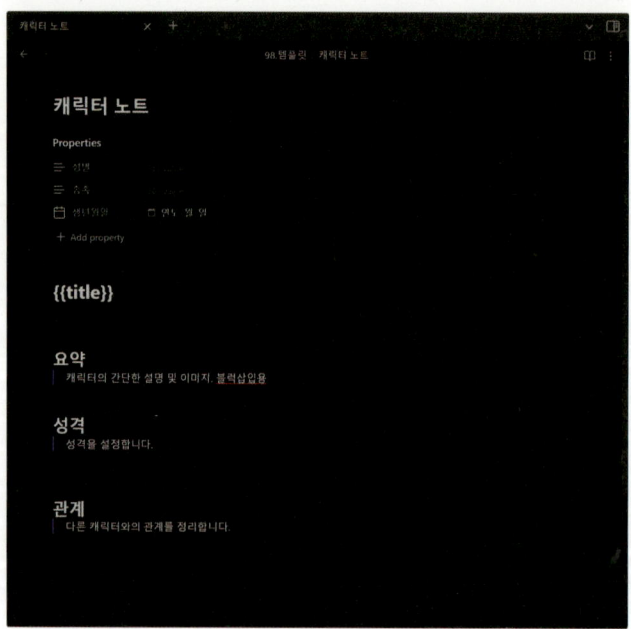

SECTION 5 템플릿으로 새 캐릭터 노트 만들기

캐릭터 폴더에 새 캐릭터를 위한 노트를 하나 만듭니다. 저는 '최민석' 노트를 만들었습니다.

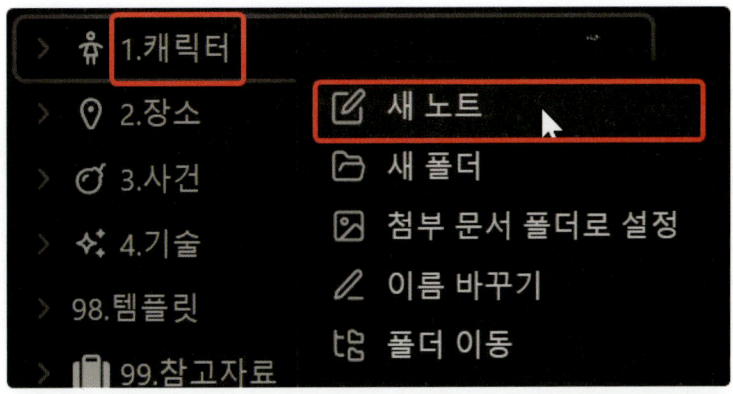

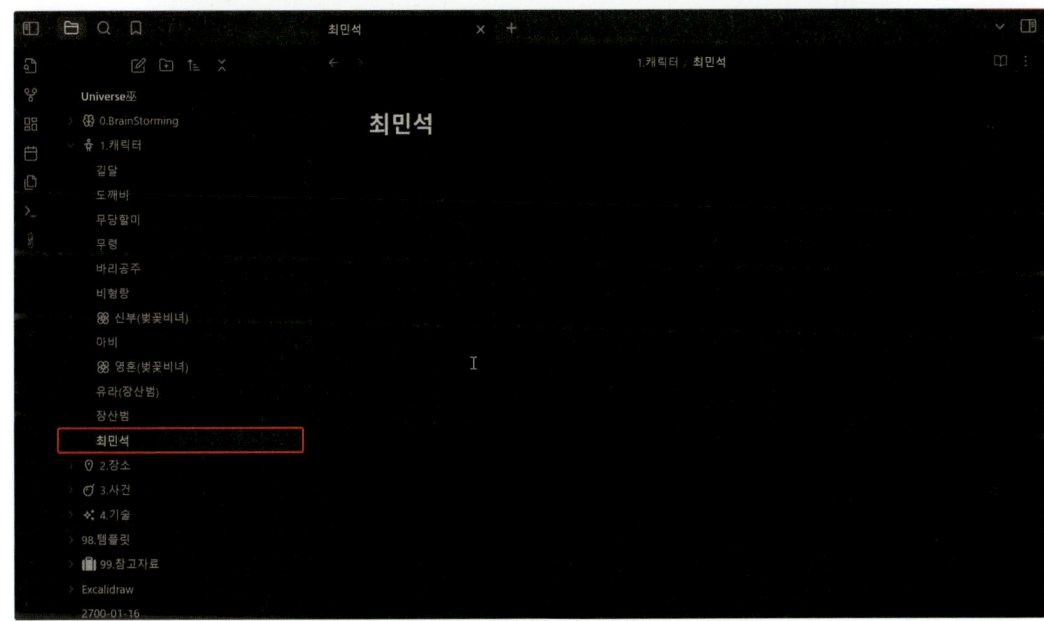

이제 아까 만든 캐릭터 노트 템플릿을 삽입해 봅시다.

템플릿 기능은 따로 아이콘이 없으므로 '명령 입력' 기능을 사용해야 합니다.
단축키 Ctrl+P 를 눌러 명령 입력 창을 엽니다.

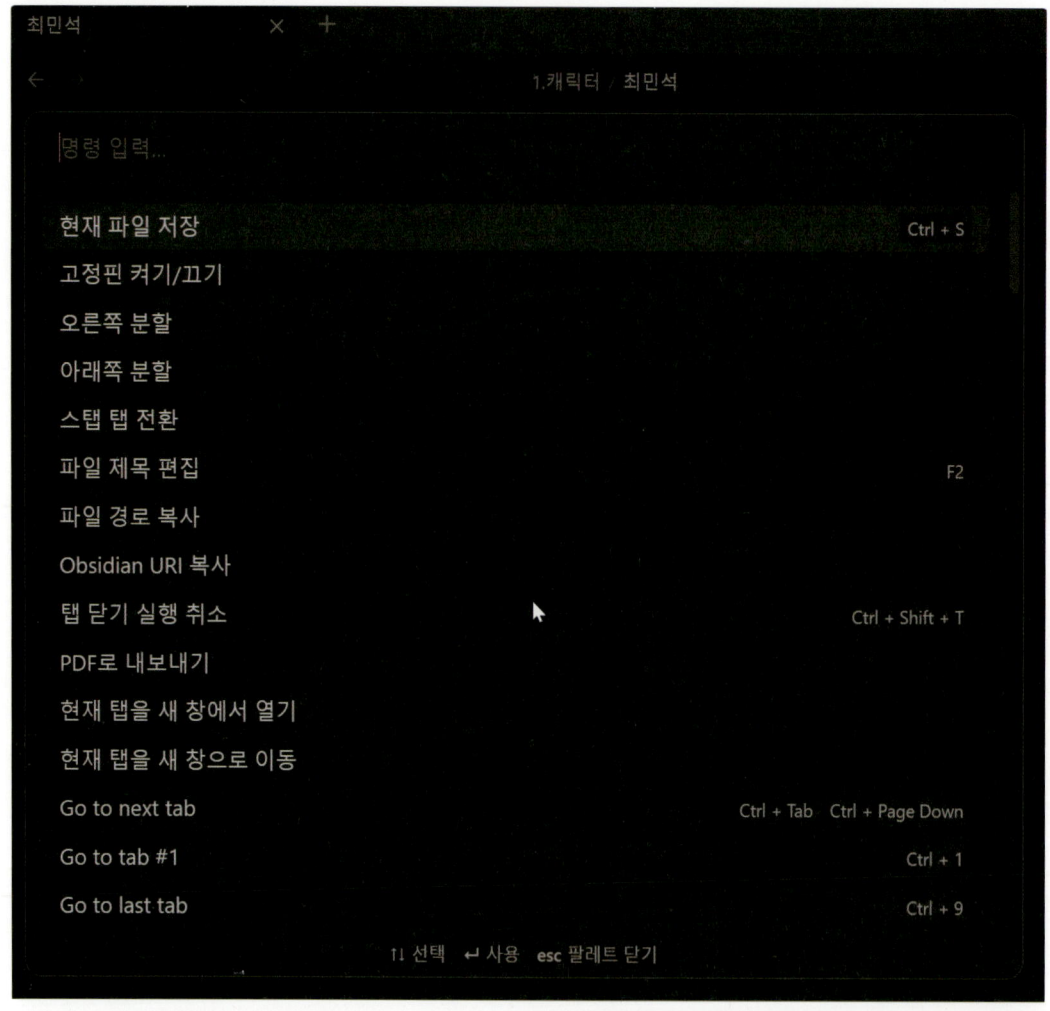

템플릿을 입력하면 템플릿 관련 기능이 리스트업됩니다.

템플릿 삽입을 선택합니다.

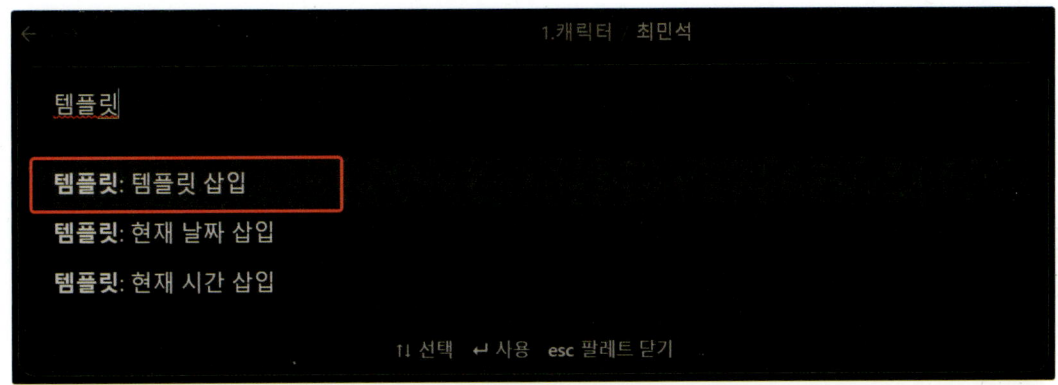

선택하면, 다시 선택할 수 있는 템플릿 리스트가 나옵니다. 지금은 캐릭터 노트 하나만 만들었기 때문에 하나만 보입니다. 캐릭터 노트를 선택합시다.

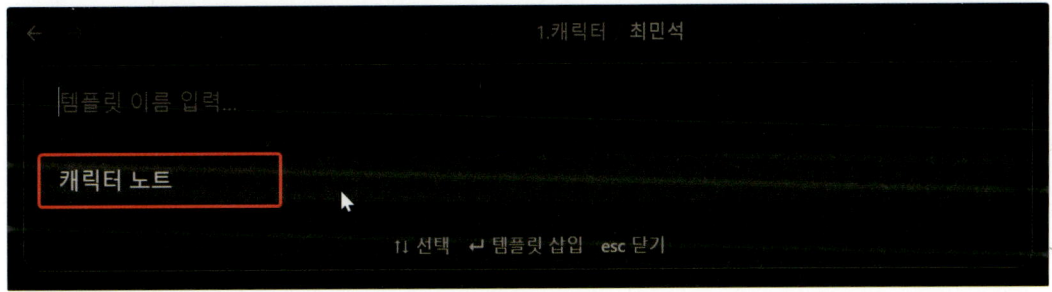

우리가 설정한 템플릿대로 노트가 완성된 것을 확인할 수 있습니다. 번거로운 작업을 한 번에 해치웠습니다. 멋지네요.

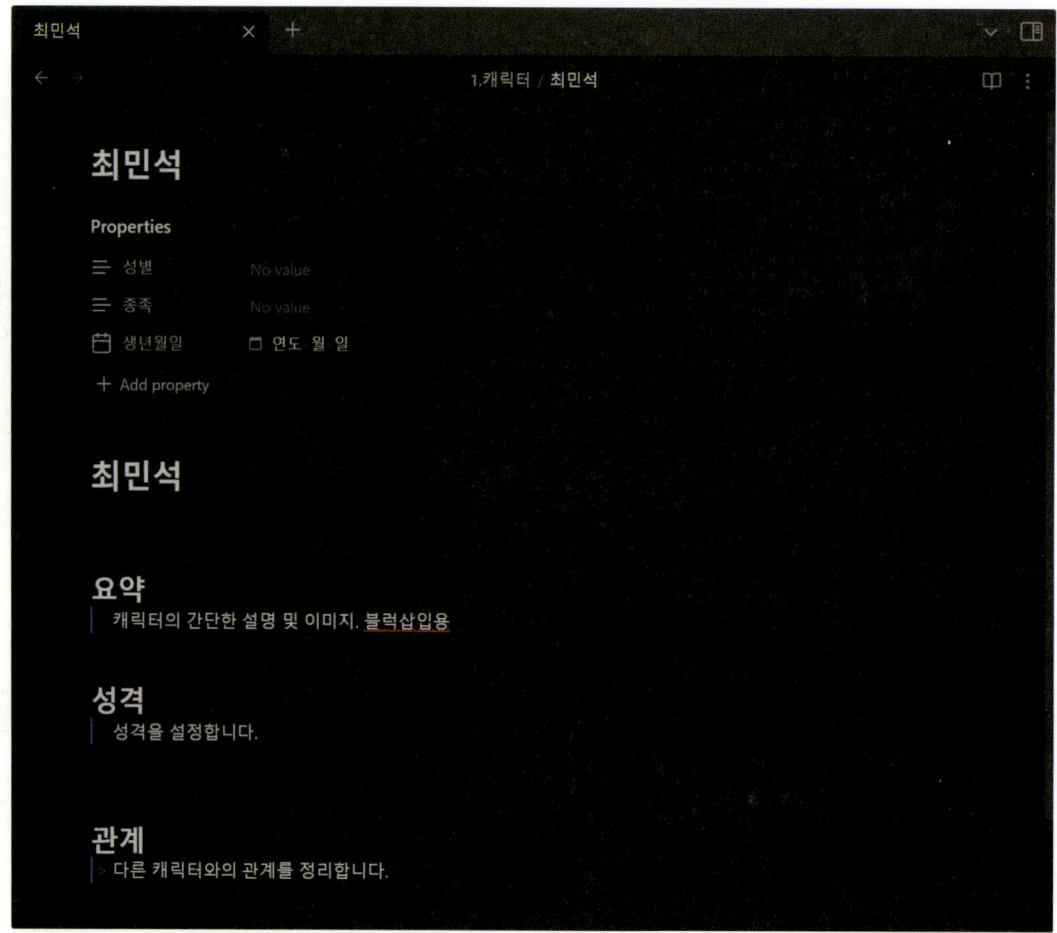

이처럼 템플릿 기능을 이용하면 여러 번 반복해서 작업해야 하는 것들을 미리 정리해서 사용할 수 있습니다. 이런 캐릭터 노트뿐만 아니라 앞서 사용했던 Dataview 기능 역시, 템플릿을 이용하면 훨씬 편하게 작업이 가능합니다. 여러 가지 방식으로 응용해 보세요.

🔹 템플릿 노트 제작 시 주의점

템플릿 노트는 미리 필요한 내용을 입력해 둘 수 있다는 점, 자신의 방식에 맞춰 점점 개선할 수 있다는 점에서 매우 편리한 기능임은 틀림없습니다. 하지만 미리 입력할 부분이 있다는 것은 강제 일거리가 점점 늘어난다는 이야기이기도 합니다. 템플릿을 디테일하게 만들었을 경우, 입력 부담이 과도하게 커질 수 있으니 최소한으로 사용하는 것을 권해드립니다.

PART 6

6.1 무한 서랍이란?

6.2 무한 서랍 옵시디언 사용방법

6.3 무한 서랍의 장점

6.4 무한 서랍에서 찾는 방법

6.5 무한 서랍 참고 자료

CHAPTER 6.1
무한 서랍이란?

SECTION 1 무한 서랍이란

아무리 좋은 원석이라도 세심한 커팅이 없다면 아름다운 보석으로 완성되지 못합니다. 좋은 소재로 시작한 세계관 역시, 단단하고 매력적으로 만들기 위해서는 잘 갈고 다듬는 과정이 필요합니다. 세계관을 다듬는 것은 풍부하고 날카로운 작가의 지식일 것입니다.

무한 서랍은 서랍 메모 기반의 지식 관리 기법인 제텔카스텐을 옵시디언으로 그대로 시뮬레이션하기 위한 방법입니다.

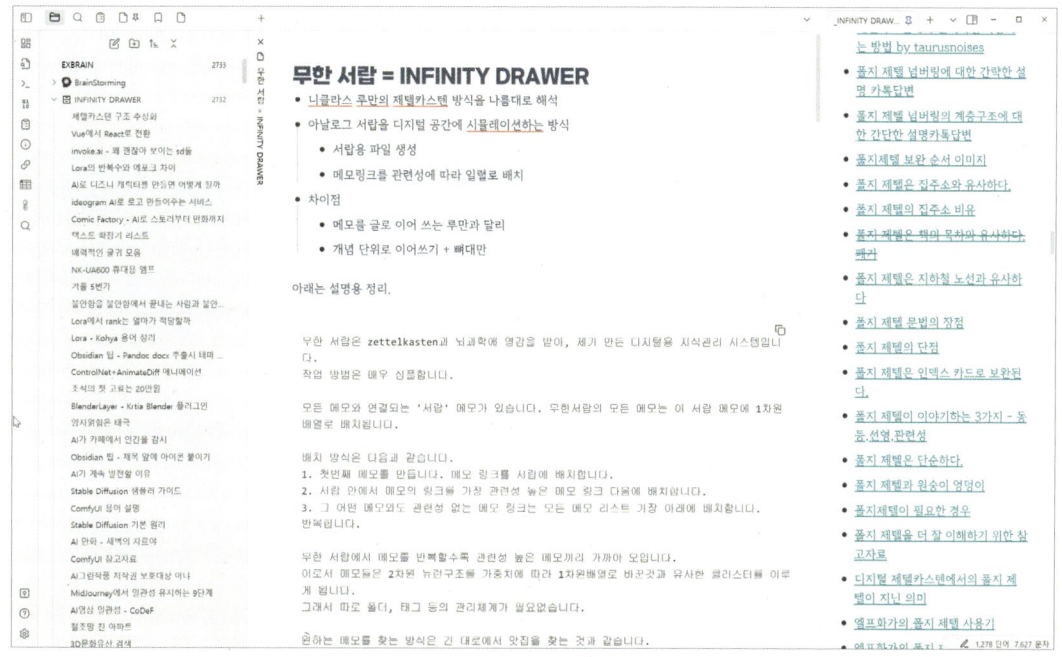

엘프화가의 옵시디언 무한 서랍 모습

🔹 제텔카스텐이란?

독일의 사회학자, 니클라스 루만이 만든 메모 지식 관리 기법으로서 새로운 아이디어를 내기에 적합한 방식입니다. 최근 생산성 커뮤니티에서 디지털 제텔카스텐이 소개되면서 굉장한 이슈가 되기도 하였습니다. 사실 그 이전에도 메모를 이용한 지식 관리 기법은 굉장히 많았습니다. 진화론을 만든 다윈의 노트도 이에 해당하며, 우리나라의 다산 정약용 선생님 역시 초서, 질서라고 부르는 메모 방식을 사용하였습니다.

> **SECTION 1** 스트레스 없는 메모 관리

무한 서랍은 1년 반 동안 1,000여 개의 노트를 하는 등 디지털 제텔카스텐을 고통스럽게 끝낸 경험을 바탕으로, 직접 분석한 니클라스 루만의 메모 방식과 뇌 과학적인 논리를 바탕으로 한 저의 메모 관리 기법입니다. 이 방법을 사용하고 메모가 3,000장 가까이 늘어났지만, 관리한다는 느낌조차 없을 정도로 부담 없이 사용 중입니다.

무한 서랍은 디지털 제텔카스텐의 링크 중심 사고방식은 버렸으며, 니클라스 루만이 서랍을 다루듯 가상공간에 서랍을 만들고 손가락으로 훑어내리는 감각을 중요시합니다.

무한 서랍을 사용하면 메모 관리에 대한 스트레스 없이 메모하는 데만 집중할 수 있습니다.

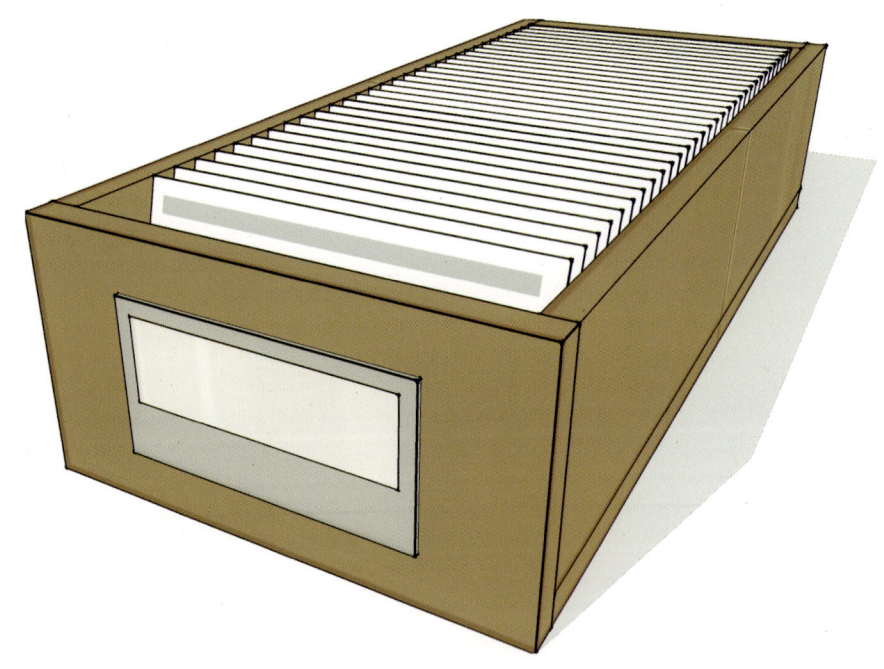

SECTION 2 메모 서랍을 디지털로

서랍에 메모를 쌓습니다. 만약 노트들이 살짝 기울어져 있다면, 윗부분의 제목만 보일 것입니다.

무한 서랍은 태그나 폴더 대신 노트 관리를 위해 '서랍' 개념의 노트를 사용합니다.

서랍에 메모를 배치하는 것처럼 이 노트 안에 모든 메모를 한 줄로 배치합니다. 마치 무한히 늘어나는 서랍처럼, 무한히 메모를 넣을 수 있습니다.

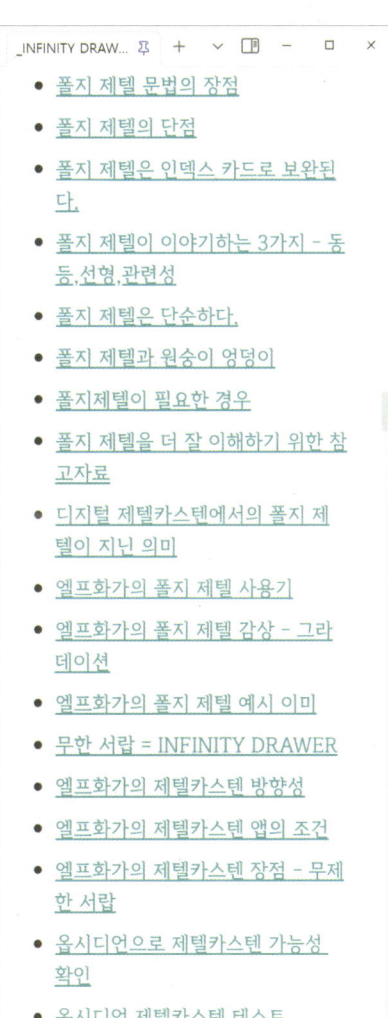

SECTION 3 메모하고 배치하고

무한 서랍은 2가지 규칙만 있습니다.

첫째, 메모를 하고 그 메모를 관련된 메모 다음에 배치합니다.

둘째, 만약 관련된 메모가 없다면 가장 뒤에 배치합니다.

태그나 폴더를 고민하지 않아도 되어서 관리가 쉽습니다. 반면 메모를 배치할수록 메모는 더욱 가까운 것들끼리 연결되어, 폴더 태그 없이도 폴더나 태그처럼 동작합니다.

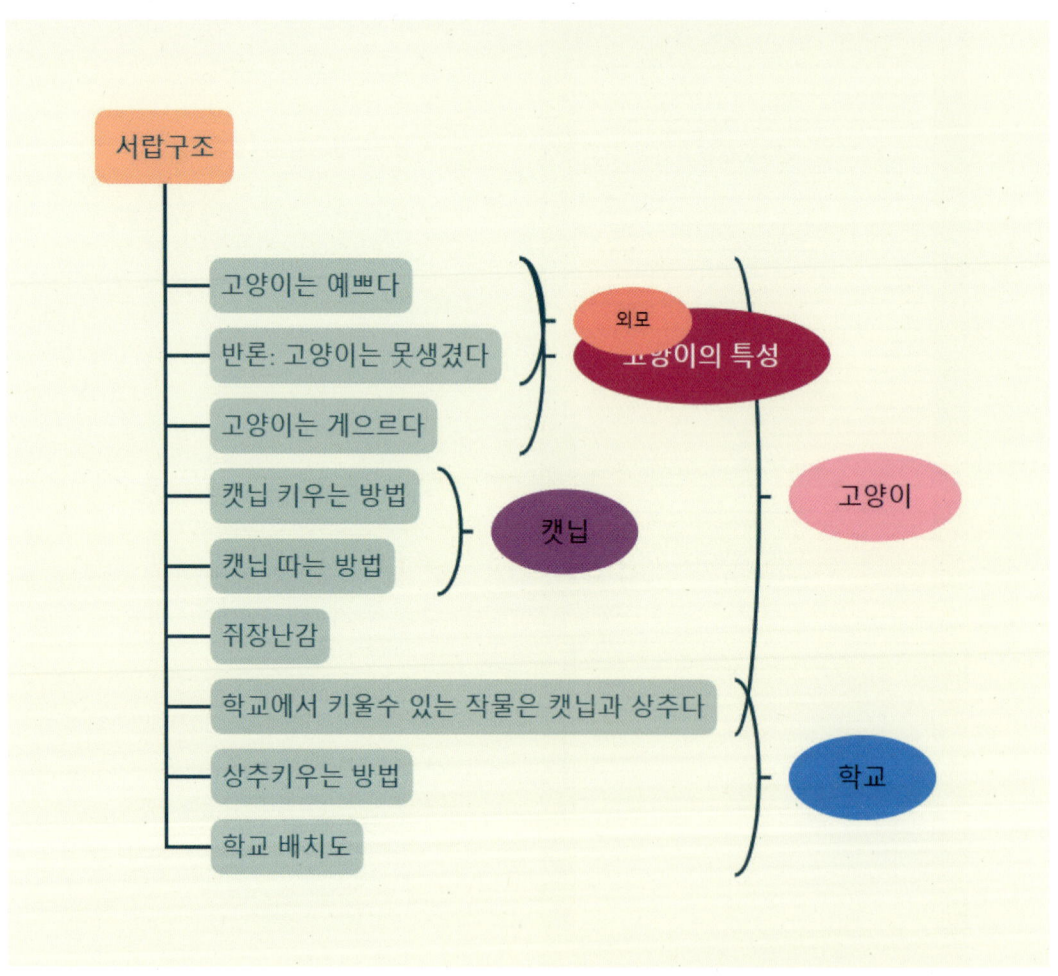

무한 서랍 옵시디언 사용 방법

옵시디언의 무한 서랍 설정은 매우 간단합니다.
오른쪽 사이드바에 서랍으로 쓸 빈 노트를 배치하는 것으로 시작할 수 있습니다.

SECTION 1 오른쪽에 서랍을 배치하면 세팅 끝!

Tip 원하는 대로 창 배치하기를 참고해서 오른쪽 공간에 서랍을 배치합니다. 오른쪽 사이드바를 사용하셔도 됩니다. 배치한 서랍 노트는 핀으로 고정해서, 링크를 클릭해도 노트가 바뀌지 않게 합니다. 서랍 노트에는 한 줄로 링크를 배치합니다.

무한서랍 기본 설정

작업공간	서랍 노트
	서랍링크
	서랍링크
	서랍링크
	서랍링크
	서랍링크
	서랍링크
	서랍링크

SECTION 2 새 메모 만들기

독서 노트, 임시로 만든 낙서, 작업 로그 등 필요한 내용을 정리합니다. 예를 들어 '인플루언서의 글쓰기'라는 책에서 '좋은 글에는 형용사 대신, 명사와 동사를 써야 한다'는 단락을 읽고, 정리한다고 생각합시다.

메모 내용은 대략 아래와 같을 것입니다.

> # 좋은 글은 not 형용사 but 명사와 동사
>
> - 형용사는 머리를 한 번 더 써야 함. 독자들에게 어려움
>   - 예시: 매우 고통스럽다, 너무나도 어이없고도 슬프
> - 적절한 명사와 동사는 이해하기 더 쉽다
>   - 예시: 발가락 위에 칼날이 떨어진 듯, 나 자신의 사망신고를 들은 듯했다.
> - 출처: 인플루언서의 글쓰기 by 스펜서

아래와 같이 새 노트 메모를 만들었습니다.

좋은 글은 not 형용사 but 명사+동사

- 형용사는 머리를 한번 더 써야 함. 독자들에게 어려움
  - 예시: 매우 고통스럽다, 너무나도 어이없고도 슬프다
- 적절한 명사와 동사는 이해하기 더 쉽다
  - 예시: 발가락 위에 칼날이 떨어진 듯, 나 자신의 사망신고를 들은 듯 했다.
- 출처: 인플루언서의 글쓰기 by 스펜서

SECTION 3 가장 관련성 높은 주제 노트 찾기

이 메모는 어디로 가야 할까요? 앞서 우리는 가장 관련성 높은 메모 근처에 둔다고 하였습니다. 그곳이 어딘지 살펴봅시다.

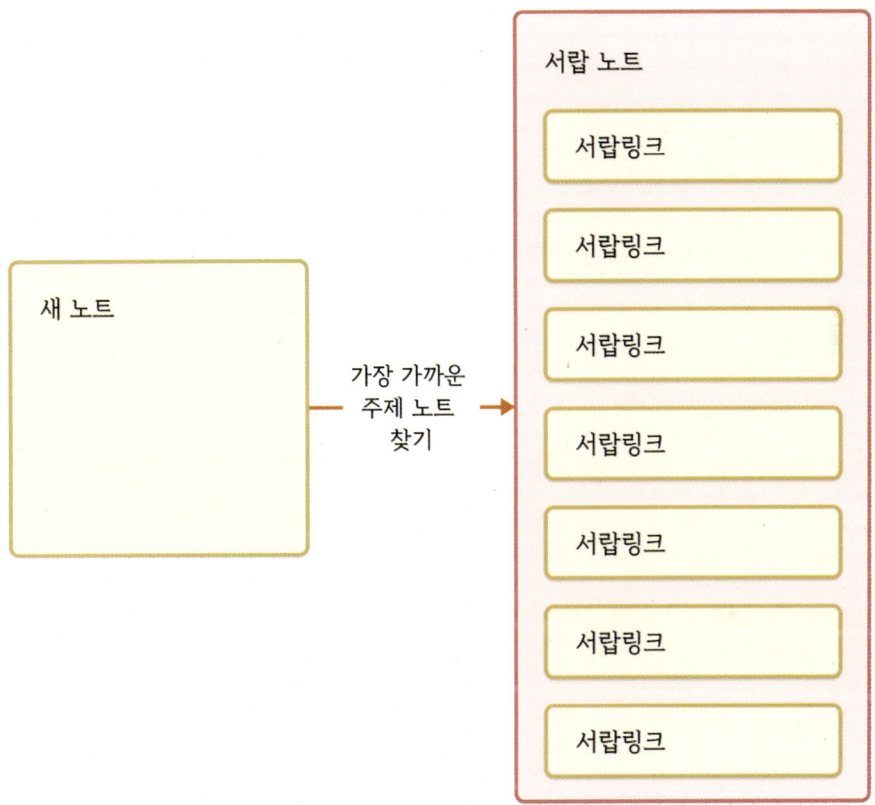

얼핏 생각하면 글쓰기 카테고리이며, 그중에서도 글쓰기에 도움이 되는 팁입니다.

아래는 서랍 노트에서 제 글쓰기 메모들을 모아둔 부분입니다.
어디에 배치하면 좋을지 살펴봅시다.

- 일기 훔쳐보기는 글쓰기를 중단시킨다
- 글쓰기는 어렵다.
- 글쓰기는 그물형태의 생각을 선형 문장으로 만드는 것
- 짧게 읽는 요즘이 글쓰기의 기회다
- 퍼블리 피드백 정리 - 이론은 짧게, 사례는 풍부하게
- 닐 게이먼의 글쓰기 7일 후 정리
- 무라카미 하루키의 글쓰기
- 퍼블리 피드백 정리 - 쉽게 읽기
- 왜 아무도 당신글을 읽지 않는가 - 정리
- 뉴미디어 글쓰기는 3분 상업영화
- 글에 자신의 감정을 실어보자
- 개인적인 경험처럼 쓰자
- 회사 업무처럼 글을 쓰자
- 사람들이 좋아하는 글을 쓰는 법

SECTION 4 적절한 위치에 링크 배치하기

귀찮다면 대충 위 글쓰기 메모들이 모여 있는 근처에 던져 넣어도 됩니다. 하지만 좀 더 명확히 파악한다면, '사람들이 좋아하는 글을 쓰는 법' 근처보다는 '왜 아무도 당신 글을 읽지 않는가'와 더 가깝습니다. 그럼, 그 사이가 가장 적절한 위치가 될 것입니다.

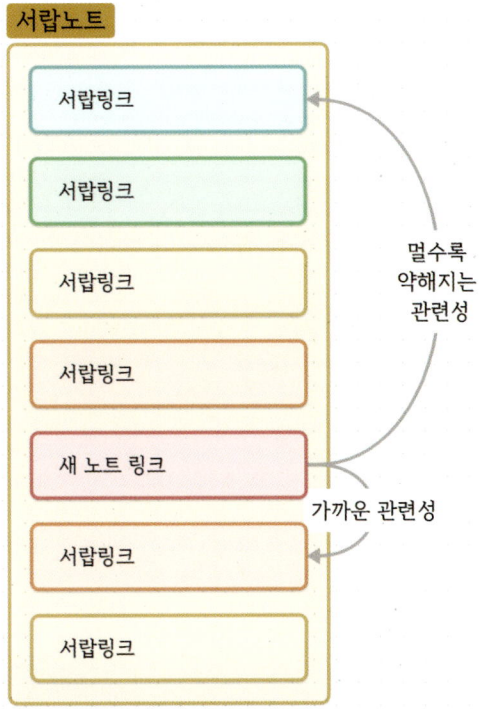

- 퍼블리 피드백 정리 - 쉽게 읽기
- 왜 아무도 당신글을 읽지 않는가 - 정리
- 좋은 글은 not 형용사 but 명사+동사
- 뉴미디어 글쓰기는 3분 상업영화
- 글에 자신의 감정을 실어보자
- 개인적인 경험처럼 쓰자
- 회사 업무처럼 글을 쓰자

SECTION 5 배치에 정답은 없다

어디에 배치할지는 사람마다 다릅니다. 사람마다 생각이 다르고, 보고 들은 것, 해야 할 일이 다르기 때문입니다. 나에게 관련성 높은 배치가 다른 사람에게는 전혀 엉뚱한 배치인 경우도 많습니다. 시간이 지남에 따라 중요도가 달라지기도 합니다. 그러니 배치할 때는 완벽한 정답을 찾으려 하지 마세요. 배치하면서 다른 메모를 눈여겨보고, 왜 그렇게 배치했는지를 느끼시면 됩니다.

무한 서랍의 장점

세상에는 BASB나 LYT, 제텔카스텐 등 수많은 지식 관리 방식이 있습니다. 그럼, 무한 서랍을 사용해야 하는 이유는 무엇일까요?

SECTION 1 쉬운 사용 방법

무한 서랍의 규칙은 노트를 관련성이 높은 위치에 배치하는 것입니다. 이 규칙은 간단하여 쉽게 배울 수 있고 바로 실행해 볼 수 있습니다. 이러한 단순한 방식임에도 불구하고, 그 효과는 매우 강력합니다.

SECTION 2 사용자가 성장하는 메모 관리

무한 서랍은 메모를 배치할 때마다, 가장 관련성이 높은 메모를 찾아야 합니다. 사용자는 메모의 제목들을 훑어보며, 내용을 떠올리는 과정을 거치게 됩니다. 이 과정은 복습이나 퀴즈 맞히기와 같습니다. 기억을 강화하는 좋은 방법이죠. 무한 서랍을 사용하면 할수록, 사용자는 특별히 따로 복습하지 않고도 자신이 한 메모를 더 잘 기억하는 신기한 경험을 하게 됩니다.

SECTION 3 길을 찾듯 쉬운 메모 검색

무한 서랍의 검색 방식은 전통적인 폴더나 태그 시스템과 달리, 유사한 메모를 기반으로 원하는 정보를 탐색하는 방법입니다. 이 방식은 우리가 길을 찾을 때 알려진 랜드마크에서 시작하여 세부 길을 찾아가는 것과 유사합니다. 무한 서랍의 장점은 일직선 구조로 되어 있어 길을 잃지 않으며, 원하는 메모를 찾아가는 과정에서 관련된 다른 유용한 메모들도 발견할 수 있다는 것입니다.

SECTION 4 뇌와 유사한 메모 방식

뇌는 단순히 연결만으로 작동하는 구조가 아닙니다. 뇌 내에서 중요한 것은 뉴런 간의 가중치로, 이 가중치는 정보의 흐름과 관련성을 결정합니다. 관련성이 높은 정보는 빠르게 전달되어 우리가 생각하는 패턴을 형성하게 됩니다. 이러한 구조는 무한 서랍에 담긴 메모들과 비슷하며, 메모들 사이의 관련성을 통해 새로운 아이디어를 얻을 수 있습니다. 이렇게 메모들의 관련성을 통해 생각하는 방식은 뇌의 작동 방식과 유사하다고 볼 수 있습니다.

무한 서랍에서 찾는 방법

태그와 폴더가 없는 무한 서랍에서는 어떻게 원하는 것을 찾을 수 있을까요?

SECTION 1 "찾기 어렵다"의 의미

"찾기 어렵다"는 감각은 대부분 원하는 것을 찾지 못할 때 발생하는 실패감에서 오는 것입니다. 이는 우리가 검색, 폴더, 태그 등을 통해 원하는 정보나 항목을 찾으려 했지만 실패했을 때 느끼는 감정입니다.

이를 길을 찾는 상황에 비유하면, 복잡한 골목에서 원하는 가게나 장소를 찾지 못해 방황하는 모습과 유사합니다. 폴더와 태그 시스템은 끝이 막혀 있는 골목길처럼, 잘못된 선택을 하면 처음부터 다시 시작해야 하는 구조입니다.

SECTION 2 **결코 길을 잃을 수 없는 일직선**

갈림길이 없는 일직선 도로를 생각해 봅시다. 그 일직선 안에는 수많은 건물이 있습니다. 그중 처음 만나는 건물들은 주택가입니다. 그다음은 회사 건물들입니다. 그리고 그다음은 음식점 거리가 나타납니다.

무한 서랍의 검색 방식은 일직선 길을 따라가며 원하는 목적지를 찾는 것과 유사합니다. 이 일직선 길에서는 길을 잃을 가능성이 없습니다. 심지어 정확한 목적지를 모르더라도, 알려진 랜드마크나 가까운 지점을 기준으로 검색을 시작하면, 원하는 곳을 쉽게 찾을 수 있습니다.

무한 서랍에서도 이와 같은 방식으로 메모를 검색합니다. 정확한 메모를 모르더라도, 유사한 메모나 인접한 메모를 먼저 찾아 그 주변을 탐색하면 원하는 내용을 발견할 수 있습니다. 이런 방식의 검색은 사용자에게 노트를 다시 검토하게 만들며, 그 과정에서 새로운 아이디어나 인사이트를 얻을 수 있습니다.

SECTION 3 무한 서랍으로 노트 찾기

무한 서랍의 검색 방법은 다음과 같습니다:

1. 정확한 노트를 먼저 검색합니다.
2. 못 찾으면, 비슷한 주제나 내용의 노트를 기억을 통해 찾습니다.
3. 유사한 노트끼리 모여 있기 때문에 해당 노트의 주변을 살펴보면 원하는 노트를 근처에서 발견할 수 있습니다.

이런 방식은 일반적인 링크나 태그 방식보다 사용자에게 스트레스를 줄여주는 효과적인 검색 방법입니다.

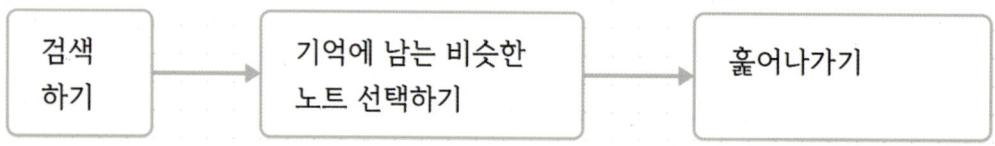

CHAPTER 6.5
무한 서랍 참고 자료

무한 서랍에 대해 간단히 설명했습니다.

무한 서랍에 관심이 생기고 정보가 더 필요한 분들이라면 아래 링크를 참고하세요.

SECTION 1 무한 서랍 참고 자료

- 엘프화가의 무한 서랍 by 세컨드브레인 - https://www.secondbrain.kr/579ddc20-a482-46c8-b256-122e1186e695
- 제텔카스텐 매거진 by 엘프화가 - https://brunch.co.kr/magazine/zettelkasten5

SECTION 2 제텔카스텐 참고 자료

무한 서랍의 전신인 제텔카스텐 참고 자료입니다.

- Niklas Luhmann achiv(https://niklas-luhmann-archiv.de/) - 공식 페이지. 니클라스 루만의 모든 카드(원본 + 텍스트)가 보관되어 있는 곳입니다.

- ZKI 리스트(https://niklas-luhmann-archiv.de/bestand/zettelkasten/zettel/ZK_1_NB_1_1_V) - 니클라스 루만의 첫 번째 제텔카스텐입니다.

- ZKII 리스트(https://niklas-luhmann-archiv.de/bestand/zettelkasten/zettel/ZK_2_NB_1_1_V) - 니클라스 루만의 두 번째 제텔카스텐입니다.

- 제텔카스텐 소개 글(https://niklas-luhmann-archiv.de/nachlass/zettelkasten) - 제텔카스텐의 역사 등을 알 수 있는 곳입니다.

- communicatingWithSlipBox(http://luhmann.surge.sh/communicating-with-slip-boxes) - 제텔카스텐에 대한 루만의 글로서 제텔카스텐에 대한 루만의 생각을 알 수 있습니다. 제텔카스텐을 시작하기 전에 꼭 읽어보세요.

창작자를 위한 옵시디언 마스터북
세계관으로 풀어보는 옵시디언 200% 활용 가이드

출간일   2024년 3월 25일

지은이   조지훈
펴낸이   김범준
기획·책임편집 유명한
교정교열   양은하
편집디자인   이승미
표지디자인   김수진

발행처   (주)비제이퍼블릭
출판신고   2009년 05월 01일 제300-2009-38호
주소   서울시 중구 청계천로 100 시그니처타워 서관 9층 949호
주문·문의   02-739-0739   **팩스**   02-6442-0739
홈페이지   http://bjpublic.co.kr   **이메일** bjpublic@bjpublic.co.kr

가격   33,000원
ISBN   979-11-6592-270-2(93000)
한국어판 ⓒ 2024 (주)비제이퍼블릭

이 책은 저작권법에 따라 보호받는 저작물이므로 무단 전재와 무단 복제를 금지하며,
내용의 전부 또는 일부를 이용하려면 반드시 저작권자와 (주)비제이퍼블릭의 서면 동의를 받아야 합니다.

 이 책을 저작권자의 허락 없이 **무단 복제 및 전재(복사, 스캔, PDF 파일 공유)하는 행위**는 모두 저작권법 위반입니다. 저작권법 제136조에 따라 **5년** 이하의 징역 또는 **5천만 원** 이하의 벌금을 부과할 수 있습니다. 무단 게재나 불법 스캔본 등을 발견하면 출판사나 한국저작권보호원에 신고해 주십시오(불법 복제 신고 https://copy112.kcopa.or.kr).

잘못된 책은 구입하신 서점에서 교환해드립니다.